生活を支える社会のしくみを考える

現代日本のナショナル・ミニマム保障

門野圭司 編著

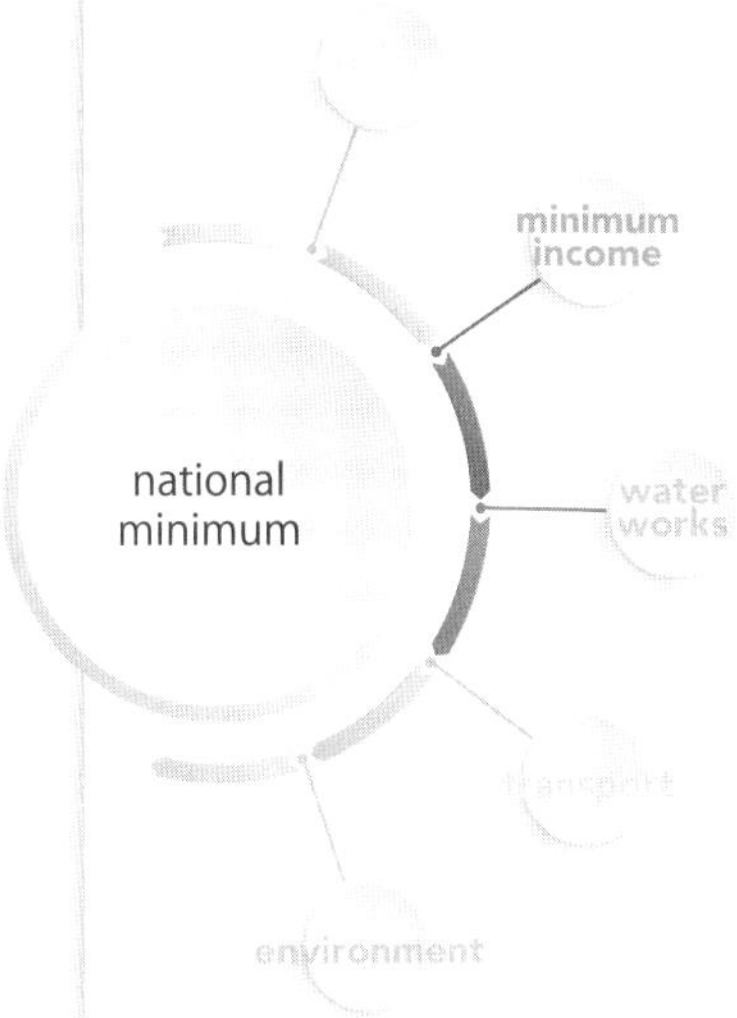

日本経済評論社

目次

序章　なぜいまナショナル・ミニマムを論じるのか

門野圭司

一　ナショナル・ミニマムの狭義と広義

ナショナル・ミニマムという用語は、日本の政策論議においては、狭義と広義の二つの意味で用いられてきた。狭義のナショナル・ミニマムが「日本国憲法第二五条に規定される生存権の保障」を意味するのに対して、広義のナショナル・ミニマムは、「国土の均衡ある発展」という概念と結びつき、様々な行政分野において、国民が全国どこでも同等の公的サービスが受けられる状況（または公的サービスの水準）」を意味しているとされる。(1)

ナショナル・ミニマムという用語を広義の意味で用いるのは日本独特であるとされるが、(2)その日本においても、広義のナショナル・ミニマムがどのように保障されているのかについての包括的な研究は近年では例がない。(3)そこで本書は、日本での政策論議において広義の意味で用いられてきたナショナル・ミニマムが、では具体的に労働、社会保障、生活インフラ、環境などの領域においてどのように保障されてきたのか（保障の中身、保障のための仕組み、保障を正当化する理念など）、近年になってその保障のあり方はどのように変容しつつあるのか、などについて明らかにすることを目的とする。

以下、日本におけるナショナル・ミニマム保障のあり方を狭義の意味ではなく広義の意味に基づいて包括的に研究することの意義について二点に分けて述べていく。

二　地域間格差の是正とナショナル・ミニマム

【地域間再分配システムに支えられた「日本型ナショナル・ミニマム」】

周知のように、日本の国土は、国土面積に比して平野が相対的に狭く、かつそれが沿岸部に集中していることや、急峻な山脈が南北に貫いて国土を分断していることから、[4]「人と経営資源は、経済が発達すればするほど基本的に中山間地域から臨海部へという方向に移動していくことになる」[5]ゆえ、地域間の経済力格差が拡大しやすいという地勢的特徴を有している。にもかかわらず、県民一人あたり所得のジニ係数は、一九七〇年代以降は常に〇・〇一を下回っており、[6]また、二〇〇五年時点の数値をOECD諸国で見ると「スウェーデンに次いで下から二番目の低さとなっている」[7]ことに見られるように、地域間の経済格差は極めて低い水準に保たれてきた。[8]

地域間の経済力格差が拡大しやすいという地勢的特徴を有しているにもかかわらず、地域間の経済格差が国際比較上も極めて低い水準で保たれてきた背景には、林や橘木・浦川も指摘するように、公共投資や社会保障を通じた財政による地域間再分配システムが寄与している。[9]財政による地域間再分配システムは、具体的には、第一に、公共サービスの供給を主として地方自治体が供給しており、第二に、日本は傾向的に、国と地方を合わせた全税収に占める地方税収のウェイトが低くなる単一制国家であるにもかかわらず、比較的地方税収のウェイトが高く、第三に、地方交付税や国庫補助負担金などの国から地方への財政移転の規模も大きいという特徴を有している。[10]

こうした日本における国と地方の財政関係や地方財政の特徴をナショナル・ミニマムの観点から理解するには、

金澤史男の整理[11]が参考になる。金澤は、ナショナル・ミニマム概念の最初の提唱者であるウェッブ夫妻の議論が、狭義のナショナル・ミニマムのみならず、住宅や教育、環境など広範囲にわたる生活条件にかかわるものであったことを踏まえ[12]、また、日本において高度経済成長期に盛んに論じられた「シビル・ミニマム論」[13]も参照しつつ、ナショナル・ミニマムの内容を次の三つに整理している。第一は、賃金、労働時間（余暇）、労働環境など労働過程にかかわる条件。第二は、老齢、病気、事故、介護など生涯に必然的に伴うリスクに対して備える仕組み。第三は、住宅、交通通信、上下水道、公園、文化、教育施設などの生活関連社会資本および福祉、教育、公衆衛生、環境保全などの民生的サービスというストック、フロー両面の公共サービスにかかわる条件、である。

金澤は日本的な広義のナショナル・ミニマムを「日本型ナショナル・ミニマム」と呼び、その内容を以上のように整理したうえで、第三の、財政が担当する領域では、「地方が担当する部分が際立って大きい」ことを指摘する。のみならず、日本においては、明治以降に整備されてきた地方税の税率が地域間でバラバラであったがゆえに所得や資産などに対する税負担率も地域間で大きく異なっていたものの、均衡化を求める国民要求を背景に、しだいに「標準税率」へと統一され均一化される過程をたどることになったことも併せて指摘している。

つまり、歴史的に形成されてきた国と地方との間での事務配分のあり方に規定されて、生活関連社会資本や民生的サービスの供給が地方に割り当てられ、地域間での税負担水準が均衡化されるなかで、日本的な広義のナショナル・ミニマムのうち財政が担当する領域においてミニマム水準を保障するために、地方税のウェイトを高めつつ国から地方への大規模な財政移転を継続してきた[14]。その結果として、地域間の経済力格差が拡大しやすい地勢的特徴を有しているにもかかわらず、一人当たり県民所得のジニ係数を極めて低位に保つことが可能となったのである[15]。

【広義のナショナル・ミニマム保障を支えてきた日本財政の特質の消滅】

ところが、こうした広義のナショナル・ミニマムを保障するための地域間再分配システムは、二〇〇〇年前後から大きな批判にさらされ、変容していくことになる。[16]

地方分権改革推進会議や経済財政諮問会議など、政策決定過程における重要な場において、ナショナル・ミニマムの保障を支える国と地方の財政関係や地方財政のあり方を再考する必要性が強調され、「「自治体の自立」や「自治体の自己責任」がこれまで以上に主張されるようになっている」との指摘がある。[17] 吉田和男や赤井・佐藤・山下など当時を代表する研究[18]においても、その多くが地方自治体を通じてナショナル・ミニマムとして供給されている生活関連社会資本や民生的サービスは「真の基礎サービス」の水準を大幅に超過しているゆえ、地方交付税交付金や国庫補助負担金をはじめ、国と地方の財政関係や地方財政のあり方は「真の基礎サービス」を保障するためのものへと大きく作り変えられるべきであると主張された。[19]

こうした議論を背景に、地域間再分配システムも変容を余儀なくされることになった。[20] 表0-1は、一九八〇年代以降の国と地方それぞれの公共投資額の対GDP比の推移をみたものだが、国の公共投資額の対GDP比があまり変化しないなかで、地方の公共投資額の対GDP比は一九九〇年代半ば以降に急速に低下していることが分かる。また、拙稿[21]で述べたように、地方の公的資本形成の対GDP比が諸外国に比べて突出して高いという、これまでの日本財政の特質の一つが消失し、広義のナショナル・ミニマムを支える財政上の仕組みが大幅に縮小することになった。

【最適通貨圏の理論が示唆すること】

ところで、経済力が異なる二つの地域、すなわち、一方で、若年労働力や経営資源が流入し、生産活動が活発な地域があり、他方で、高齢化が進行し生産活動が不活発になるなかで、生産活動を行なわないが年金収入などによってモノやサービスへ支出する人々の割合が大きくなっている地域があるとする。そうした場合、当該二地域間でのモノやサービスのやり取りの結果としての域際収支を見ると、生産活動が不活発な地域では域内需要を域内生産では賄うことができず赤字がどんどん拡大することになる。その時、生産活動が活発な地域と不活発な地域とが互いに異なる通貨を有している場合には、生産活動が活発な地域の為替レートが切り上がり、逆に生産活動が不活発な地域の為替レートが切り下がることによって、域際収支のアンバランスがしだいに調整されていくことが予想される。

しかしながら、当該二地域で共通の通貨が用いられている場合は、生産活動が不活発な地域が、賃金低下やデフレを通じて生産活動が活発な地域からモノやサービスを輸入できなくなるぐらいに貧しくなるか、あるいは、生産活動が不活発な地域から生産活動が活発な地域への一方的な労働力の移動が生じて生産活動が不活発な地域の購買力が低下して輸入を減らし、生産活動が活発な地域がその旺盛な購買力を背景に輸入を増大させることに

表 0-1　国と地方の公的固定資本形成対 GDP 比

（%）

年度	国	地方
1980	0.85	5.01
1981	0.79	4.92
1982	0.78	4.73
1983	0.78	4.38
1984	0.71	4.03
1985	0.70	3.82
1986	0.73	3.89
1987	0.86	4.11
1988	0.78	3.96
1989	0.73	4.05
1990	0.71	4.05
1991	0.72	4.22
1992	0.87	4.81
1993	1.01	5.26
1994	1.26	5.11
1995	1.37	5.18
1996	1.31	4.96
1997	1.26	4.57
1998	1.43	4.66
1999	1.57	4.46
2000	1.54	3.99
2001	1.50	3.80
2002	1.53	3.55
2003	1.44	3.10
2004	1.34	2.80
2005	1.37	2.61
2006	1.30	2.41
2007	1.24	2.25
2008	1.35	2.21
2009	1.44	2.51
2010	1.26	2.35
2011	1.25	2.36
2012	1.23	2.35
2013	1.39	2.57
2014	1.26	2.62
2015	1.17	2.48
2016	1.18	2.47

資料：内閣府『国民経済計算年報』2009 年版，および，同 2016 年版より作成．

よって、当該二地域間での域際収支のアンバランスが次第に調整されていくことになる。

これは、最適通貨圏の理論と呼ばれている考え方の骨子をまとめたものだが[22]、最適通貨圏の理論が示唆するのは、日本国内における為替変動、つまり地域ごとに異なる通貨の存在を許容せず、地域間でのモノやサービスの流通を制限することもなく、さらに、労働力の大都市圏への一方向的な移動や大都市圏と地方圏との所得格差の拡大を放置しないためには、何らかの地域間再分配が必要とされる、という結論である。つまり、最適通貨圏の理論を踏まえるならば、日本において、広義のナショナル・ミニマムを保障することを通じて「国土の均衡ある発展」を目指してきたのには、ある種の経済合理性を見て取ることができることになる[23]。

また、飯田泰之が指摘するように、再分配の方法を、地域を対象に広義のナショナル・ミニマムを保障する方法から、個人を対象に、すなわち経済活動が不活発ゆえに困窮する地域の住民に直接給付する方法に変更したところで、「給付金によって得た収入の多くが地域外の商品・サービスの購入に向かうならば、このような政策の不均衡是正の効果は薄い[24]」と言える。

さらに、単なる所得再分配では、地域間での生産活動の格差の拡大を抑制することができないばかりか、公害等の社会的費用の負担が所得水準の低い地域に住む人々に偏りがちとなる傾向を押しとどめることができない[25]。このことが示唆するのは次のことである。すなわち、職業・居住選択の自由といった市民的な自由を確保しつつ、東京一極集中でもない、「ふるさと納税」をめぐる際限のない分捕り合戦でもない、健全なかたちでの地域間競争を通じて各地域が持続的に発展することを期待するのであれば、人々が健康で快適な市民生活を享受するための必需的なサービスを全国的に保障することは正当性を持つことになる[26]。

以上の推論から、広義のナショナル・ミニマムを「真の基礎サービス」へと切り詰めることは日本経済が国民経済としてのまとまりを維持していくうえで弊害をもたらしかねないことが分かる。であるならば、広義のナショナル・ミニマムをより望ましいかたちで保障していくための方策を考えていくという方向で議論を進めていくことが必要になるが[27]、そのためには、広義のナショナル・ミニマムが、具体的に労働、社会保障、生活インフラ、環境などの領域においてどのように保障されてきたのか（保障の中身、保障のための仕組み、保障を正当化する理念）について明らかにする作業が求められる。

三　日本における福祉国家財政研究との連続性

日本におけるナショナル・ミニマム保障のあり方を狭義の意味ではなく広義の意味に基づいて包括的に研究することの第二の意義は、日本における福祉国家財政研究の展開のなかにある。

岡本英男は、林健久の研究[28]において用いられた図0-1を参照しつつ、日本において展開されてきた福祉国家財政研究は、公的扶助や租税で賄われる社会保障関係費、あるいは社会保険を研究対象とする狭義の福祉国家財政論から研究対象を拡大した、同図のc部分（たとえば、地方交付税や農林漁業などの相対的に生産性が低くなる産業に対する保護、公共事業を通じての住宅や下水道建設など）やe部分をもカバーする広義の福祉国家財政論であったところに特色があると指摘する。また、c部分やe部分にあらわれる経費は、「低所得、低資産の地域、階層、産業などに所得を再分配したり稼得機会を付与するものであり、大衆の要求に応え、社会的安定をもたらす機能を」有していると述べる[29]。このことから、日本の福祉国家財政研究は、金澤のいう「日本型ナショナル・ミニマム」のうち、第三の領域をもカバーしつつ展開されてきたといえる。

また、岡本は同時に、「（図0-1のc部分やe部分にあらわれる経費は―括弧内引用者）わが国の社会保障制度の不備を機能上補っており、それゆえ広い意味におけるわが国の福祉国家の重要な特質を形成している」とも述べる[30]。さらに、「ILOの資料に基づいて、一九七〇年と一九八〇年における社会保障給付費の対GDP比率をみると、アメリカ九・五％と一二・六％、イギリス一二・九％と一六・五％、フランス一四・一％と二五・四％、西ド

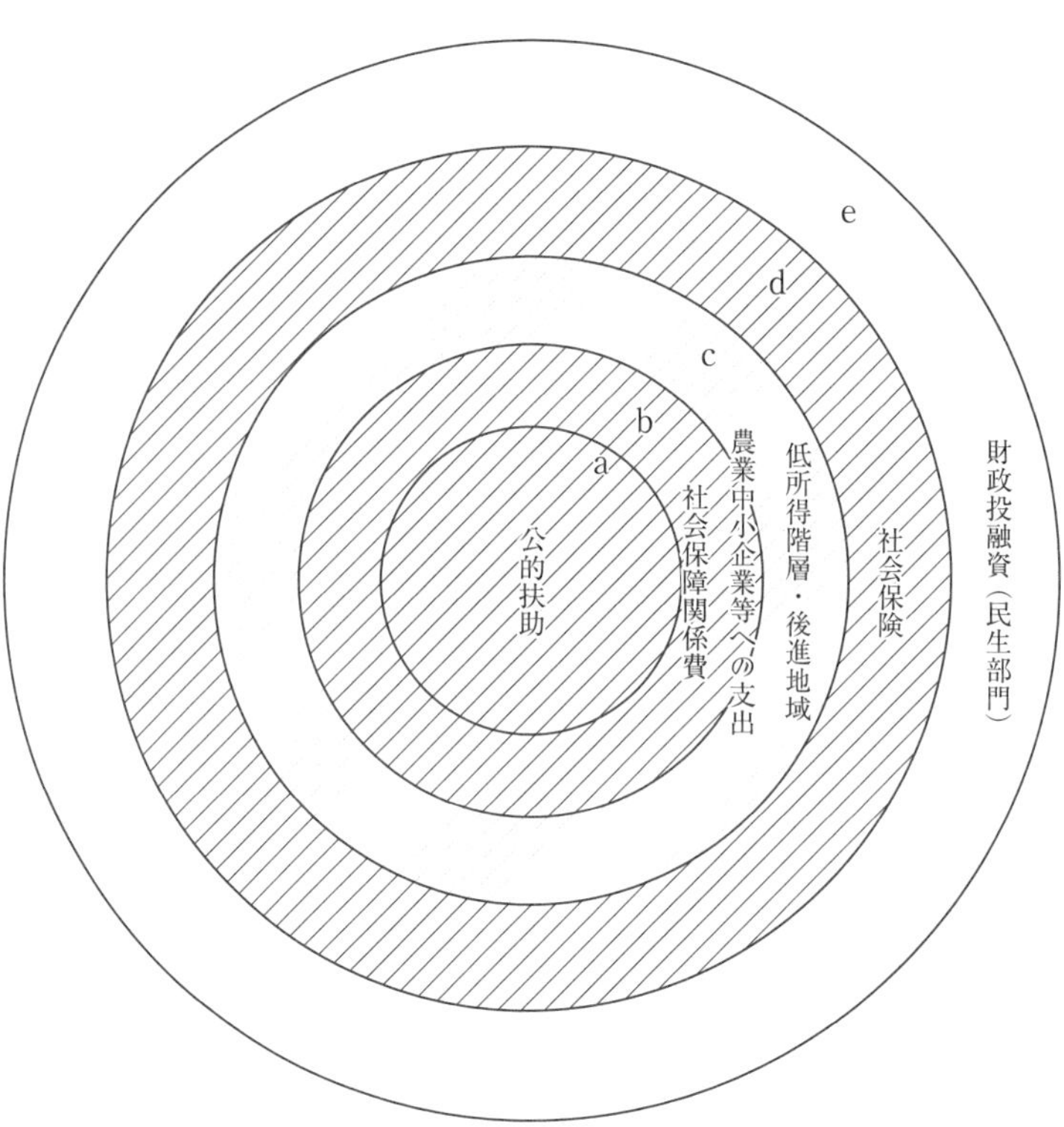

資料：岡本英男『福祉国家の可能性』東京大学出版会，2007年，26頁より転載．

図0-1　林による福祉関連の財政領域

イツ一六・一％と二三・一％、スウェーデン一八・二％と三一・一％であるのに対して、日本は四・六％と九・七％でしかなかった」ことから、「日本の国民経済に占める社会保障費の小ささは、……日本福祉国家の構造的特徴であるように思える」と述べる(31)。

この点に関し、持田信樹は、日本の財政の特徴が、累進所得税や失業保険給付、生活保護などを含む自動安定化機能が弱いために「経済全体としての有効需要の変動を安定化させるために、公共投資の拡大や減税が実施されることが多い」とまとめている(32)。また、一九九〇年代のバブル経済崩壊後の財政運営が分析されるなかで、日本の財政は、失業給付や生活保護などの自動安定化機能の相対的な弱さを、公共投資が埋め合わせるかたちで運営されているとの指摘もある。[33]

さらに、金澤は、日本の財政運営は、高度経済成長期から引き続き公共投資中心の支出構造をその特徴とするものの、高度経済成長期とは異なり、「今日の公共事業は、生活関連社会資本の充実や防災、住宅対策などを政策目標に掲げながら高水準が維持されて」おり、また、高水準の公共投資を維持するために、地方交付税や財政投融資を通じた地方債の引き受けなど、さまざまな方策を通じて地方財政が動員されている点に特色を見いだしている。[34] 日本の財政の特徴に関するこれらの研究成果から、社会保障制度の不備を補い、主として地方における公共投資を通じて「低所得、低資産の地域、階層、産業などに所得を再分配したり稼得機会を付与」しつつ展開されてきた日本の福祉国家財政のあり方が、「日本型ナショナル・ミニマム」の第三の領域と密接に結びついていることが分かる。

つまり、経済を安定化させるうえで不可欠な役割を担う財政が、日本においては広義のナショナル・ミニマムを保障することを目的とした地域間再分配システムによってその機能を発揮してきたといえるのであり、であるからこそ、日本の福祉国家財政研究は、「日本型ナショナル・ミニマム」における第三の領域をカバーしつつ展開されてきたのである。

ところで、図0‑2は、林宜嗣の研究に倣い、地域間格差の近年の動向を確認したものである。この図から、近年においては地域間格差を是正する役割は主に政府最終消費支出によって担われていることが分かる。また、表0‑2は、政府最終消費支出の内訳の経年変化を見たものである。この表によって、中央政府や社会保障基金を通じた現物社会移転[35]や集合消費支出に大きな変化は見られないにもかかわらず、地方政府を通じた現物社会移転が二〇〇一年以降一・五倍に増大していることが分かる。[36] また、年金の受給額に関する都道府県間の格差も非常に小さいことが分かっている。[37] つまり、表0‑1で確認した地方公共投資の縮小傾向とあわせて、近年における地域間格差の是正は、金澤のいう「日本型ナショナル・ミニマム」の第三の領域から第二の領域へと比重を移

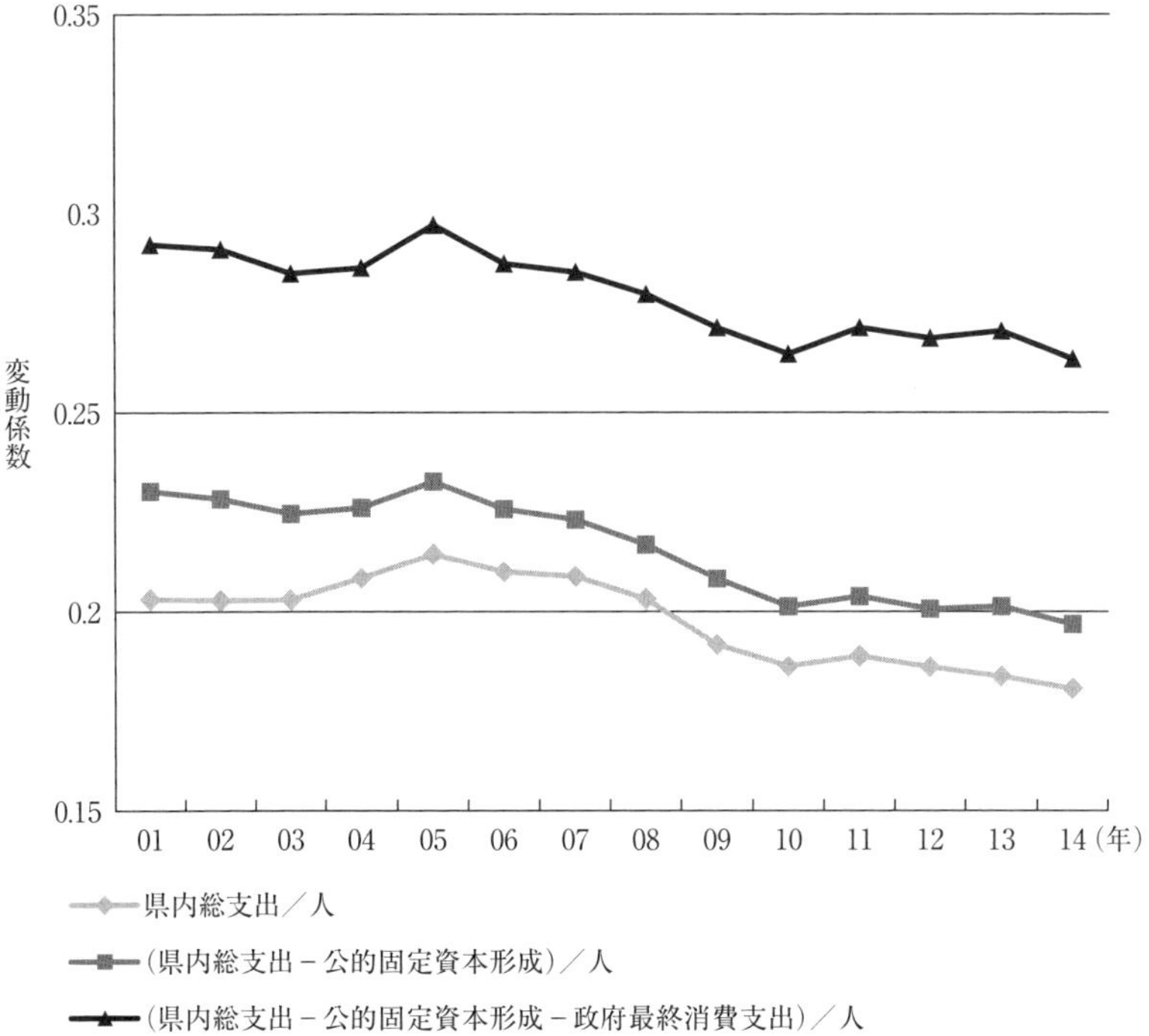

資料：内閣府『県民経済計算年報』各年版.

図 0-2　地域間格差の近年の動向

しているとの理解が可能である。

とはいえ、広義のナショナル・ミニマムを保障することを目的とした地域間再分配システムが日本の福祉国家財政においてその役割を終えたと評価するのは早計である。なぜなら、先に述べたように、現物社会移転のなかでもとくに量的な規模の大きい医療サービスを地域において供給する際に中間投入物を地域外からの移輸入に依存してしまうならば、地域間格差の是正効果は限定的となる。実際に、図0-2で示した地域間格差の縮小傾向から分かるのは、変動係数という指数の性質上、経済規模の相対的に小さな地域の経済活動が活発化して地域間格差が縮小しているのか、経済規模の相対的に大きな地域の経済活動が不活発化して地域間格差が縮小しているのかが不明である。

この点、これまで貧困率が低かった地域の貧困率の値が急上昇することによっ

表 0-2　政府最終消費支出の内訳

(10 億円)

	中央政府		社会保障基金		地方政府	
	現物社会移転	集合消費支出	現物社会移転	集合消費支出	現物社会移転	集合消費支出
1994	1,541.6	10,285.0	16,643.1	24,958.6	22,852.5	72.3
1995	1,603.8	10,639.2	17,103.2	25,920.4	23,904.3	78.2
1996	1,640.3	10,697.1	17,858.8	26,411.5	25,210.0	99.8
1997	1,632.9	11,200.5	18,337.5	27,147.1	25,157.5	87.1
1998	1,665.5	11,647.0	18,566.0	27,276.3	25,476.3	70.7
1999	1,763.3	11,960.3	18,584.4	27,597.2	26,407.6	58.2
2000	1,879.6	12,523.9	17,865.9	27,513.2	29,658.5	74.7
2001	1,759.8	13,212.9	18,036.9	28,379.1	30,856.1	349.2
2002	1,573.2	13,488.1	17,924.6	28,551.5	31,056.6	392.7
2003	1,723.3	13,744.9	17,538.1	28,785.3	31,700.2	349.2
2004	1,828.4	13,729.9	17,389.9	28,582.2	32,633.1	295.9
2005	1,840.7	14,104.5	17,174.0	27,917.0	33,674.6	239.7
2006	1,791.7	14,137.4	17,066.7	27,571.4	33,748.2	186.2
2007	1,803.4	14,154.5	17,063.7	27,665.3	35,080.7	113.8
2008	1,801.3	14,053.9	16,707.1	26,820.7	35,908.8	47.1
2009	1,820.8	14,199.9	16,643.3	26,451.4	37,411.3	28.9
2010	1,631.7	13,449.1	16,823.7	27,373.9	38,849.1	25.7
2011	1,691.1	13,347.8	17,115.8	27,273.4	40,294.3	19.9
2012	1,640.1	13,140.9	17,174.5	27,003.3	41,381.5	18.0
2013	1,868.8	13,856.5	16,856.9	26,836.8	42,411.3	16.8
2014	1,888.1	13,993.4	17,446.7	27,376.1	43,530.6	18.4
2015	1,776.0	13,738.3	17,634.6	27,735.7	45,067.0	18.3
2016	1,732.9	13,980.8	17,542.9	27,656.3	45,268.8	23.9

資料：内閣府『2016 年国民経済計算年報』.

て、すなわち「貧困率の高位平準化」によって貧困率の地域間格差が縮小しているとする指摘[38]は極めて重い意味を持つ。なぜなら、地域間再分配の縮小を通じて「日本型ナショナル・ミニマム」の重心が第三の領域から第二の領域へと移行するのとパラレルに「貧困率の高位平準化」が生じているとも考えられるからである。

　そうだとするならば、地域間再分配の縮小を伴いながら「日本型ナショナル・ミニマム」の重心が第二の領域へと移行することの意味について福祉国家財政論に基づいて考察する必要があるとともに、「日本型ナショナル・ミニマム」の重心の移動が地域経済に与える影響を見極める必要がある。

　その意味でも、日本においてナシ

ョナル・ミニマムを研究する際には、日本の福祉国家財政研究の延長線上で、狭義ではなく広義のナショナル・ミニマム保障のあり方がマクロ経済の安定や地域経済の動向とどのように関係しているのかという問いを重視する必要がある。そしてその作業の端緒として、広義のナショナル・ミニマムが、具体的に労働、社会保障、生活インフラ、環境などの領域においてどのように保障されてきたのか（保障の中身、保障のための仕組み、保障を正当化する理念）について明らかにする作業が求められる。

四　本書の概要

前節までの記述から、日本においてなぜいまナショナル・ミニマムを論じる必要があるのかは明らかになったと思われる。そこで次に、本書を構成する各章の概要を紹介する。

第一章は、「日本型ナショナル・ミニマム」の第一の領域にかかわる最低賃金を扱っている。第一章「最低生活保障政策としての最低賃金」（村上英吾）では、最低生活費に関して推計を行なった研究を参照しながら、それが新卒初任給に近いことから、初任給との比較を通じて、近年の大幅な最賃引き上げの妥当性とその結果引き起こされた最低賃金の地域間格差の妥当性について検討している。検討の結果、最低賃金の全国平均一〇〇〇円を目指すという方向性は概ね妥当と考えられるが、高卒や大卒の初任給の水準の地域間での分布の偏りに比べて、最低賃金水準の地域間での分布が相対的にかなり下方に偏っていることから、東京をはじめとする一部の地域だけではなく、より多くの地域で最低賃金を引き上げ、地域間格差を是正するべきであることを示唆している。

第二章と第三章では「日本型ナショナル・ミニマム」の第二の領域にかかわる、生活保護と医療を題材としている。

第二章「財政構造改革期における最低生活保障の再編過程―小泉政権期の生活保護基準改定を中心として―」

（松本一郎）では、狭義のナショナル・ミニマムの保障内容・水準としての「生活保護基準」の、二〇〇〇年代以降の改定過程の解明を通じて最低生活保障のあり方を探究することを主な研究目的としている。まず、二〇〇〇年代以降の改革プロセスがそれ以前の改革時とは異質な政策過程であったことを確認したうえで、財政構造改革期における生活保護基準の改定プロセスでは、トップダウンの強化とともに、生活保護法の誤解釈の下で被保護者のモラルハザードや福祉依存による就労意欲喪失、濫給、保護率の地域間格差などが執拗に問題視され保護費削減が優先されたことを明らかにしている。また、生活扶助基準をなぜ年間収入階級第一・十分位（下位一〇％）の低所得世帯の人々の消費水準と均衡させなければならないのかに関する根本的な検討がないばかりか、低所得の世帯の人々の生活実態や生活の質を解明することもないままに、低所得世帯の人々の消費水準が結果的にナショナル・ミニマム保障水準に等しいと機械的に見なされたことも指摘する。

第三章「離島における地域医療の供給体制とナショナル・ミニマム保障―自治体病院維持をめぐる地方自治体の役割をめぐって―」（関耕平）では、まず、国は、へき地における恒常的で安定的な医療サービスの提供の基盤となる病院の設立・運営・維持について積極的に取り組むことがなく、医療提供体制の地域格差の克服に資してきたのは都道府県や市町村によって設立・運営された自治体病院であったことを明らかにしている。また、離島医療組合を軸として、久米島病院、沖縄県、久米島町のあいだの協力体制と、お互いの責任を引き出しあう緊張関係が築かれ、こうした条件の下で島民の意向をくみながら、課題を残しつつも、医療完結率の向上をはじめ、地域医療水準を質的に引き上げることが可能になったことなども明らかにする。こうした作業を経て、上位団体による補完と支援を前提として基礎自治体が実施・運営主体として強く関与するという、融合型の行財政構造の優位性や、その前提としての、中央政府や都道府県による基礎自治体への財政面での十全なバックアップの重要性を指摘している。

第四章から第七章は、「日本型ナショナル・ミニマム」の第三の領域、および、地域間再分配システムの最重要な仕組みである地方交付税制度をテーマとしている。

第四章「ナショナル・ミニマム概念と地方交付税制度」（金目哲郎）では、地方交付税制度が依拠するナショナル・ミニマム概念は明確に定義されることがなかったとの問題意識に基づき、まず、地方交付税制度に潜在するナショナル・ミニマム概念を明確化するための手がかりを求めて、制度に関する通説的見解や既存研究を振り返っている。そして実際の事例に基づきながら、財源保障対象の（特に「基準財政需要額の算定において用いられる要素の中で最も重要な」単位費用の）積算プロセスに根差している算定要素を導出、整理する作業を行ない、積算プロセスに根差している算定要素について、①普遍的かつ基礎的なニーズの保障、②新たな政策課題への対応、③政府主導の政策の三つに類型化できると指摘する。この類型化に基づき、地方交付税制度におけるナショナル・ミニマム概念がきわめて包括的であることを踏まえることで、地方交付税制度に関する一面的な理解に基づく改革論議のミスリードが回避できると主張する。と同時に、ナショナル・ミニマムを構成する各算定要素の相互作用性や競合関係など、今後の改革論議において注目すべき視点を提起している。

第五章「水道事業とナショナル・ミニマム―整備から維持への転換期における簡易水道事業の分析―」（清水雅貴）では、一九九〇年代後半に、「清浄にして豊富、低廉」という理念が実現したとされた水道事業において、今日、人口減に伴う料金収入の減少や税収減を背景とした施設の老朽化対策の遅れ、人材育成の外部化など、理念を維持するための事業基盤が危うくなっていることを確認する。そうしたなかで、諸課題への有力な対応策と見なされている経営改善手法について、とくに厳しい課題を抱えているとされる簡易水道事業を事例に考察し、民営化の一環として採用された第三者委託という新たな経営手法が、支出削減策としてではなく、財政難を背景に専門技術者育成能力に欠ける自治体における人材確保策として活用されている実態をまず明らかにする。さらに、歳入面では、人口減などを背景とした水需要の減少に伴う使用料収入の減少のみならず、国庫補助金や都道府県支出金も減少し、歳出面では施設の老朽化に伴う維持・補修コストが増加するなど、財政上の問題を理由として、近年になって一定の目的達成を見たとされてきた、水の「量」の確保が再び困難になる危機に直面していることを指摘している。

第六章「公共交通政策とナショナル・ミニマム」(其田茂樹)は、まず、先行研究を振り返りつつ、日本においては公共交通は市場が供給すべきという考えが根強いことを確認している。ただし、その考え方の延長線上にある「カーシェア」「ライドシェア」が、人口減少を伴いながら少子高齢化が進んでいると思われる交通空白地域においてどこまで対応可能であるかは極めて不透明であることを指摘する。また、公共交通に関する近年の政策形成プロセスを跡づける作業を通じて、国の政策スタンスが「ともすれば民間事業者の事業運営に任せきりであった従来の枠組みから脱却」する必要性とともに、地域公共交通の活性化及び再生には「地方公共団体が先頭に立」つことが重視され始めている事実を確認している。そのうえで、地方のバス事業に関する国の財政措置を分析し、交通における「ミニマム」を実現するための支援が十分になされていないことを明らかにし、「それぞれの地域において最適と思われる交通の水準等について、必要な交通モードや負担のあり方を地域でできるように支援することが、政府により「ナショナル」なレベルで達成されるべき「ミニマム」であると考えられる」との認識を示している。

第七章「森林政策における「ナショナル・ミニマム」の変遷」(石崎涼子)では、まず、森林からもたらされるさまざまな恵みをどのように分類できるのかについて簡単紹介を行なった後に、国の森林政策の基礎となる法律の規程や森林政策のあり方を方向付けてきた審議会答申の記述内容の変遷を跡付ける作業を行なっている。この作業を通じて、森林政策における森林の持つ機能の捉え方が、経済的機能と公益的機能の区別に始まり、次第に公益的機能の重要性が強調されるとともに、山村対策を恩恵的なものとする理解を廃し、山村振興が「国民全体にとって極めて緊急かつ重要な政策課題」と位置づけられていることを確認している。また、森林の持つ公益的機能を重視する政策理念が浸透するなかで、政策理念の実現を支えるべく森林環境税が全国各地で導入されたものの、一九九〇年代後半以降に森林政策を支えていた公共投資財政が大幅に削減されていくなか、森林環境税による税収は「森林政策における「追加的」な財源と捉えられるほどの規模ではなく、急激に進む財源縮小を多少なりとも緩やかに抑える「若干の手当」に過ぎない」ことを明らかにしている。本章の末尾では、森林政策の目標や成果の望ましいあり方に関する問題提起も行なっている。

本書では、補章「周辺地域におけるナショナル・ミニマムとローカル・ミニマム―韓国・忠清南道における火力発電所立地地域の事例を手がかりに―」（李玟静）において、韓国におけるナショナル・ミニマム論議に関する考察も行なっている。韓国においては、一九九〇年代後半の経済危機を契機にナショナル・ミニマムに関する議論が盛んとなるなかで、地方分権という当時の韓国において有力な政策理念との両立困難が指摘され、ナショナル・ミニマムに代わる理念としてローカル・ミニマムという新たな理念が提唱されたという。このことを踏まえ、また、火力発電所の立地事例の分析を通じて、周辺地域においては、「葛藤問題」など、NIMBY施設が立地する地域に固有の問題群に直面していることを確認し、ナショナル・ミニマム概念では捉えきれない財政需要をローカル・ミニマムとして補うという、ナショナル・ミニマムとローカル・ミニマムとの間の相互補完関係、および、両者を媒介する地方自治体の役割の重要性について考察している。わが国の条件不利地域において、いわゆる迷惑施設の立地と引き換えに国からの手厚い財政支援が行なわれることを想起すれば、示唆に富む事例と言える。

また、本書全体の議論を総括する意味で、完全雇用体制の復活を「民間企業の高投資・高利潤政策による完全雇用政策」ではないかたちで模索することの重要性を問いかける終章を設けた。終章「完全雇用体制の復活に向けて―完全雇用論の原点・ベヴァリッジから学ぶ―」（岡本英男）では、トランプ支持者に関するロバート・シラーの指摘を踏まえ、近年の格差拡大傾向を逆転する最も有効な方法は完全雇用状態への復帰であることを確認しつつ、現在の新しい経済状況のなかでいかに完全雇用を達成しうるかについて、完全雇用政策論の原点を振り返りつつ検討している。そのなかで、ベヴァリッジ完全雇用論の核心を、「完全雇用のために雇用の可能な全労働を需要するほど十分な総支出をつねに確保することが国家の責任である」点に見出すとともに、ベヴァリッジ完全雇用論の歴史的意義について確認し、「現在こそ、ベヴァリッジが追い求めた完全雇用論を蘇らせる必要が生じている」と指摘する。さらに、ベヴァリッジ以降の完全雇用論を整理しつつ、「完全雇用の人間的価値」を実現する意味で、「現在においても依然大胆な財政政策が必要であること、その場合、政府による直接的雇用創出策はきわめて有効な政策であること」を明らかにしている。

以上のように、本書は広義のナショナル・ミニマムが日本においてどのように保障されてきたのかという問いに答えるべく、「日本型ナショナル・ミニマム」の全領域をカバーし、具体的な仕組みについて解明を試みている。しかしながら、本書が果たせなかった課題は数多い。雇用保険や介護保険といった狭義のナショナル・ミニマムに関わる領域のみならず、教育や住宅、あるいは公共図書館等の文化領域など広義のナショナル・ミニマムに関わる重要な領域を扱うことができなかったことは大いに悔やまれる。また、それぞれのナショナル・ミニマムが実際にどのように関連しあってわれわれの生活水準の維持・向上、はたまた地域間格差の是正に貢献しているのか、あるいは、自助や共助に基づく財・サービスの提供と財政を通じたナショナル・ミニマムの提供とがどのようなバランスを保つことが望ましいのかなどの課題についても扱うことができなかった。これらの諸課題については、もし次の共同研究の機会があるのなら、ぜひ取り組んでみたいと考えている。

注

（1） 地方分権改革推進会議「ナショナルミニマムについて」（第七回会議配布資料）、二〇〇一年（http://warp.ndl.go.jp/info:ndljp/pid/8418775/www8.cao.go.jp/bunken/h13/007/3.pdf）。また、地方分権改革推進会議「事務・事業のあり方に関する意見」、二〇〇二年（http://warp.ndl.go.jp/info:ndljp/pid/8418775/www8.cao.go.jp/bunken/021030iken/021030iken.pdf）は「これまでは、政策分野ごとに達成すべき目標値を設定し、それをどの地域も最低限満たすべき基準である「ナショナル・ミニマム」として、その達成を目指して事業を計画し実施していく傾向が見られた。」と指摘する。実際に、国土庁『二一世紀の国土のグランドデザイン』（第五次全国総合開発計画）、一九九八年では、「汚水処理施設、上水道、生活道路等は、生活上の必需施設であり、ナショナルミニマム達成の観点からの整備を推進する必要がある。」とされていたし、新産業都市建設促進法（一九六二年制定）や国土利用計画法（一九七四年制定）、総合保養地域整備法（一九八七年制定）、地方拠点都市の整備及び産業業務施設の再配置の促進に関する法律（一九九二年制定）など国土・地域開発に密接にかかわる法律には押しなべて「国土の均衡ある発展」が謳われていた。

（2）「「ミニマム論」再考」と題する座談会における森田朗氏の発言「まちづくりのような社会的インフラのミニマムについては、住民個人ではなく地域が対象ですから……中略……ただ、外国のナショナル・ミニマムについての考え方には、日本のような使い方をしているところは、私の知る限り無いようです。もっぱら社会保障のような分野で、個人の生活水準をどのように維持するかという文脈で用いられていると思います」（自治体学会編『年報自治体学18』第一法規、二〇〇五年、五六頁）。

（3）日本社会保障学会『ナショナルミニマムの再構築』法律文化社、二〇一二年やナショナル・ミニマム研究会『中間報告』、二〇一〇年（https://www.mhlw.go.jp/shingi/2010/06/dl/s0623-12a.pdf）など、近年の日本におけるナショナル・ミニマム保障のあり方について包括的に行なわれた研究はいずれも狭義のナショナル・ミニマムを中心的な主題としている。

（4）大石久和『国土と日本人』中央公論新社、二〇一二年、第二章。

（5）金澤史男『福祉国家と政府間財政関係』日本経済評論社、二〇一〇年、二七一頁。

（6）梶善登「地域間格差の推移とその背景」『レファレンス』二〇〇六年四月号、八六頁。

（7）橘木俊詔・浦川邦夫『日本の地域間格差』日本評論社、二〇一二年、三五頁。

（8）橘木・浦川、同右書は、地域の単位を都道府県から市町村に変えてジニ係数を見た場合に値が高くなることから、「都道府県別に一人当たりのGDPの地域間格差を計測して、他の先進諸国との比較をすると、格差はほとんどないという結果が得られて一見好ましいように映るが、都道府県内における市町村の地域間格差にも関心を拡げれば、問題なしと結論づけることはできない」と指摘する（三六頁）。

（9）林宜嗣「中央・地方と格差社会」宇沢弘文・橘木俊詔・内山勝久編『格差社会を超えて』東京大学出版会、二〇一二年、一四八〜一五二頁、および、前掲、橘木・浦川、三三〜三七頁。

（10）こうした点を指摘する文献は枚挙に暇はないが、例えば、神野直彦・小西砂千夫『日本の地方財政』有斐閣、二〇一四年、四二頁や宮本憲一・鶴田廣巳『セミナー現代地方財政Ⅱ』勁草書房、二〇〇八年、序章など。

(11) 前掲、金澤、二七二〜二七三頁。

(12) この点について、藤澤益夫「ナショナル・ミニマム思想とその系譜」社会保障講座編集委員会編『社会保障講座第一巻 社会保障の思想と理論』総合労働研究所、一九八〇年は、ベヴァリッジの著書（*The Pillars of Security*）における指摘を引きつつ、次のように述べている。「『社会保障はナショナル・ミニマム政策の一部に過ぎない』のであって、完全雇用・住宅政策・教育制度から環境保全にいたるまでの多様な側面を、この思想は内蔵している。要するに、ナショナル・ミニマムは、現代経済の国民生活諸過程に対する公共介入の必要を、単なる行動のフィロソフィーとしてでなく、実行のプリンシプルとして示すところに、そのいちじるしい特徴がある。……いうなれば、ナショナル・ミニマム思想は、パフォーマンスと効率に偏重してきた経済の論理の一般的優越性を根本より考え直し、市場の原理に対抗して、社会の総体的バランスを確立するための新しい社会統合原理を与える意味をもってくる」三〇三頁。

(13) 松下圭一『シビルミニマムの思想』東京大学出版会、一九七一年、第一一章。そこでは、社会保障（養老年金、健康保険、失業保険、困窮者保護など）、社会資本（住宅、交通通信、電気ガス、上下水道、廃棄物処理、公園、学校など）、社会保健（公共衛生、食品衛生、公害規制など）をシビル・ミニマムと呼び、都市においてのみならず農村においても充足されるべきとしている。

(14) この点については、前掲、金澤、二二七頁。また、小西砂千夫『日本地方財政史』有斐閣、二〇一七年、第六章も参考になる。

(15) このことは、一人当たり県内総支出の変動係数と、一人当たり県内総支出から公的固定資本形成と政府最終消費支出を除いたものの変動係数とを比べた場合、後者が前者を大きく上回る事実からも確認できる。詳しくは林、前掲書を参照。ただし、橘木・浦川、前掲書も指摘するように、市町村レベルでの地域間格差は都道府県レベルでの地域間格差よりも大きくなる傾向がある点を看過すべきでない。

(16) 一九九〇年代後半の「財政構造改革」については、拙稿「公共投資財政の転換」諸富徹編『日本財政の現代史Ⅱ』有斐閣、二〇一四年を参照。

(17) 井川博「自治体施策に対する国の責任と財源保障―ナショナル・ミニマム、「通常の生活水準」の確保と地方交付税―（上）」『自治研究』八二巻一〇号、二〇〇六年、五〜六頁。

(18) 例えば、吉田和男『地方分権のための地方財政改革』有斐閣、一九九八年や赤井伸郎・佐藤主光・山下耕治『地方交付税の経済学』有斐閣、二〇〇三年など。

（19） 赤井・佐藤・山下、同右書、三七頁、一六六頁など。なお、向井文雄「一面的な交付税論議の検証と行政のメカニズム」『地方財務』六二六号、二〇〇六年は、広義のナショナル・ミニマムの保障を支える国と地方の財政関係が地方のモラルハザードを引き起こしている（から、ナショナル・ミニマムの水準を引き下げると同時に現行の国と地方の財政関係を作り変える必要がある）との主張の根拠として同書に示されている分析に対して鋭い批判を加えている。

（20） この点に関して中澤秀雄「地方と中央―「均衡ある発展」という建前の崩壊―」小熊英二編著『平成史』河出ブックス、二〇一二年は、自民党が一九九〇年代後半以降、選挙結果を受けて「選挙対策や政策の軸足を農村から都市へと移してい」った点を強調している。

（21） 拙稿「政府間財政関係の変容」持田信樹・今井勝人編著『ソブリン危機と福祉国家財政』東京大学出版会、二〇一四年。

（22） Tanja Broz, "The *Teory* of Optimum Currency Areas: A Literature Review", *Privredna kretanja i ekonomska politika*, 104, 2005, pp. 54-61 および飯田泰之「地域再生をめぐる基礎理論」同編『これからの地域再生』晶文社、二〇一七年、四〇～四四頁。

（23） この点に関して縄田康光「戦後日本の人口移動と経済成長」『経済のプリズム』五四号、二〇〇八年は、都市と地方との所得格差の縮小が、地方から都市への人口移動を縮小させたと指摘している。

（24） 飯田泰之「地域再生をめぐる基礎理論」同編『これからの地域再生』晶文社、二〇一七年、四四頁。

（25） 以下の理由に基づく。社会的に不可欠ではあるが公害等の何らかの社会的費用を不可避的に生じさせてしまう、いわゆる「迷惑施設」の立地先としては、社会的費用の負担が相対的に小さくて済む地域が適地として選択されることが多い。つまり、社会的費用の大きさが、私的消費量の差を通じて、平均的所得水準の高い地域ほど主観的に大きくなり、平均的所得水準の低い地域ほど主観的に小さくなるので、「迷惑施設」の立地は社会的費用の小さな地域に集中しがちとなる。単なる所得の再分配では、こうした公共施設が提供するサービスの便益と社会的費用の負担の差の格差を埋め合わせることができない。拙稿「公共政策と社会的共通資本―社会的共通資本の論理と地方財政・地方自治体―」『水資源・環境研究』二九巻二号、二〇一六年を参照。

（26） 小林潔司「地域間公平性を巡る論点と課題」『運輸政策研究』三巻三号、二〇〇〇年では、社会資本整備は効率的基準に基づいて行ない、所得格差の解消はあくまで個人を対象とした再分配政策で行うべきとする議論と、シビル・ミニマムに関する議論に基づいて、本章で言うところの地域間再分配システムを通じて地域間での所得の再分配を達成すべきという議論を詳細に比較検討するなかから、「効率的基準に関する議論の精緻さと比較して（後者の―括弧内引用者）地域間公平性に関する議論は非常に立ち後れている感を否めない。地域間公平性に関する議論は未だ理論化が十分に進展しておらず、ともすれば感情論に終始している場合も少なくない。地域間公平性に関する理論化を達成しない限り、批判的な見解に対抗することは容易でないだろう」との結論を述べている。また、門間俊幸・中村卓雄・小池淳司・藤井聡「地方の社会資本整備についての分配的公正心理に関する研究」『土木計画学研究論文集』二七巻、二〇一〇年においても、分配的公正論において再分配の対象として正当化されるのはもっぱら個人であり、地域を対象とした議論は理論的に正当化されていないとの趣旨でまとめられている。ただし、双方ともに「最適通貨圏の理論」が含意することの検討や前掲、拙稿で確認している「社会的共通資本の論理」についての検討は行なわれていない。

(27) 拙著『公共投資改革の研究―プライヴァタイゼーションと公民パートナーシップ―』有斐閣、二〇〇九年や前掲、拙稿で述べたように、筆者も、地域間再分配システムが「地方の無駄遣い」や「地方の国への依存」を招いている側面を問題視していないわけではない。ここでの趣旨は、日本におけるナショナル・ミニマム保障のあり方が有する社会的機能についての理解を欠いたままにナショナル・ミニマムについての議論を行なうことに対する懸念である。

(28) 林健久『福祉国家の財政学』有斐閣、一九九二年。

(29) 岡本英男『福祉国家の可能性』東京大学出版会、二〇〇七年、二五〜二六頁。

(30) 岡本、同右、二六頁。

(31) 岡本英男「日本における福祉国家の成立とその展開」金成垣編著『現代の比較福祉国家論』ミネルヴァ書房、二〇一〇年、二一五〜二一七頁。また、佐藤滋「租税抵抗の国・日本」『不寛容の時代を生きる』公人社、二〇一八年でも、一九八〇年から二〇一一年にかけて、公的社会支出の対GDP比のOECD諸国における相対的順位が二一位から一四位に上昇しているとはいえ、その内訳をみると、「老齢部門の社会保障は相当上がっている」一方で、「家族関連支出や積極的労働市場政策、失業費、住宅費といった現役世代を支えるための費目の順位は」、老齢部門の社会保障とは対照的に軒並み順位を大幅に下げていることを紹介している。

(32) 持田信樹『財政学』東京大学出版会、二〇〇九年、二一〇〜二一二頁。

(33) Martin Mühleisen, "Too Much of a Good Thing? The Effectiveness of Fiscal Stimulus", Tamin Bayoumi & Charles Collyns ed, *Post-Bubble Blues: How Japan responded Asset Price Collapse*, IMF, 2000, p. 128.

(34) 金澤史男編著『現代の公共事業―国際経験と日本―』日本経済評論社、二〇〇二年、序章および第一章。また、定量的には、たとえば『行政投資実績（概要版）』平成二六年度、四〜五頁で確認できる。

(35) 具体的には、社会保障制度の医療保険や介護保険における医療費、介護費のうち保険給付分や義務教育に係る政府による教科書の購入費など。

（36）外交、防衛、警察など社会全体に対するサービス活動に要する支出。
（37）二〇一五年度末現在における「都道府県別老齢年金受給者数及び平均年金月額」（https://www.mhlw.go.jp/fil06-Seisakujouhou-12500000-Nenkinkyoku/H27.pdf）によれば、厚生年金・国民年金ともに平均月額に大きな差はなく、また、厚生年金受給者の地域内人口に占める割合も、沖縄（五・五％）と東京（八・八％）を例外として、ほとんどの地域が全国平均（一一・七％）に近い比率となっていることから、年金を通じた地域間再分配も存在感を高めていると言える。
（38）戸室健作「資料紹介　都道府県別の貧困率、ワーキングプア率、子どもの貧困率、捕捉率の検討」『山形大学人文学部研究年報』一三号、二〇一六年。

第一章　最低生活保障政策としての最低賃金

村上英吾

二〇〇七年に最低賃金法が改正され、それ以降、地域別最低賃金額が大幅に引き上げられてきている。本章では、こうした最低賃金をめぐる動向をどう評価するかを検討することを課題としている。

日本の最低賃金法では、地域別最低賃金の水準を定めるにあたって、地域における労働者の生計費、労働者の賃金、企業の賃金支払い能力を考慮することとされている。しかし、従来は主に企業の支払い能力が重視されて引き上げ額が決定されてきた。これに対して労働者や労働組合からは最低賃金額が低過ぎるという批判があったとはいえ、大きな社会問題として大幅な引き上げが検討されることはなかった。それは、最低賃金にかかわる労働者の大多数はパートやアルバイトの労働者であり、その多くは主に男性世帯主の稼得によって生計が維持されている世帯の構成員で、家計補助的に働いていたためと考えられる。加えて、税制や社会保障制度がこれらの労働者の労働市場への部分的参加を前提としているためである。つまり家計補助的に働く主婦パートや学生アルバイトは、配偶者控除や扶養控除、社会保険制度の扶養家族となる条件の枠内で働こうとして就業調整を行っており、賃金の大幅な引き上げを望まないという面もある。

二〇〇〇年代に入ると、デフレ下で地域別最低賃金は据え置かれたが、二〇〇〇年代前半頃から「格差と貧困」が社会問題化するなか、最低賃金で働いた収入が生活保護水準より低いという「逆転現象」に注目が集まった。こうした動きを受けて、最低賃金法の見直しが行われた。改正法では、地域別最低賃金の決定にあたり、地域の労働者の生計費を考慮する際に生活保護に係る施策との整合性に配慮することとされ、「逆転現象」の解消が最低賃金引き上げの当面の課題となった。

労働組合等は、健康で文化的な最低限度の生活ができる収入が得られるよう、最低賃金を一〇〇〇円以上に引き上げる必要があると主張した。二〇〇九年に発足した民主党政権では「雇用戦略対話」において「できる限り早期に全国最低八〇〇円を確保し、景気状況に配慮しつつ、全国平均一〇〇〇円を目指す」という政労使合意がなされ、これが同内閣の「新成長戦略」に盛り込まれた。その後、民主党政権はもとより、安倍政権でもこの目標は引き継がれている。

安倍政権では「デフレ脱却」が目指され、「量的緩和」を柱とする金融政策に加えて、春闘で経営者団体に賃上げを要求するなど、賃金引き上げを目指し積極的に働きかけが行われた。これには、デフレの要因の一つが賃金の停滞にあるという認識から[1]、賃上げを通じて総需要を増大させて経済成長を実現する好循環を実現しようとする狙いがある。ただし、一部の大企業では賞与等一時的な賃上げが行われたとはいえ、企業はベースアップには消極的であり、多くの中小企業では賃上げが実現していない。

政府が民間企業、とりわけ中小企業の賃金決定に影響力を及ぼす方法には、人事院勧告による公務員給与の引き上げを通じて間接的に民間企業の給与水準の引き上げが促されるという経路もある。しかし、財政再建が求められるなか、公務員給与引き上げにより民間給与の引き上げを促すことは難しい環境にある。それゆえ、最低賃金の引き上げは、政府が民間企業の賃金決定に直接影響を及ぼすことができる数少ない政策手段の一つであり、デフレ脱却のために最低賃金の引き上げを通じた賃金の底上げが重要な政策課題となっている。

とはいえ、経済学者の間では、最低賃金の引き上げは関連する労働者の雇用を減らすため、かえって労働者にとって好ましくないとする論者は少なくない。企業側からは、賃金は労使で決めることであり、政府が介入するのはおかしいという意見が根強い。そこで本章では、近年の最低賃金引き上げの動向について検討したい。

一　最低賃金をめぐる研究動向

経済学における最低賃金に関する研究の動向には、大きな画期があった。従来は、最低賃金の引き上げは労働需要を減少させ、雇用が減るとする見方が強かった。しかし、Card and Kruegerによって、最低賃金を引き上げても雇用は減少しないとの指摘がなされ[2]、これを契機に最低賃金引き上げの雇用に対する効果の研究が活発化した。アメリカの経済学者の間では、依然として最低賃金を引き上げると雇用が減少するという主張が主流である。Neumark and Wascherは、多数の実証研究をサーヴェイした結果、最低賃金の影響を最も受けやすい若年低賃金層に関して負の雇用効果を認める研究が多いと指摘しており[3]、多くの文献で引用されている。

一方、ＩＬＯの『世界労働レポート』のなかでRani, Besler and Ranjbarは「ミクロ経済的な研究を中心とする最近の文献が示唆するところによると、ほとんどの場合、最低賃金の雇用に対するマイナス効果はごく小さいか、まったくないかのいずれかである[4]」と結論づけている。たとえば、Dougouliagos and Stanleyは、一九七二〜二〇〇七年に公刊された六四のアメリカにおける最低賃金研究について、メタ分析という手法を用いて検証し、最低賃金が一〇代の雇用に与える影響に関する一四七四の分析結果を、統計的な正確さ（標準誤差の逆数）によって選別した結果、正確性が高い分析は雇用効果がゼロ付近に集中していることを明らかにした[5]。Giotis and Chletsosは、二〇一〇〜一四年に公刊された四五の研究について同様のメタ分析をした結果、負の雇用効果はないか、あったとしても非常に小さいというほぼ同様の結論を得ている[6]。

一方で、Neumark and Wascherの研究では、クロスセクション分析によって国際比較研究を行ったところ、負の雇用効果は見られるが、それは積極的労働市場政策等の他の施策によっておおむね相殺できるという指摘がなされている。[7] これは、最低賃金引き上げの影響を考える際に、関連する労働者の雇用を減らすかどうかという点だけに注目すべきではなく、労働政策全体のなかに位置付けて、総合的に判断すべきことを示唆している。

アメリカでの研究の活発化と日本で格差と貧困が社会問題化したことを背景として、日本でも最低賃金に関する実証研究が活発化した。[8] これらの研究については鶴が詳しくまとめている。[9] このうち、Kawaguchi and Moriは一〇代男性と中年層（二五～五九歳）の既婚女性の雇用を減少させるとし、[10] Kambayashi, Kawaguchi and Yamadaは中年層（三一～五九歳）の女性の雇用を減少させると結論づけている。[11] 二〇〇七年の最賃法改正以降の影響を分析したものとしては、樋口・佐藤・小林と川口・森の研究がある。樋口らは、最低賃金の上昇が非正規の男女、無業者、失業男女のそれぞれの雇用に及ぼす影響を分析した結果、いずれも有意な結果は得られなかったとしている。[12] 一方、川口・森は二〇〇七～一〇年の「賃金構造基本調査」と「労働力調査」のマイクロデータを利用し、最低賃金の就業率への影響を分析し、一〇代の若年層の就業率を低下させるとの結果を得ている。[13] 以上のような研究状況を踏まえて、鶴は川口の言葉を引用しながら、[14]「最低賃金の上昇が低賃金労働者の雇用に影響を与えないという信頼に足る研究結果は日本にほとんど存在しない」という評価が依然として妥当していると述べている。[15]

その後の研究としては、樋口・石井・佐藤が慶應義塾大学『日本家計パネル調査』の二〇〇四～一〇年のデータを用いた分析により、最低賃金の引き上げが非正規労働者の非自発的離職者を増やしたり、新規就業者を減らしたりしたとはいえないことを明らかにしている。[16] 一方、山口は、『賃金構造基本統計調査』の二〇〇八～一〇年の個票データを用いて同一事業所の連続データからパネルデータを作成し、最低賃金の引き上げが事業所の雇用に有意な影響を与えず、事業所の平均賃金、賃金総額、短時間労働者の勤続年数に有意な正の効果を与えたと指摘している。[17] 山口はこの結果が、Manningのモデルが示すように、[18] 最低賃金引き上げが転職インセンティブを引き下げ、離職が減ることで採用や訓練にかかる費用が節約されたことを示唆するのではないかと述べている[19]。

以上のように、最低賃金の雇用効果を研究することには意味があり、引き続き研究が深められるべきであろう。ただし、最低賃金の雇用効果に関して数多くの研究が行われているアメリカの研究成果のメタ分析が示している通り、最低賃金引き上げの影響が大きなものではなく、さらにNeumark and Wascher[20]や他の国際比較研究が示唆しているように労働市場のパフォーマンスはさまざまな政策の組み合わせによって管理されれば良いという点に鑑みれば、「純粋な」雇用効果に囚われ過ぎる必要はないものと思われる。

二　日本における最低賃金の動向

図1-1は日本の地域別最低賃金の動向を示したものである。一番下の実線は最低賃金が最も低い県の金額、一番上でマーカーがついているのが最も高い東京都の最低賃金額、真ん中の破線が全国の加重平均額である。一九八〇年の最低額は三一八円、最高額は四〇五円、全国平均が三五七円であったが、八〇~九〇年代を通じて上昇し、二〇〇〇年には最低六〇〇円、最高額七〇三円、平均六五九円となった。二〇〇〇年代に入り、日本はデフレ不況が続くなか、二〇〇一年以降は最低賃金が横ばいとなり、全国平均は二〇〇一~〇二年が六六三円、〇三年は六六四円、〇四年は六六五円、〇五年は六六八円であった。

二〇〇七年に最低賃金法が改正され、「地域別最低賃金の原則」として「地域別最低賃金は、地域における労働者の生計費及び賃金並びに通常の事業の賃金支払い能力を考慮して定められなければならない」とし「労働者の生計費を考慮するに当たっては、労働者が健康で文化的な生活を営むことができるよう、生活保護に係る施策との整合性に配慮するものとする」との条文が加えられた。改正法は二〇〇八年七月一日に施行されたが、これに先立ち〇七年から最賃額の引き上げ額が高まった。二〇〇七年には最高額が前年比二〇円増の七三九円、最低

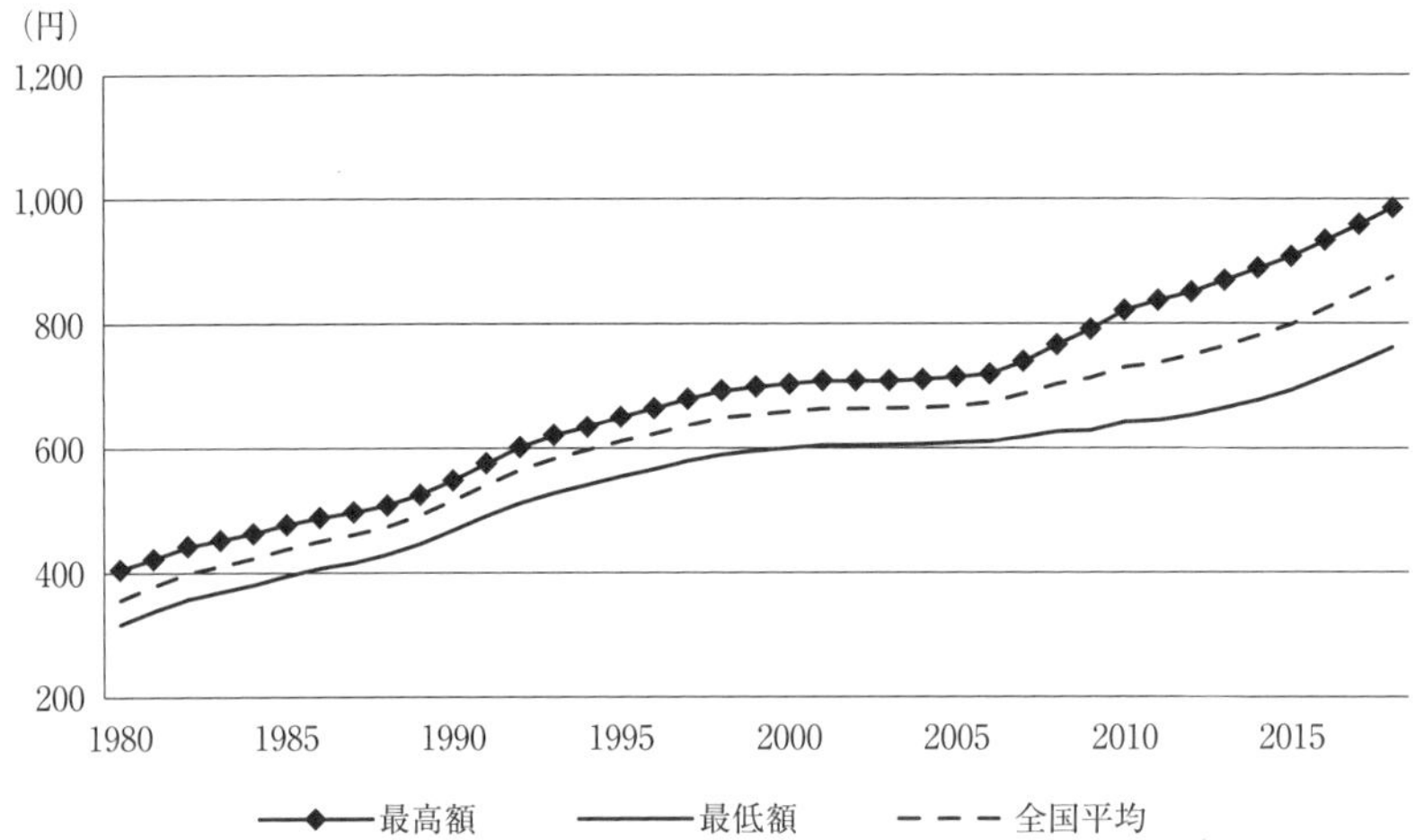

出所：厚生労働省「地域別最低賃金改正の答申状況について」各年版より作成.

図1-1　地域別最低賃金の推移

額が八円増の六一八円、平均が一四円増の六八七円となった。それ以降、毎年引き上げが行われ、二〇一六年には全国平均が八〇〇円を超え、二〇一八年には最高額の東京都は九八五円、最低額の鹿児島が七六一円となった。

最低賃金は急ピッチで引き上げられてきたが、これに伴い地域間格差が拡大した。図1-2は、地域最賃の全国平均を一とした時の最高額と最低額の比率であり、最低賃金の地域間格差を示している。最高額は一九八〇年に一・一三であったが、その後格差は縮小してゆき、一九九〇年には一・〇六となった。その後九六年には一・〇七となり二〇〇六年までは横ばいが続いた。ところが、二〇〇六年以降の最賃を引き上げる過程で、地域間格差が再び拡大し、二〇一一年以降は一・一三〜一・一四で推移している。

最低額は一九八〇〜八一年は〇・八九、八二年からは〇・九〇、八九年以降は〇・九一と非常に安定しつつもわずかに格差が縮小してきたが、二〇〇七年以降格差が拡大し始め、二〇一二年以降は〇・八七で推移している。

最賃水準が上昇した結果、最低賃金引き上げの影響を受ける労働者の割合は上昇した。図1-3は各年におけるランク別の最低賃金引き上げの影響率の推移を示している。最賃法

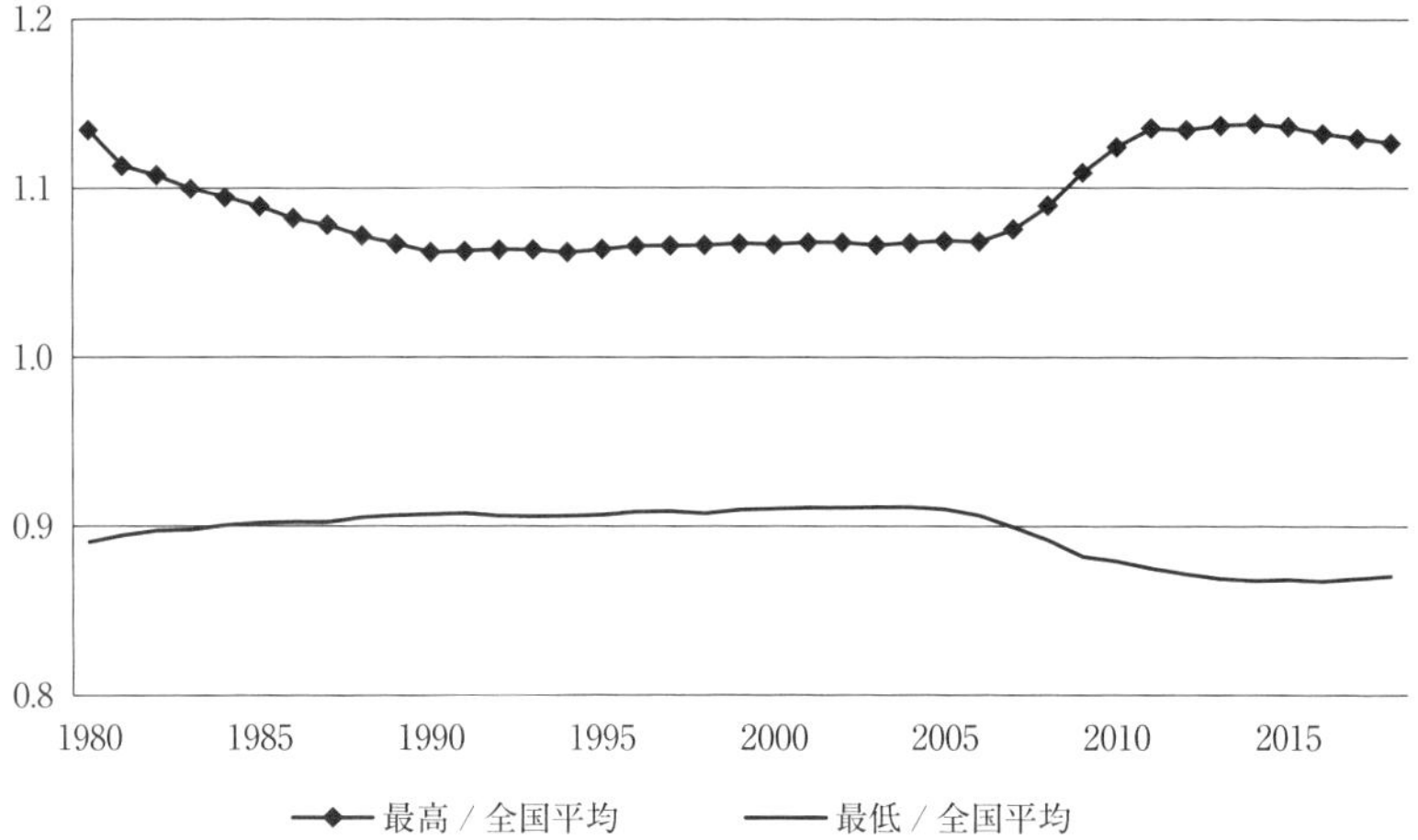

出所：同前.

図 1-2　地域別最低賃金の地域間格差の推移

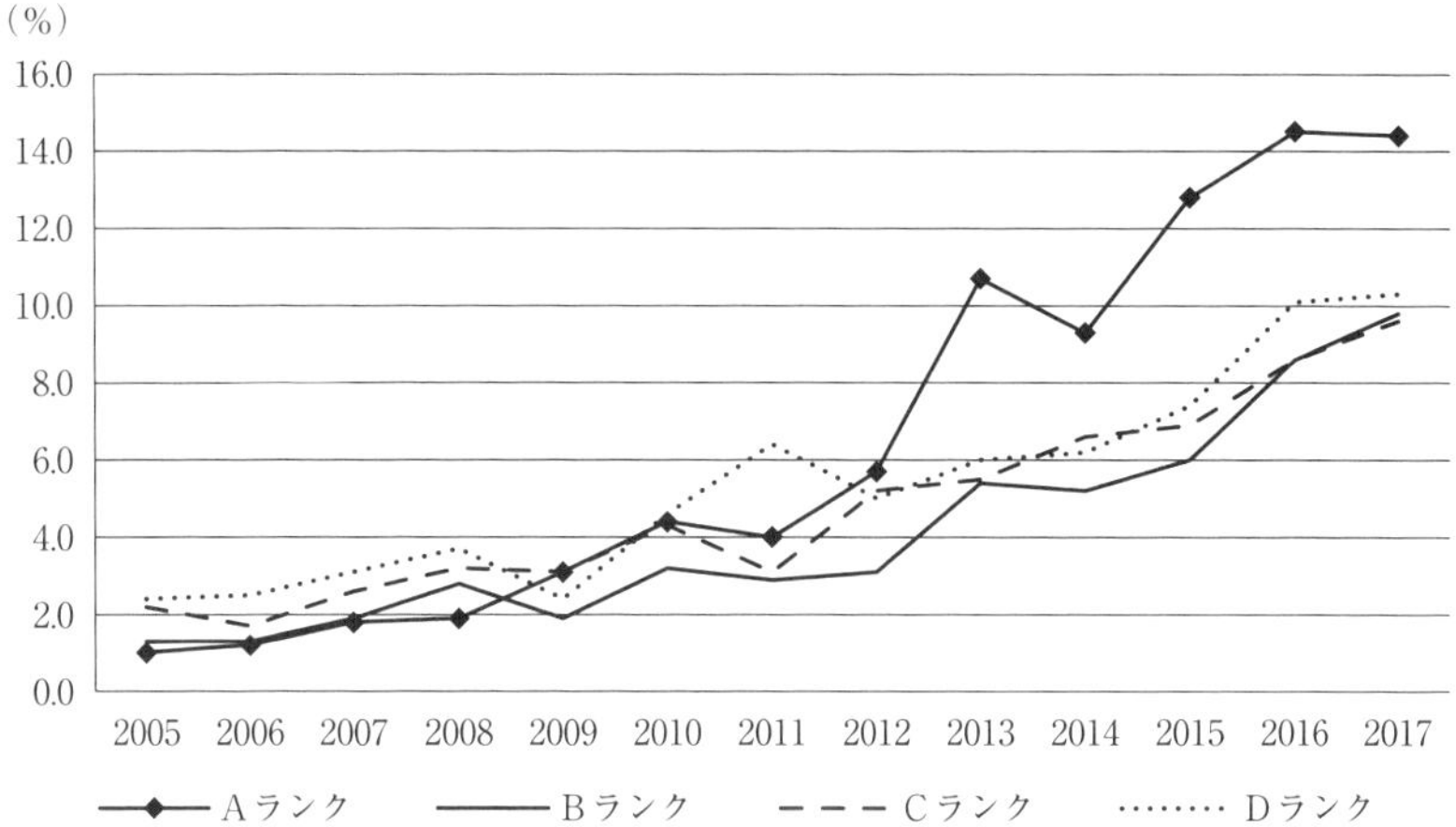

注：「影響率」は最低賃金額の改正後に最低賃金額を下回ることになる労働者の割合.
出所：厚生労働省「最低賃金に関する基礎調査」(2005-2017 年度) より作成.

図 1-3　ランク別の影響率

改正前の二〇〇五年にはAランクの影響率は一％、Dランクは二・二％であり、最賃引き上げの影響はごくわずかであった。しかし、最賃の大幅引き上げにより影響率も高まり、二〇一六年にはAランクの影響率は一四％を上回った。他の地域も一〇％前後の労働者が最賃引き上げの影響を受けるようになっている。

三　最低賃金と最低生活費

(1) 最低賃金の水準の妥当性

それでは最賃の水準が果たして妥当なのであろうか。最低賃金が生活保護基準を下回る逆転現象は解消すべきということで、二〇〇七年の改定以降、地域別最低賃金が大幅に引き上げられてきた。政府は二〇一四年に逆転現象は解消されたと主張している。ただし、この比較方法にはさまざまな問題が指摘されている[21]。

生活保護水準と最低賃金は、一カ月当たりの所得に換算して比較する。最低賃金は最低賃金額に一カ月の労働時間と可処分所得比率をかけて一カ月の所得としている。一カ月の労働時間は一七三・八時間とされている。これは、[週40時間×52.14週（365÷7）÷12カ月]という式で算出された数値であり、週休二日以外は休まず働き続けた場合の一カ月当たりの労働時間で一カ月の所得が算出されている。現実には祝日があるのでこれよりも労働時間は短くなる。たとえば、賃金構造基本統計調査によれば二〇一四年の所定内労働時間（男女計・学歴計・産業計）は一六三時間、毎月勤労統計の一般労働者の所定内労働時間は一五六・五時間であった。国民の祝日が一六日（8時間×16日＝128時間）であるから、これを差し引くと一六三・一時間（(40時間×52.14週−128時間)÷12カ月）となる。また、六カ月以上継続勤務した労働者に対して付与される有給休暇が一〇日以上なので、これを差し引くと一五六・五時間（(40時間×52.14週−128時間−80時間)÷12カ月）となる。これが現実的なフルタイムの労働時間と言えるだろう。したがって、最低賃金で一カ月働いた際の労働時間は一〇〜一七時間ほど多めに見積もられており、時給八〇〇円としたら一カ月で八〇〇〇〜一万三六〇〇円ほど過大評価されていることになる。

可処分所得比率は、生活保護では税金や社会保険料の支払いが免除されるので、その点を考慮するための計算である。最低賃金が一番低く、可処分所得比率が高い沖縄の前々年度の数値をもとに計算されており、可処分所得比率が低い地域にとっては換算された最低賃金は過大評価された額となってしまう。

生活保護費は、生活扶助基準の人口加重平均に住宅扶助実績値を加えて算出されている。生活扶助は人口加重平均であり、住宅扶助実績値は生活保護世帯の住宅扶助相当分を集計し生活保護世帯数で割った値であり、いずれも都市部では生活扶助費が過小評価されることになる。また、被保護世帯で勤労収入があった場合は申告し、一部は勤労に伴う必要経費として控除され、手取り収入は増える。この点が考慮されていないので、働く生活保護受給世帯の収入は低くなる。

これらの点を考慮して比較をすれば、「逆転現象」は解消されたとは言えない。政府も「賃金引き上げを通じて経済の好循環を実現する」と述べ、依然として最賃引き上げ目標は堅持しており、「時給一〇〇〇円に近づける」という方向に向かっている。

一方で政府は、社会保障関連支出を抑制するため生活保護費の削減を実施してきている。しかし、そもそも生活保護基準が最低生活費を賄うのに十分な水準にあるのかどうかという問題もある。そこで、生活保護費引き下げの動きを受け、最低生活費を推計する研究が行われた。表1-1は、この結果をまとめたものである。これらは、実態生計費方式、理論生計費方式、合意形成方式に分けることができる。

岩田ほかは、低所得者の消費実態に基づいて最低生計費を推計しようとする試みである。[22] 調査対象者に対して一カ月間の家計簿調査（購入レシート付き）および生活状況調査を実施して一カ月に必要な生活費を把握した上で、最低生活費を推定した。調査対象者の消費実態からは、所得が低下するのにともない消費水準も低下するも

表1-1　首都圏における1カ月の最低生活費の推計

	最低生活費	時給換算
生活保護※	138,839	852
実態生計費（家計簿調査）岩田ほか（2011）	162,201	995
実態生計費（全消）村上（2011）	152,832	937
マーケット・バスケット試算　金澤（2009）	173,477	1,064
合意形成方式（ネット調査）　山田ほか（2012）	211,000	1,294
合意形成方式（三鷹調査）男性　岩田・岩永（2012）	191,628	1,176

注：「時給換算」は最低生活費を163時間（(40時間×52.14週−128時間)÷12カ月）で割った値.

のの、所得の低下ほどには消費が下がらない「抵抗点」がいくつか確認された。また、耐久財などの高価な出費をしたケースを例外として除き、一カ月単位の食費その他の定常的な収支を所得階層別に見てみると、支出が収入を上回って赤字に転換する点が存在した。この二つの点から推定された最低生活費は一六万二二〇一円であった。これを一カ月の労働時間が一六三時間であるとして時間あたり賃金率を計算すると九九五円となる。

実態生計費方式のもう一つの研究として、村上は二〇〇四年の「全国消費実態調査」のマイクロデータを利用して、同様に「抵抗点」と「赤字転換点」から三大都市圏の最低生活費を推計したところ、一カ月一五万二八三二円であり、時給に換算すると九三七円であった[23]。

金澤は、アンケート調査をもとに最低限の消費支出の内容（マーケット・バスケット）を設定した上で、市場調査に基づき生計費を算出する方法で埼玉県の最低生計費を推計したところ一七万三四七七円であった[24]。時給に換算すると一〇六四円となる。

合意形成方式のうち、山田ほかのネット調査では二一万一〇〇〇円、時給は一二九四円となった[25]。岩田・岩永が実施した方法は、市民でミーティングをしながら最低生活費の水準に関して合意形成を図った結果、一九万一六二八円、時給一一七六円であった[26]。

このように、さまざまな手法によって推計された最低生活費は、現在の生活保護水準を大幅に上回っており、政府が目指すとしている一〇〇〇円ないしはそれ以上であった。全国平均が一〇〇〇円のとき、最高額は前述の通りこの一・〇七〜一・一四程度とすると、約一一〇〇〜一一五〇円程度となるだろう。実態生計費は所得制約から消費が圧縮された結果を示しているため推計値はマーケット・バスケット方式や合意形成方式より低めに出ていると考えられる。合意形成方式による推計からすると、政府の目標値はほぼ妥当な水準であったと見ることができるかもしれない。

中澤は、北海道・東北、中部地方を対象として二〇一五〜一六年に実施したマーケット・バスケット方式による最低生計費調査の結果から、最低賃金は最低一三〇〇円前後（中央最賃審議会が用いている一カ月一七三・八時間で計算）、「きちんとした生活」を送るためには一五〇〇円前後（一般労働者の所定内労働時間に近い一カ月一五〇時間で計算）が妥当であるとしている。[27]また、最低生計費は県別に大きな差はないとしている。二〇一〇年から二〇一五年まで消費者物価指数（持ち家の帰属家賃を除く総合指数）が四・六ポイント上昇しているので、この点を考慮して合意形成方式の結果を換算すると一二五〇〜一三五〇円程度（一カ月一六三時間で計算）、一三〇〇〜一五〇〇円程度（一カ月一五〇時間で計算）となり、かなり近い値といえよう。

(2) 地域間格差の妥当性

ところで、興味深いことに表1-1に示した推計は新卒者の初任給に近い金額である。たとえば、二〇一〇年の東京の高卒初任給は一六万四五〇〇円、神奈川、埼玉、千葉の四都県の単純平均は一六万四〇〇〇円で岩田ほかの推計と近似している。また、大卒初任給は二〇万七〇〇〇円、四都県の単純平均は二〇万二一〇〇円で合意形成方式による二つの推計と近似している。新卒初任給は就労経験のない労働者の給与であるから、労働者の技能や経験とは関係なしに、生活できる最低限の水準となっている可能性がある。そこで、新卒初任給を目安にして、地域別最賃額の水準と地域間格差の妥当性について検討してみよう。

前節で見た通り、一九八〇年代を通じて最低賃金の地域間格差は縮小してゆき、一九九〇年以降は最高／最低比率が一・一七で安定していたが、二〇〇七年以降に最低賃金が上昇する過程で地域間格差が拡大し、二〇一一年以降は一・三を上回るに至った。では、地域の最低生活費と労働市場の状況を反映していると考えられる初任給はどのように推移したのだろうか。

図1-4は、初任給が最も高い東京とほとんどの年で最も低い沖縄および全国の大卒者の初任給額とその格差の推移を示している。東京の大卒者の初任給は二〇〇二年に二〇万四〇〇円で二〇〇五年まではほぼ横ばいで推移し、二〇〇九年以降わずかだが上昇傾向にある。沖縄もほぼ同様で、二〇〇二年は一六万六四〇〇円で、その後わずかに変動しつつも横ばいで推移していたが、二〇〇九年以降わずかに上昇傾向にある。

図1-5は、大卒初任給の全国計を一とした最高額の東京と最低額の沖縄の比率により、地域間格差の推移を示している。東京は二〇一一年の例外を除き、全国計の一・〇三～一・〇五で安定的に推移している。沖縄はやや上下に変動しているが、〇・八二～〇・八六程度で推移しており、格差は比較的安定している。

高卒者は沖縄の初任給の変動が大きく、格差もその影響で大きく変動している。図1-6の通り、二〇〇二年の東京の高卒初任給は一六万五八〇〇円で、二〇〇八～〇九年に微増したが、二〇一三年まではほぼ横ばいが続いていた。二〇一四年から上昇し一五年には一七万七九〇〇円となった。全国計は二〇〇二年には一五万四〇〇〇円でその後は横ばいが続いていたが、二〇〇八年以降は一六万円弱で安定的に推移し、二〇一五年に一六万九〇〇円に上昇した。沖縄は二〇〇二年の一三万九二〇〇円から二〇〇三年には一二万三一〇〇円まで低下するなど、一二万円強から一四万円弱の間で推移している。

図1-7の通り、高卒初任給の全国計と東京の格差は、大卒初任給より大きいが、二〇〇二年から二〇〇九年までは一・〇八～一・〇九で推移し、二〇一〇年以降は一・〇五前後で安定していたが、二〇一五年に一・一一へと拡大した。沖縄は二〇〇二年に〇・九〇であったが二〇〇三年には〇・八一まで拡大し、その後は縮小に向かうが、二〇一〇年に〇・七九へと拡大した後、〇・八五程度まで縮小した。

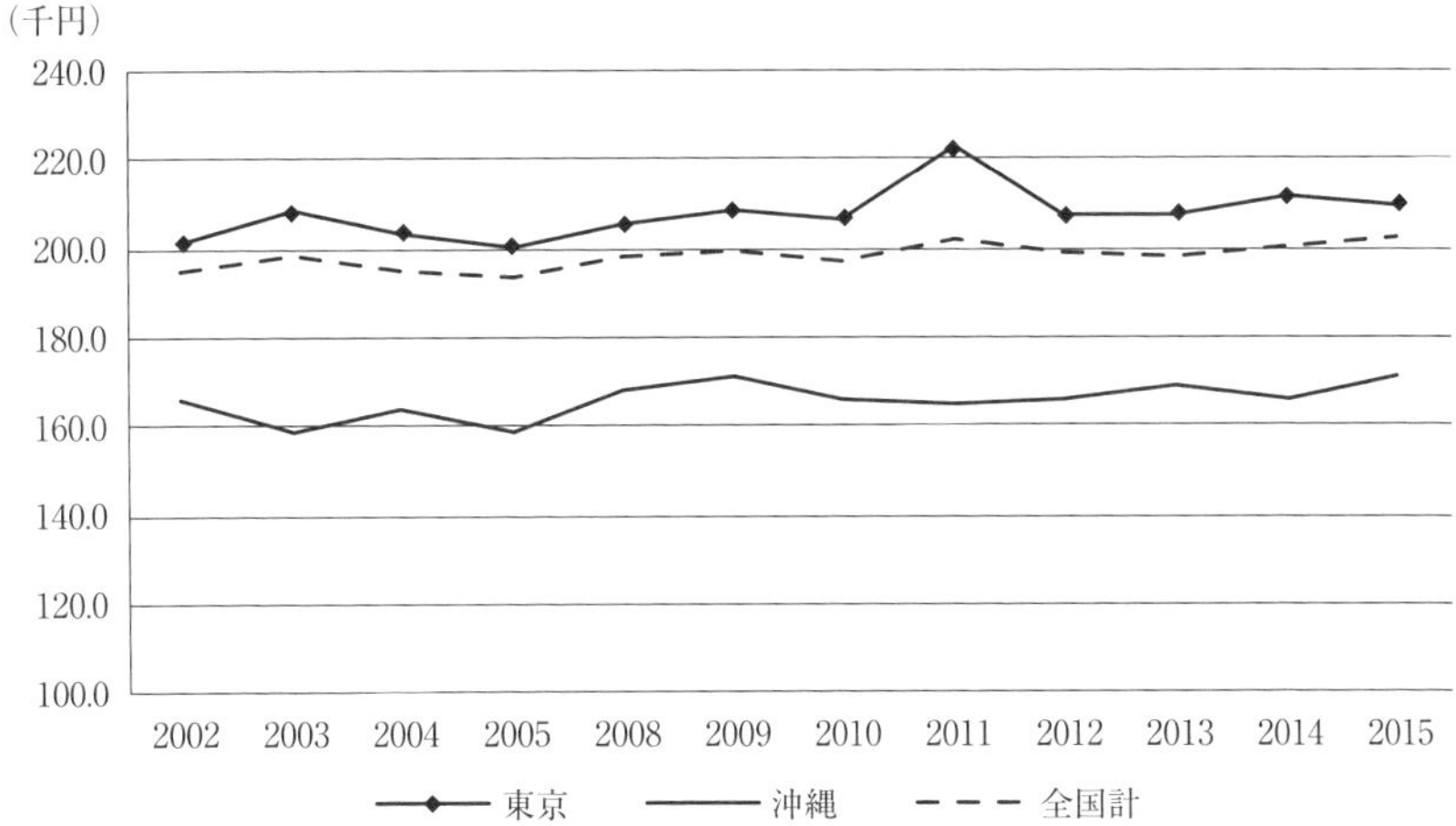

注：初任給は男女計・産業計．2006-07 年は男女計が公表されていないため割愛した．
出所：厚生労働省「賃金構造基本統計調査」各年版より作成．

図 1-4　地域別大卒初任給の推移

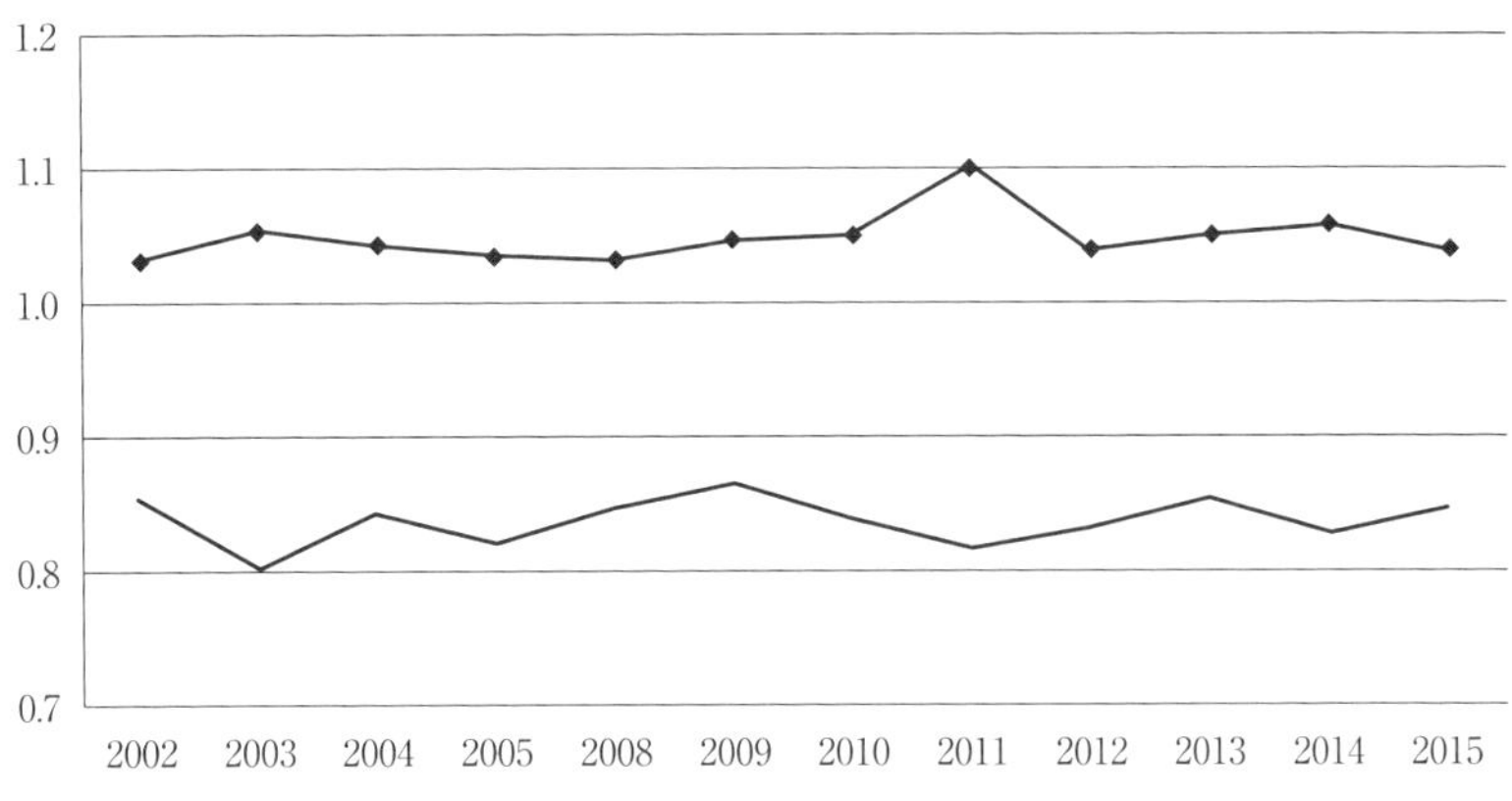

出所：同前．

図 1-5　大卒初任給の地域間格差の推移

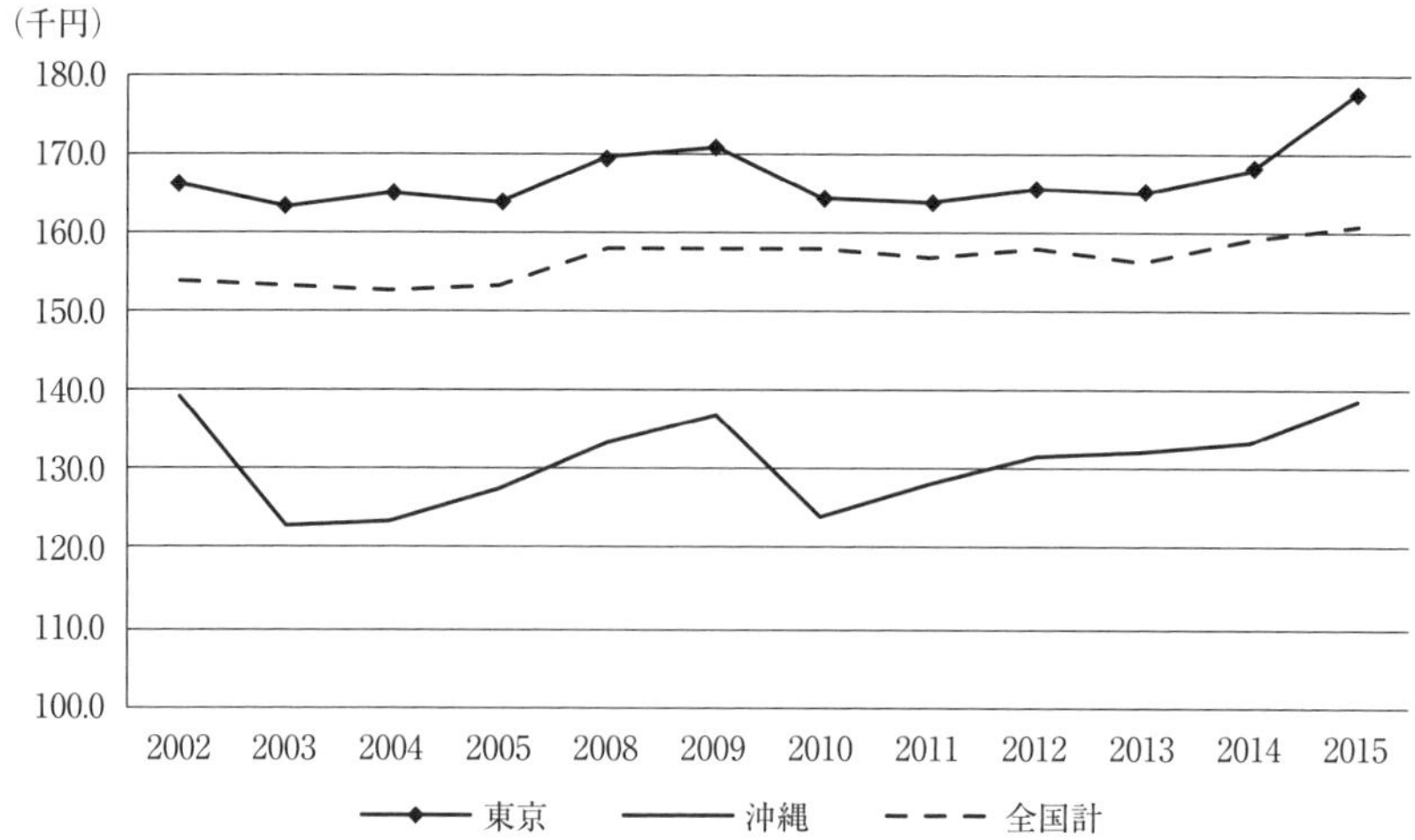

出所：同前.

図 1-6　地域別高卒初任給の推移

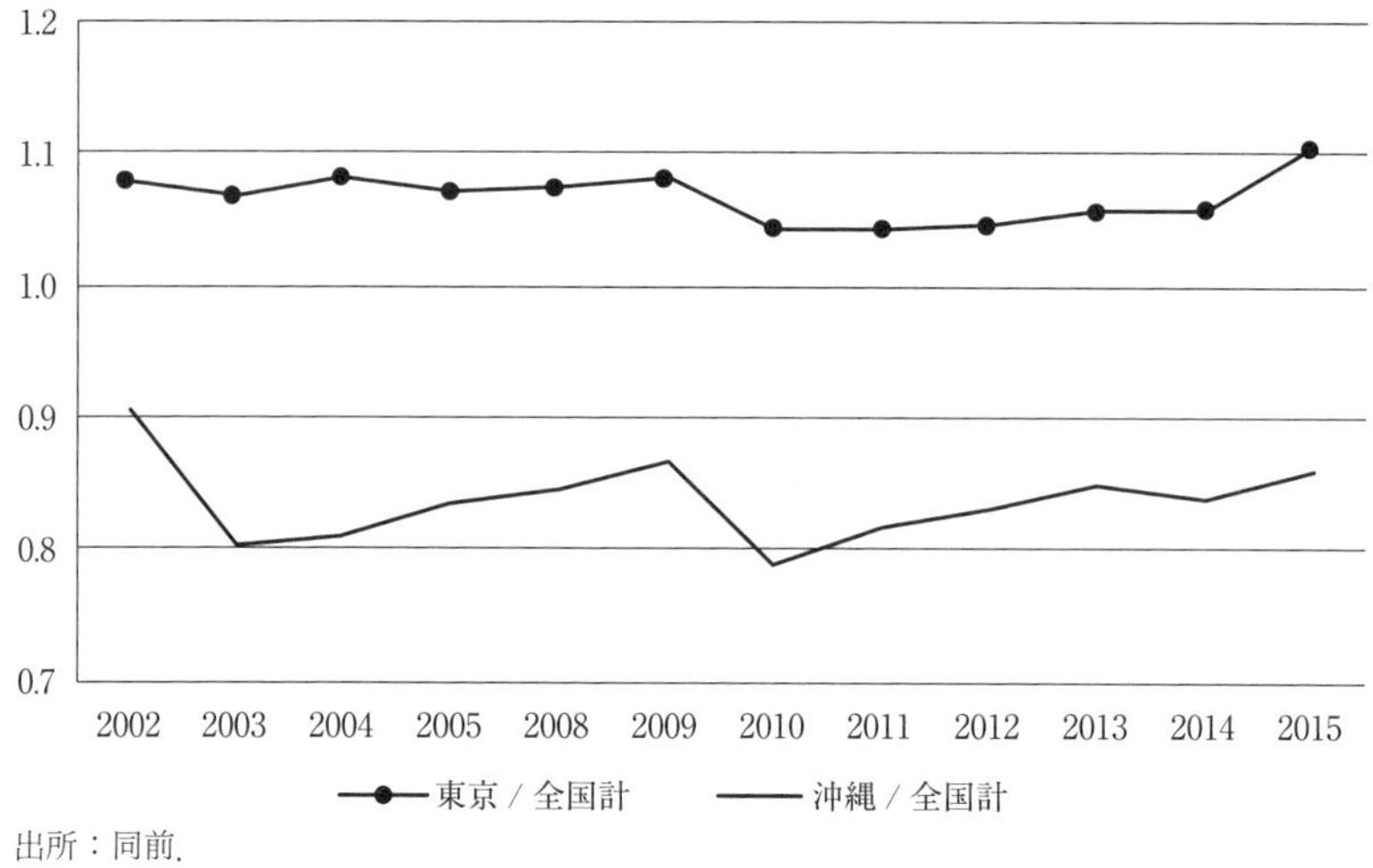

出所：同前.

図 1-7　高卒初任給の地域間格差の推移

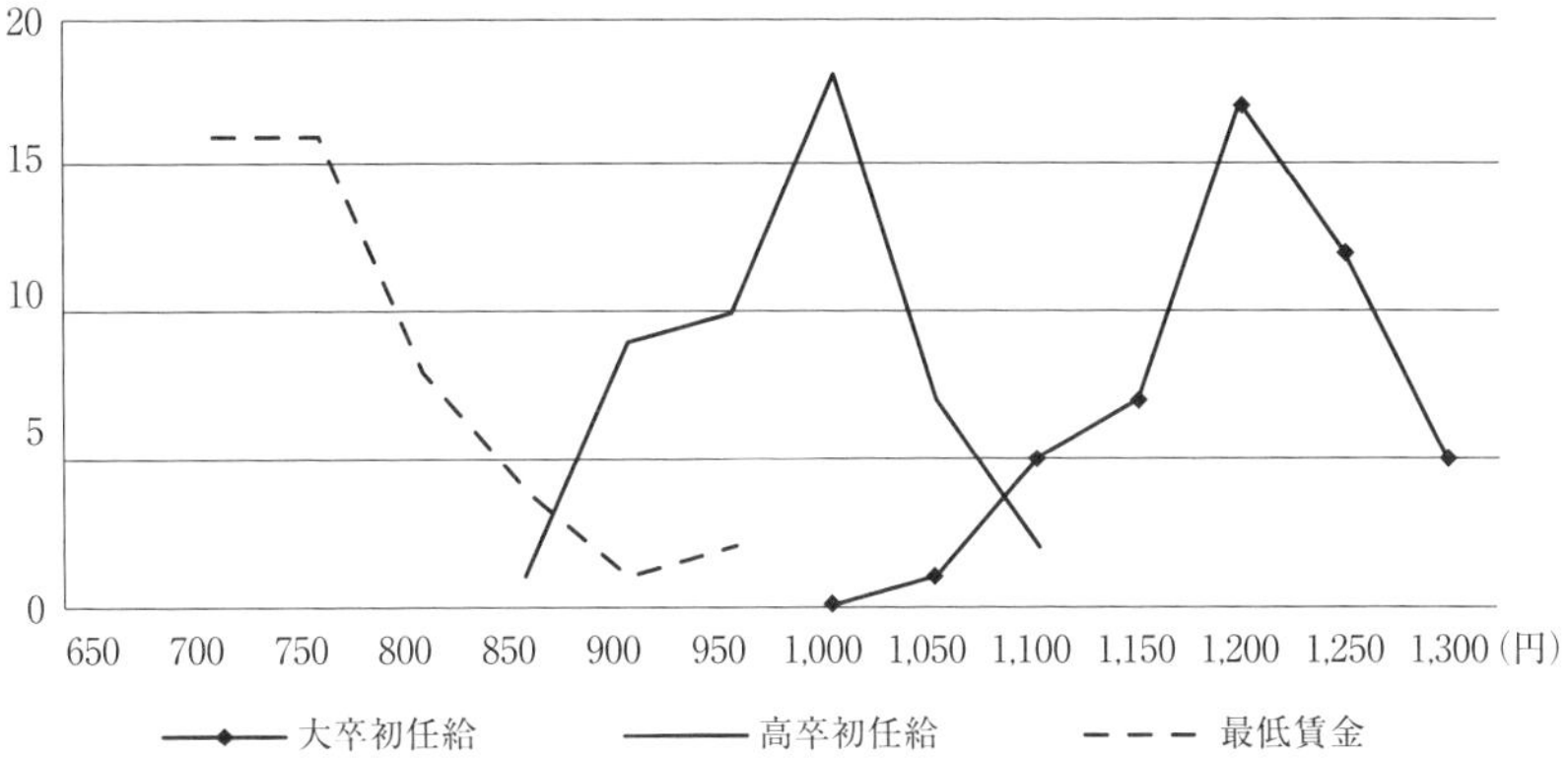

注：初任給は所定内労働時間を163時間とみなして時給に換算した.
出所：厚生労働省「賃金構造基本統計調査」および「地域別最低賃金改正の答申状況について」より作成.

図1-8　初任給および最低賃金の分布（2015年）

以上のように、初任給の水準は最低賃金に比べて全国平均と最高額との格差が小さい一方で、全国平均と最低額との格差が大きい。この点を明らかにするために、それぞれの度数分布を比較してみよう。

図1-8は、二〇一五年の時給に換算した大卒初任給、高卒初任給および最低賃金の分布を示したものである。マーカー（◆）が付いている大卒初任給は分布が中心より上層に偏っており、高卒初任給もやや中心より上層に寄っている。これに対して最低賃金は下層に集中しており、両者の分布が異なっていることがわかる。新卒初任給が地域の最低生活費を反映した水準に近いと仮定し、最低賃金は最低生活費を保証する水準にすることを目指すのであれば、最低賃金は全体的に初任給の分布に近いものにし、東京、神奈川などの一部の地域だけ引き上げるのではなく、より多くの地域で大幅な引き上げをする必要があるだろう。

四　おわりに

二〇〇七年に最低賃金法が改正され、それ以降、地域別最低賃金額が大幅に引き上げられてきた。政府は最低八〇〇円、全国平均一〇〇〇円を目指すとする目標を堅持しているが、本章ではこの目標の妥当性について検討した。近年実施された最低生活費に関する研究によれば、実態生計費方式では首都圏の最低生活費は一カ月一六万円程度、合意形成方式では二〇万円程度とされているが、これは高卒初任給や大卒初任給と近い水準であった。そこで、初任給は就労経験のない新卒者の賃金であるから、地域の最低生活費を反映した水準であると考え、初任給の分布と比較しながら、地域別最低賃金の水準および引き上げ状況について検討した。その結果、平均一〇〇〇円という目標は概ね妥当であったが、その後の消費者物価の上昇を考慮するとさらなる引き上げが求められる。また、東京をはじめ首都圏の最賃引き上げが優先され、地域間格差が拡大してきた点が問題である。地域別最低賃金の地域間格差は、初任給の分布とは異なり、上位層が少なく下位層が多くなっている。これでは最低生活費を保証できない地域が多くなってしまうと考えられるため、下位層や中位層の最賃を引き上げて地域間格差を縮小する必要がある。

ところで、以上の点は、新卒初任給が地域の最低生活費を反映しているとの仮説が前提となっているが、この点は十分に検証できていない。中澤はマーケットバスケット方式により複数の地域の最低生活費を推計した結果、地域間で最低生活費に大きな差はないという指摘をしており、さらなる検討が必要である。

沖縄のように、最低賃金が低い地域では、最低賃金を引き上げることで初任給が引き上げられ、初任給の地域間格差が縮まる可能性もある。さらに、賃金引き上げが企業の移転を促して労働需要を減少させるのではなく、若者の人口流出を防いで地域の活性化を促進する可能性を示唆する研究もある。(28) これらの点については、本章の検討範囲を大きく超えるものであるが、検討に値する興味深い論点であろう。

［付記］　本章は、日本大学経済学部経済科学研究所『紀要』第四七―二号、二〇一七年四月から転載したものである。ただし若干の加筆、修正を加えた。

注

（1）たとえば脇田成『ナビゲート！日本経済』筑摩書房、二〇一〇年、吉川洋『デフレーション』日本経済新聞出版社、二〇一三年は賃金の下落がデフレの主な原因であるとしている。

（2）David Card and Alan B. Krueger, *Myth and Measurement: The New Economics of the Minimum Wage*, Princeton University Press, 2005.

（3）David Neumark and William Wascher, *Minimum Wages*, MIT Press, 2008.

（4）Uma Rani, Patrick Besler and Setareh Ranjbar, “Role of minimum wages in rebalancing the economy,” *World of Work Report*, 2013.（田村勝省訳『世界労働レポート２０１３』一灯舎、五九頁）

（5）Hristos Doucouliagos and T.D. Stanley, “Publication Selection Bias in Minimum-Wage Research? A Meta-Regression Analysis,” *British Journal of Industrial Relations*, Vol. 47, Issue 2, 2009, pp. 406-428.

（6）Georgios Giotis and Michael Chletsos, “Is There Publication Selection Bias in Minimum Wage Research during the Five-year Period from 2010 to 2014?” *Economics Discussion Papers*, No 2015-58, Kiel Institute for the World Economy, 2015.

（7）David Neumark and William Wascher, “Minimum Wages, Labor Market Institutions, And Youth Employment: A Cross-National Analysis,” *Industrial and Labor Relations Review*, v57 (2, Jan), 2004, pp. 223-248.

（8）橘木俊詔・浦川邦夫「〝貧困との闘い〟における最低賃金の役割」『日本の貧困研究』東京大学出版会、二〇〇五年、安倍由起子・田中藍子「正規－パート賃金格差と地域別最低賃金の役割」『日本労働研究雑誌』五六八号、労働政策研究・研修機構、二〇〇七年、七七～九二頁、安倍由起子・玉田桂子「最低賃金・生活保護の地域差に関する考察」労働政策研究・研修機構『日本労働研究雑誌』五六三号、二〇〇七年、三一～四七頁、など。

（9）鶴光太郎「最低賃金の労働市場・経済への影響」大竹文雄・川口大司・鶴光太郎『最低賃金改革』日本評論社、二〇一三年所収。

（10）Daiji Kawaguchi and Yuko Mori, “Is Minimum Wage an Effective Anti-Poverty Policy in Japan?,” *RIETI Discussion Paper Series*, 09-E-032, The Research Institute of Economy, Trade and Industry, 2009.

（11）Ryo Kambayashi, Daiji Kawaguchi and Ken Yamada, “The Minimum Wage in a Deflationary Economy: The Japanese Experience, 1994-2003,” Global COE Hi-Stat Discussion Paper Series No. 74, 2010.

（12）樋口美雄・佐藤一磨・小林徹「最低賃金引き上げの経済効果：パネルデータによる分析」Keio/Kyoto Global COE Discussion Paper Series, DP2011-025、二〇一一年。

(13) 川口大司・森悠子「最低賃金と若年雇用―二〇〇七年最低賃金法改正の影響」大竹文雄・川口大司・鶴光太郎『最低賃金改革』日本評論社、二〇一三年所収。

(14) 川口大司「最低賃金と雇用」大橋勇雄編著『労働需要の経済学』ミネルヴァ書房、二〇〇九年。

(15) 鶴、前掲論文。

(16) 樋口美雄・石井加代子・佐藤一磨『格差社会と労働市場』慶應義塾大学出版会、二〇一八年。

(17) 山口雅生「最低賃金の引き上げが飲食店事業所の雇用にどう影響するのか」立命館大学政策科学会『政策科学』第二四巻三号、二〇一七年。

(18) Allan Manning, "The elusive employment effect of the minimum wage," CEP Discussion Paper, 2016, No. 1428.

(19) 山口、前掲論文。

(20) Neumark and Wascher, *op. cit.*

(21) 桜井啓太「最低賃金と生活保護：最低賃金決定における生活保護水準の妥当性」明石書店『貧困研究』Vol. 10、二〇一三年、九七～一〇七頁。

(22) 岩田正美・村上英吾・岩永理恵・松本一郎・鳥山まどか「「流動社会」における生活最低限の実証的研究4：家計実態アプローチによる最低生活費―生活保護基準等との比較」明石書店『貧困研究』Vol. 7、二〇一一年、六三～七四頁。

(23) 三大都市圏のデータを使用しているために首都圏を対象とした調査より低めの値となったものと考えられる。なお、消費者物価指数は二〇〇四年を一〇〇とすると二〇〇九～一二年は九九・一～一〇〇・一であり、結果に大きな違いはないと思われる。村上英吾「『流動社会』における生活最低限の実証的研究3―『全国消費実態調査』との比較」明石書店『貧困研究』Vol. 6、二〇一一年、三五～四二頁。

(24) 金澤誠一『「現代の貧困」とナショナル・ミニマム』高菅出版、二〇〇九年。

(25) 山田篤裕・四方理人・田中聡一郎・駒村康平「主観的最低生活費の測定」ミネルヴァ書房『社会政策』第三巻第三号、二〇一二年、一二七～一三九頁。

(26) 岩田正美・岩永理恵「ミニマム・インカム・スタンダード（MIS法）を用いた日本の最低生活費試算―他の手法による試算および最低生活費試算―」社会政策学会編『社会政策』（ミネルヴァ書房）第四巻第一号、二〇一二年、六一～七〇頁。

(27) 中澤秀一「最低生活費調査から見た現行最賃の問題点」労働運動総合研究所『労働総研クォータリー』No. 105、二〇一七年、二四～三二頁。

(28) 齋藤敦「最低賃金制度の問題点と解決に向けて」労働運動総合研究所『労働総研クォータリー』No. 98、二〇一五年、三六～四三頁。

第二章　財政構造改革期における最低生活保障の再編過程

―小泉政権期の生活保護基準改定を中心として―

松本一郎

一　課題の設定

本章の課題は、小泉政権期において、生活保護制度がどのような構造改革のロジックで俎上に載せられ、変更の方向性が打ち出され、どのように制度改正がなされたのかを追い、最低生活保障の在り方を探究することである。

二〇〇〇年代以降に活発化した生活保護制度改革は、二〇一三年の生活保護法改正や生活困窮者自立支援法成立を含め多岐にわたるが、本章の検討の中心は、最低生活保障の再編としての生活保護基準（以下、「保護基準」）の改定過程に置く。保護基準は、貧困低所得世帯に対して、生活保護法による生活保障を受けられるかどうかの判定手段であると同時に、憲法第二五条を実現する直接的なナショナル・ミニマム保障内容・水準である。その意味では、保護基準の変更は生活保護利用者の生活水準のみならず、生活保護を利用していない貧困低所得世帯の社会保障に大きな影響を及ぼす。そのため、保護基準改変のロジック、進め方をみることにより、改めて保護基準設定の在り方を再考する。

さて、本章の目的を明確にするために、二〇〇〇年代以降の生活保護改革に関する先行研究を簡単に整理しておこう。まず、二〇〇〇年代以降の生活保護改革論議の中で、実際に行われた保護基準の見直しに関して検証方法から検討しているのが、布川[1]、吉永[2]、岩田[3]である。いずれもナショナル・ミニマム保障強化の観点から、現行の保護基準設定の問題点を指摘している。また、池田・砂脇は、社会福祉基礎構造改革以降の生活保護改革の動向を論じている[4]。本章では、こうした知見を踏まえながら、財政構造改革と実際に行われた生活保護改革とを接合する観点から、二〇〇〇年代以降の改革をそれ以前の改革とは異質な政策過程であったと捉えた上で検証する。

二〇〇一年四月から始まる小泉政権は、財政構造改革政策の一環として、ナショナル・ミニマム保障の根幹に関わる生活保護制度を急進的に改革した。同年六月の最初の「骨太の方針[5]」では、その冒頭で「資源の移動は、『市場』と『競争』を通じて進んでいく。市場の障害物や成長を抑制するものを取り除く」と、構造改革を進めるにあたっての考え方を提示し、新自由主義的改革の集中的実施宣言がなされた。新自由主義は一九七〇年代後半以降、第二臨調による改革を経て、一九九〇年代において次第に公共政策の設計・予算編成・執行において支配的になり、小泉政権で歳出削減、規制緩和、民営化として本格的に展開された。

しかしながら、小泉政権が打ち出した財政構造改革は、二〇〇七年からの「ねじれ国会」やリーマンショックなどの経済社会環境の悪化のもとで、漸進ないし停滞し、生活保護費の見直しにもブレーキがかかり、福田・麻生政権では、社会保障機能強化論が謳われることになる。民主党は〇九年九月に政権交代を果たし、その直後に小泉政権が廃止した母子加算を、年度途中の同年一二月に復活させた。これは、小泉政権により進められた財政構造改革政策下の社会保障給付の見直しに対して、再度見直しをする象徴的な出来事と捉えられた。

ところが、二〇一二年四月に個人の自由と権利を制限する国家主義や家族主義を打ち出した憲法改正草案を公表し、同年一二月には政権公約の一つに「生活保護費の給付水準の一割カット」を掲げる自民党は、政権復帰直後の一三年一月に再び生活保護費削減を決めた。この削減は、「標準世帯」の生活扶助費のケースで、一三年度前年比マイナス三・三%、一四年度同〇・六%、一五年度同三・七%と、史上最大の下げ幅であった。この結果、九六%の被保護世帯で保護費が減額された。三年間で総額約六七〇億円の削減であり、このうち五八〇億円（全体の約八六%）が消費者物価指数の低下を根拠とする削減であったが、このような提言はすでに第一次小泉内閣時における財政審「建議①」〇二、諮問会議「方針」〇三で行われていた。第二次安倍政権による生活保護費削減の実行は、一一年四月から議論を進めてきた厚労省社保審生活保護基準部会答申を軽視するもので、生活保護改革についていえば第二次安倍政権は小泉政権よりもトップダウン的政策決定を強めたといえる。第二次安倍政権による生活保護費削減の過程をみると、小泉政権期の財政構造改革の手法が自公政権の中で一定程度定着したと捉えられる。

したがって、小泉政権期の生活保護改革プロセスを検証することは、財政構造改革に通底する最低生活保障の再編過程の一端を明らかにすることを意味するだろう。

二　小泉政権の初期条件と社会保障関係費削減目標

橋本政権が編成した一九九七年度予算から森政権の二〇〇一年度予算において、一般会計税収、一般会計歳出、およびその差額はそれぞれ（いずれも決算ベース）、一九九七年度に五三・九兆円、七八・五兆円、二四・六兆円であったが、九九年度四七・二兆円、八九・〇兆円、四一・八兆円、二〇〇〇年度五〇・七兆円、八九・三兆円、三八・六兆円、〇一年度には四七・九兆円、八四・八兆円、三六・九兆円となり、税収減、歳出増により、税収と歳出の乖離が顕著となっていた。

こうした小泉政権の初期条件の中で編成した二〇〇二年度の予算に際して、「方針」〇一では、国債発行の三〇兆円枠設定やプライマリーバランスの黒字化目標を掲げ、予算の総枠を定めた。小泉政権は、国民の所得減少による所得税の減収が進行する中、内閣支持率を下げないため増税（とりわけ所得税と消費税）による税収増に踏み込めず[6]、財政構造改革を進めるため、自ずと歳出削減路線へ傾斜した。

その第一のターゲットが社会保障関係費であった。この予算総枠の設定により、二〇〇二年度から〇六年度の五年間で、社会保障関係費について国の一般会計予算ベースでマイナス一・一兆円（国・地方合わせると同一・六兆円に相当）の伸びの抑制が実施されていくことになる。

小泉政権が誕生する直前において、一般歳出は二〇〇〇年度五二・四兆円であったが、〇一年度には五五・一兆円と拡大していた。表2-1のとおり、小泉政権の財政構造改革が進み始めた〇二年度の一般歳出は五一・一兆円と下降し、〇三年度には四八・四兆円に抑制され、〇四年度には五〇・九兆円と若干上昇するが、〇五年度四九・六兆円、〇六年度には四七・八兆円に抑えられている。社会保障関係費は〇一年度から〇六年度にかけて、高齢化による自然増があったにもかかわらず、一九兆円台から二〇兆円台に留めている。だが、一般歳出に占める社会保障関係費の割合は、〇一年度の三四・八％から一貫して上昇し、〇六年度には四三・六％となった。これは公共事業費削減、高齢化を背景とする年金・医療・介護など高齢者向け給付の増加が背景にある。社会保障関係費の一般歳出比増が目立つ中で、小泉政権は歳出額の大きい社会保険分野を中心に、二〇〇二年度三〇〇〇億円、〇三年度以降は毎年二二〇〇億円を社会保障関係費の削減目標にして実行に移した。この削減のあり方については、「理念なき『帳尻合わせ』[7]」という評価が妥当であり、財政構造改革の「急進性」の性格が現れている。このように、社会保障の各分野では、給付減に直結する歳出減の政策が次々と打ち出されたが、同時に医療・介護・年金・社会福祉で社会保険料等の負担増も行われた。

生活保護費については、二〇〇一年度の一・五兆円から〇六年度の二・〇兆円まで上昇していったが、それは保護率の上昇が続いたからである。だが、改革の始まった〇三年度以降は保護率上昇も問題化しながら、保護費を抑制していった。では、次にこの時期の政策決定過程を確認しよう。

表 2-1　一般歳出・社会保障関係費・生活保護費・保護率推移と社会保障関係費自然増試算・削減目標額（2002-07 年度）

年度	2002	03	04	05	06	07
一般歳出(A)	51.1	48.4	50.9	49.6	47.8	48.4
社会保障関係費(B)	19.7	19.6	20.3	20.8	20.8	21.3
生活保護費(C)	1.6	1.8	1.9	1.9	2.0	1.9
B/A(%)	38.6	40.6	40.0	41.9	43.6	44.1
C/A(%)	3.3	3.7	3.8	4.0	4.2	4.1
C/B(%)	8.5	9.2	9.6	9.5	9.6	9.3
保護率(‰)	18.9	20.6	21.6	22.1	22.6	23.0
社会保障関係費自然増試算	9,400	9,100	9,100	10,800	8,000	7,700
社会保障関係費削減目標額	▲3,000	▲2,200	▲2,200	▲2,200	▲2,200	▲2,200
(内訳)						
社会保険	[医療]制度改革▲970, 報酬改定▲1,830	[年金]物価スライド引下げ▲1,150 [介護]報酬改定▲300	[年金]物価スライド引下げ▲100 [医療]報酬改定▲717	[年金]物価スライド引下げ▲100 [介護]制度改正▲420	[年金]物価スライド引下げ▲110 [医療]制度改革▲900, 報酬改定▲2,390 [介護]報酬改定▲90	[雇用]国庫負担見直し▲1,810
生活保護	(生活扶助▲0.9%)	(生活扶助▲0.2%)	老齢加算▲167	(老齢加算減額2年目, 生活扶助1類2類一部減額, 人口栄養費廃止)	(老齢加算全廃, 生活扶助1類減額)	母子加算▲60, リバースモゲージ▲60, 自立支援プログラム▲100, 人口透析▲180 (生活扶助1類減額)
その他	▲ 200	▲ 250	▲ 270	支援費制度▲43, 公費負担医療▲ 38		

注：1)　生活保護費・一般歳出・社会保障関係費の金額は全て予算ベース（補正予算を含む）．単位は兆円（小数点第二位で切り捨て）．社会保障関係費自然増試算・削減目標額の内訳は当初予算ベース，単位は億円．「生活保護」の（　）内は予定された削減目標には含まれてなかったがその後削減された項目である．

2)　一般歳出には地方特例交付金，臨時地方特例交付金，借入金等利子財源繰入は含まない．

3)　保護率は世帯ベース．被保護世帯数は年度の 1 か月平均．

出所：財務省『財政統計』，国立社会保障・人口問題研究所『「生活保護」に関する公的統計データ一覧』，注 2 の吉永（2011），注 7 の山田（2008）より作成．

三　生活保護改革をめぐる三つのアクター

生活保護法では、保護基準の設定は厚生労働大臣裁量であることが定められている。これまで、前年度を踏襲する流れでの保護基準改定など、実質的に大臣や厚労省のみで決定する場合もあるが、重要なテーマについては中社審生活保護専門分科会[8]での審議を経て決定してきた。小泉政権以降は、民主党政権期を除くと、基本的には、「諮問会議（内閣府）＝財政審（財務省）＝社保審（厚労省）」による審議があり、その結果を経て厚生労働大臣裁量が発動され決定されるようになった。これは、一九八〇年代における、「第二臨調（総理府）＝財政審（大蔵省）＝中社審（厚生省）」の関係に類似している。

財政構造改革を主導したのは、諮問会議と財政審である。そのトップダウンを制度的に可能としたのは、一九九六年に導入された小選挙区比例代表並立制下における「二〇〇一年体制[9]」への移行にあった。当初、内閣への権力一元化による財政構造改革を実行しようとしたのは橋本政権であり、九七年一二月の行政改革会議「最終報告」で打ち出された「内閣の機能強化」「首相の指導性強化」「内閣と首相の補佐・支援体制の強化」がそれにあたる。この統治機構改革が九八年六月の中央省庁等改革基本法制定、九九年の内閣法改正と内閣府設置法制定に結実し、内閣や首相への権力集中化が整えられ、法制度を急進的にトップダウンで再編させる枠組みを構築した。橋本政権はこの潮流の中で財政構造改革等の「六大改革」を進めようとしたが、社会経済環境の悪化により政権基盤が動揺し、結果的に頓挫した。生活保護改革については、橋本・小渕・森政権を通し、予告ないし兆しがみられる程度で、具体的な制度変更の検討は行われなかった。だが、橋本政権期に構築された基盤は、その後小泉政権が蘇らせ、諮問会議を活用し、財政審とも連携しながら、生活保護費の削減を急進的に実行していくことになる。小泉政権は、一九九〇年代の政治改革と行財政改革による制度的地ならしが行われたところで一連の財政構造改革を行った。

二〇〇一年六月、小泉政権となって初めて閣議決定された「方針」において、「予算配分の硬直性を是正するため、諮問会議を中心に、まずは政策のあり方を横断的に審議し、その結果を反映してメリハリの効いた予算編成を行う」と宣言し、〇二年度予算から「予算編成プロセスを刷新する」とし、内閣への権力集中を梃子にして実行に移した。同「方針」〇一には、「必要な場合には、諮問会議の答申の内容は、閣議決定を経て、内閣の基本方針となる。各省庁はこれに基づき具体的な制度設計等を進め、諮問会議は各省庁の検討状況等のフォローアップを行う。こうしたプロセスを通じ、構造改革等が強力かつ一体的に推進される」[10]とあり、あらゆる経済財政政策についてトップダウンで決定できる枠組みが作られ、構造改革を強力に押し進める地盤固めをした。

財政審は、国の予算決算・会計の制度に関する重要事項など「財務大臣の諮問に応じて」「調査審議」（財務省設置法七条一項）する機関である。この中の財政制度分科会は、二〇〇一年一一月以降、次年度の予算編成に影響力を与えるため、例年六月上旬から七月上旬に閣議決定される「方針」や各省庁の概算要求の前に、五月中旬から六月中旬にかけ「建議①」を、財務省の予算編成の前の一一月中旬から一二月下旬にかけ「建議②」を答申している。

「方針」「建議①」「建議②」には、生活保護改革に関わる答申が含まれている。諮問会議、財政審の議事録を確認したところ、内容は多岐にわたり最重要課題だけを審議しているため、一回あたりの会議時間は三〇分から九〇分程度である。生活保護に関し議論している形跡はほとんどない。つまり、生活保護に関して「方針」や建議の記述は比較的多くあるが、それは文案を作成する内閣府や財務省等の事務局および起草委員の作業であり、会議の前には改革方針は決められてきたといえる。少なくとも生活保護に関しては、配布された文書・資料の訂正がされた形跡もなかった。このため、「方針」や「建議」の記述に着目する。

一方で、厚労省は、これまで一九四六年制定の生活保護法の起草から運営まで担ってきたが、財政構造改革下でどのような動きを見せたのか。厚労省は、生活保護改革に関して、二〇〇三年八月から〇四年一二月に社保審「専門委員会」、〇七年一〇月から一一月に「検討会」を設置して対応した。諮問会議、財政審の議員（委員）とは違い、委員の多くは生活保護に関する有識者や自治体関係者であった。

次に、「方針」と二つの「建議」、およびこの生活保護に関する委員会から出された報告書の関係に着目する。生活保護改革が財政構造改革の中でどのように進められたのか、あるいはどのように漸進や停滞となったのかを検証できると考えるからである。

四　トップダウン強化の中での生活保護改革枠組みの形成

表2-2は、「建議①」「方針」「建議②」の順で、生活保護改革の部分を抜き出して要約・整理したものである。「方針」〇一では、まだ生活保護への言及はなく、「低所得者に対する措置も、個別の制度においてバラバラに行われているが、（略）給付と負担の基本原則を明確にしつつ、『真』に支援が必要な人に対して公平な支援を行うことのできる制度を実現する」と、社会保険料や窓口一部負担の減免などの配慮について曖昧に述べられた。ただし、この時も[11]「『真』に支援が必要な」と、まるで支援が必要ではない人にも給付が行われているかのような表現が見られた。医療・年金・介護については国民が「痛みを分かち合って、制度を支えるという自覚をもって」とあるように、小泉政権の初年度予算編成時の削減ターゲットは高齢者が多く利用する分野の社会保険にあった。実際に、二〇〇二年度には診療報酬のマイナス改定（マイナス二・七％）が行われた。特に、診療報酬本体部分（同一・三％）の削減は史上初であり、社会保障分野での「聖域なき改革」の意思を示し、国民に印象づけた。

生活保護改革に関しては、「方針」〇一の直前にまとめられた同審議会財政制度分科会財政構造改革部会中間報告や同年一一月の「建議②」〇一でも言及がなかった。ただし、地方財政健全化部分での「国や自治体が国民や住民に最低限保障すべき行政サービス水準の見直し」（「方針」〇二）、「地方を通じて行政の役割を見直し、必要最小限のものとする」、「（補助金等について―筆者）全ての行政分野において聖域なく見直し」（「建議②」〇二）と、ナショナル・ミニマム保障水準のミニマム化、補助金・地方交付税の削減といった、生活保護へ影響する政府間財政の見直しは強い調子で方針化された。

他方、児童扶養手当は、「建議②」〇一で突如、就労自立を促進するため「所得制限・支給額をきめ細かく設定する、支給期間を有期化する等の見直し」が述べられ、同年一二月に行われた与党内での議論を踏まえ、厚労省を中心に二〇〇二年三月の「母子家庭等自立支援対策大綱」がとりまとめられ、同年七月に改正された。生活保護費削減の前に、最低生活保障を規定していない低所得対策の分野から手を付けたといえよう。

生活保護については、まず二〇〇二年六月三日、財政審は「建議①」〇二で「国民消費支出や消費者物価の動向等を踏まえ、生活保護基準その他の受給額基準等について、見直しを行っていく必要がある」と答申した。この考え方は、従来の算定方式である水準均衡方式によって保護基準を再度検証し、引き下げる方向で見直すことを述べている。

「方針」〇二では、「社会保障については、物価動向等を反映した年金等の給付の見直しに取り組むほか、雇用保険の給付のあり方・水準の見直し、給付効率化・重点化など制度の改革を行い、歳出全体の見直しを行う」とし、年金給付、雇用保険給付の見直しを中心に歳出全体削減を述べ、生活保護費削減の明記はなかったものの、「年金等」の「等」や「歳出全体」には生活保護費が含まれうる曖昧な書きぶりであった。

さらに、同年一一月二〇日、同審議会は「建議②」〇二を答申し、「年金額の物価スライドの実施を踏まえ、生活保護基準及びその他の受給額基準等について、引き下げを行っていく必要がある」と、具体的に「引き下げ」と明言した。この建議までに保護基準の検証は行われていなかったが、財務省サイドで強硬な姿勢が表明され始めた。もちろん、年金は最低生活保障を目的としてはおらず、最低生活保障を目的とし保護基準を設定する生活保護とは、制度設計が制度形成史的にも理論的にも異なる。ここでは、社会保険改革に引き寄せて生活保護見直しに踏み込もうとした事実、「方針」よりも「建議」の方が具体的に踏み込む傾向にあったことが注目される。

ここで、以上の記述をもとに、生活保護改革をめぐる小泉政権時の政策決定の流れを示しておきたい(図2-1)。これは、財政審の財務大臣への答申(建議)に始まり、それが諮問会議に一定反映され、「方針」として閣議決定され、厚労省の諮問機関である社保審の審議へ強く影響している過程を描いている。その後、厚労省は財務大

改革に関する基本方針」「予算の編成等に関する建議」

「建議②」(11-12月)
(生活保護への言及なし)
○年金額の物価スライド実施を踏まえた生活保護基準その他の受給額基準等引き下げ ○生活保護受給者増，モラルハザードを問題視
○物価・賃金動向，社会経済情勢の変化等を踏まえて，生活扶助基準・加算引き下げ・廃止，各種扶助見直し，扶助の定期的見直し・期限設定，地方公共団体の執行の適正化，加算見直し，老齢・母子加算廃止 ○低所得層との間に逆転現象，モラルハザード，地域別保護率格差，医療扶助を問題視
○生活扶助基準引き下げ，加算の見直し，母子加算廃止 ○生活保護費負担金見直し ○低所得者層との間での可処分所得の逆転現象，モラルハザードを問題視
○生活扶助基準引き下げ，加算見直し，母子加算廃止 ○自立支援プログラム策定を通じ自立促進を推進し稼働能力活用等の要件を満たさない場合保護停廃止を含め厳格に対応 ○生活保護費負担金見直し ○低所得者層との間での可処分所得の逆転，モラルハザード，保護の停廃止の取組みの現状，医療扶助を問題視
○07年度・08年度，生活扶助基準の水準の見直し(勤労控除等も)，生活扶助基準の設定・算定方法(多人数世帯の更なる見直し)，生活扶助基準改定方式見直し(年金等の改定と同様消費者物価指数の伸びを改定の指標とする)，母子加算の就労支援策を講じつつ廃止，児童養育加算の廃止を含む見直し，加算全般のゼロベースで検証・抜本的見直し，級地制度全般見直し，資産・能力の活用(リバースモーゲージ優先的適用，稼働能力判定・評価・確認の仕組み)，保護からの早期脱却促進(効果的支援プログラム適用(保護の停廃止を含む))，医療扶助見直し

表 2-2　「予算編成の基本的考え方について」「今後の経済財政運営及び経済社会の構造における生活保護への言及

	「建議①」(5-6 月)	「方針」(6-7 月)
2001 年度 第 1 次小泉内閣 2001.4.26	(生活保護への言及なし)	(生活保護への言及なし)
02 年度	○国民消費支出や消費者物価の動向等を踏まえた生活保護基準その他の受給額基準等見直し ○生活保護受給者増，モラルハザードを問題視	○物価動向等を反映した年金等給付見直し
03 年度 第 2 次小泉内閣 2003.11.19	○物価・賃金動向等の社会経済情勢の変化を踏まえた年金給付水準の見直しと一体的に検討し，生活扶助基準・加算引き下げ・廃止，各種扶助見直し，扶助の定期的見直し・期限設定，老齢加算の廃止，医療扶助適正化 ○生活保護受給者増，モラルハザード，地域別保護率格差を問題視	○物価，賃金動向，社会経済情勢の変化，年金制度改革などとの関係を踏まえ，老齢加算等扶助基準見直し ○生活保護その他福祉の各分野においても，制度，執行の両面から各種の改革を推進
04 年度	○生活扶助基準引き下げ，加算見直し，母子加算廃止，地方公共団体の執行適正化や自立・就労支援推進 ○生活保護費負担金見直し ○低所得者層との間での可処分所得の逆転現象，生活保護受給者増，モラルハザード，地域別保護率格差を問題視	○社会経済情勢の変化等を踏まえ，加算等扶助基準見直し，保護の適正な実施に向けた地方公共団体の取組の推進などの見直し（05 年度からの実施），就労・自立を促す ○介護，生活保護，医療その他の制度改革，公的給付の見直し等を行い抑制を図る
05 年度 第 3 次小泉内閣 2005.9.21	○生活扶助基準引き下げ，加算見直し，母子加算廃止，地方公共団体の執行適正化や自立・就労支援推進 ○自立支援プログラム策定を通じ自立促進を推進し稼働能力活用等の要件を満たさない場合保護停廃止を含め厳格に対応 ○生活保護費負担金見直し ○低所得者層との間での可処分所得の逆転現象，生活保護受給者増，モラルハザード，地域別保護率格差を問題視	○「基本方針 2004」を踏まえ，引き続き社会保障の一体的見直しを推進
06 年度	○被保護者のモラルハザードを生むことのないよう低所得者世帯の消費実態との均衡の観点から生活扶助基準引き下げ，加算見直し，母子加算廃止 ○被保護者の自立・就労支援で保護費の削減につなげ，稼働能力の活用等の要件を満たさない場合保護停廃止を含め厳格に対応 ○生活保護費負担金見直し ○低所得者層との間での可処分所得の逆転現象，モラルハザードを問題視	○生活扶助基準を低所得世帯の消費実態等を踏まえ見直し，母子加算は就労支援策を講じつつ廃止を含めた見直し，級地の見直し，リバースモーゲージ貸付け等優先 ○現行の生活保護制度は早急に総合的な検討に着手し改革を実施（可能な限り 07 年度に，間に合わないものについても 08 年度に確実に実施）

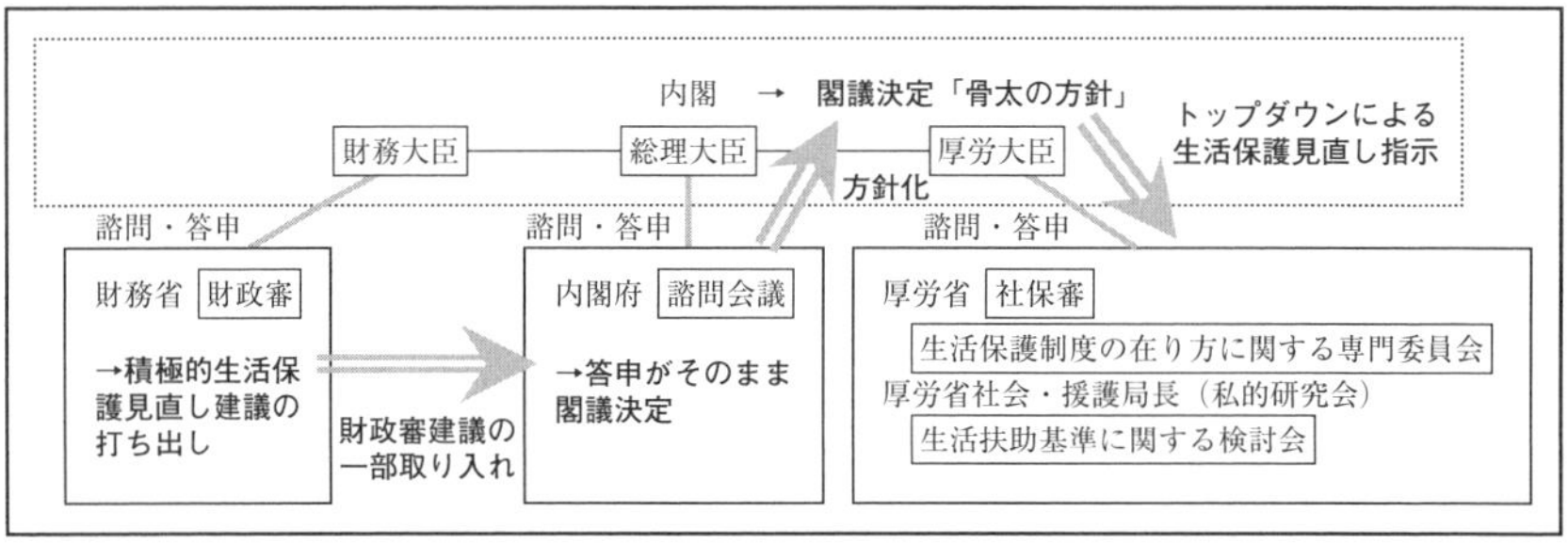

出所：筆者作成.

図 2-1　小泉政権時の政策決定の流れ

臣への概算要求を行い復活折衝があり、年末の予算案の作成となり国会に送られる。国会での審議・採決を経て、生活保護費は地方自治体に補助金として分配される。このような内閣、諮問会議、財政審が主導する保護基準改定の基本的枠組みが、財政構造改革の中で形成し実行されていくことになった。

五　生活保護改革の進行

次年度になると、小泉政権は二〇〇四年度予算編成に向けて、より踏み込んだ生活保護見直しを進めた。二〇〇三年六月九日、財政審は「建議①」〇三の中で生活保護の目的について、「真に困窮した自立不可能な者に最低限度の生活を保障すること[12]」と法の誤解釈の上で、被保護者の増加、モラルハザード、地域別保護率格差を問題視した。その上でさらに「年金制度改革における給付水準の見直しとも一体的に検討」と年金制度と関連づけ、有識者会議等の検証もないまま述べられている点は前年の建議と同様であるが、「生活扶助基準・加算の引き下げ・廃止、各種扶助の在り方の見直し、扶助の実施についての定期的な見直し・期限の設定など制度・運営の両面にわたり多角的かつ抜本的な検討」するとし、全般的見直しが述べられ、特に老齢加算と母子加算がターゲットとなり「廃止に向けた検討」が打ち出されている。また、アメリカのＴＡＮＦや二〇〇二年度実施の児童扶養手当改正を参考にしたのであろうが、有期保護の検討も入り込んでいた。

こうして、この建議をふまえ、二〇〇三年六月二七日の「方針」〇三では「生活保護においても、物価、賃金動向、社会経済情勢の変化、年金制度改革などとの関係を踏まえ、老齢加算等の扶助基準など制度、運営の両面にわたる見直しが必要である」と明記された。財政審でとりまとめられた内容は「方針」では簡略化されてはいるが、諮問会議や政府の政策に盛り込まれることとなる。

最低生活保障をめぐる保護基準設定は、生活保護法八条二項の規定に基づき要保護者の生活の事情に配慮して慎重に設定しなければならないが、財政構造改革の圧力の中で保護費削減が優先され、首相への権力集中を背景に、諮問会議を活用しながら、一九八〇年代の第二臨調と比べてもよりトップダウンが強化されて、実際に削減が実行された。

そのような動きに呼応して、後述するように、生活保護制度の専門的検証の場が設定されることになる。(13) 専門委員会の設置による制度検討は、一九九〇年代に進められた社会保障構造改革、社会福祉基礎構造改革の残された課題でもあったため、生活保護法改正を念頭に置いた議論が行われることになる。

以後、こうした生活保護改革のトーンが続いていく。「建議①」〇四では、生活保護の対象を「真に困窮した自立不可能な者」に限定する誤解釈は訂正されないまま、被保護者増加の問題視、モラルハザード論、福祉依存による就労意欲阻害論、地域別保護率格差の問題視、濫給の紹介を下敷きに、「一般低所得者との間で可処分所得に逆転現象」の指摘による「適切な引き下げ」、母子加算の廃止、医療扶助の適正化が建議された。また、その裏付けとして地方自治体の担当者の見直しの声があるとの紹介までもしている。その他、三位一体改革に関する政府・与党協議会の合意による生活保護費負担金見直しを二〇〇五年度に実施する必要性を指摘している。

これを受けて、「方針」〇四では、「社会経済情勢の変化等を踏まえ、加算等の扶助基準の見直し、保護の適正な実施に向けた地方公共団体の取組の推進などの見直し、その平成一七年度から実施」「特に雇用施策と連携しつつ、就労及び自立を促す」「介護、生活保護、医療その他の制度改革等に取り組み、公的給付の見直し等を行うことにより、その抑制を図る」と、雇用施策との連携の打ち出しは新しいが、「建議①」〇四を含むように総括的でやや曖昧な文言を使って生活保護改革を指示した。また、「建議②」〇四は、「建議①」〇四とほぼ同様の答申をした。

「建議①」〇五でも同様の指摘がなされるが、「専門委員会」の提言を受けて二〇〇五年度より始まった生活保護自立支援プログラムによる被保護者の自立促進が新しく加わった。ただし、同プログラムを利用して「稼働能力の活用等の要件を満たさない場合には保護の停廃止を含めて厳格に対応することが必要」と、モラルハザード論、福祉依存論による懲罰志向の姿勢が見られる。「方針」〇五では、「方針」〇四の踏襲を、「建議②」〇五は「建議①」〇五とほぼ同様の答申をした。財政審は同様の削減内容を毎年度繰り返しつつ、同時に削減できる内容は追加していった。

小泉政権最終年度の「建議①」〇六は、名称を「歳出・歳入一体改革に向けた基本的考え方について」と変更し、前年度踏襲の答申を行った。生活保護費負担金の比率見直しは中止となったが、「国から生活保護行政の適正運営のための必要な事項を各地方団体に提示し資産収入調査の徹底等を図っているが、これを強力に進める必要」との文言が加わっている。

「方針」〇六では、社会保障全般に対してであるが、次のようにこれまでの改革を総括し、今後の改革を枠付けるトーンとなり、「副作用」という言葉を使用して構造改革が残した負の側面に言及した。「自立支援型のセーフティネット」という言葉を使ったり、ワークフェアを基調とするものに転換を図ろうとしているように見える。次の第一次安倍政権では、「再チャレンジ支援」が強く打ち出され予算に反映されていくことになるが、すでに小泉政権期に言及されていた。

生活保護については、「早急に見直しに着手し、可能な限り二〇〇七年度に、間に合わないものについても二〇〇八年度には確実に実施」するとし、①生活扶助基準の低所得世帯の消費実態等を踏まえた見直し、②母子加算の廃止を含めた見直し（就労支援策を講じつつ）、③級地の見直し、④自宅所有者のリバースモーゲージ利用優先、⑤早急に総合的な検討に着手し改革を実施、と具体的に指示した。

小泉政権は、「方針」〇六で「税体系全般にわたる抜本的・一体的な改革が必要となる。特に、社会保障給付の安定的な財源を確保するために、消費税をその財源としてより明確に位置づけることについては、給付と財源の対応関係の適合性を検討する」と、消費税導入の検討を指示して、二〇〇六年九月で退陣することになった。その際、今後の五年間についても、〇二年度予算以来の歳出削減ペースと同様に、「二〇一一年度までに基礎的財政収支の黒字化を達成するために解消すべき要対応額一六・五兆円程度」に対して、合計で一一・四兆円〜一四・三兆円の歳出削減、社会保障関係費は過去五年間と同様に毎年二二〇〇億円の削減目標を継続することを指示し、財政構造改革を進めようと枠付けしようとしたのである。

六　生活保護基準の専門的検証

(1)　保護基準の性格

二〇〇〇年代前半に行われた保護基準の専門的検証について検討するにあたり、生活保護制度と保護基準の基本的な内容と特徴について確認し、保護基準決定に際しての原理原則を明確にしておきたい。

保護基準について生活保護法で規定しているのは、八条「基準および程度の原則」である。この八条では、憲法第二五条の具体化としての最低生活保障の原理（法三条）がまずあり、その方法として保護基準を定めている。注意しなければならないのは、保護基準は法の別表の形をとらず、厚生労働大臣の裁量の範囲内で保護基準として直接的に決めて告示している点である。そのため保護基準の設計・決定は国会審議の対象にはならず、一定程度大臣裁量のもとで行われてきた過去の基準を踏まえながら、その都度決められてきた。政権与党の方針に沿った決定の枠組みが作られる傾向が強く、野党や無所属議員を含めた審議が行われることは少ない。国会質問があったとしても、裁量権の逸脱があると判断されない限り最終的には大臣裁量で決定される。この点は、保護基準が、審議会への諮問・答申を経てであれ、本質的にトップダウンで行われることを意味している。

法八条一項では、「保護は、厚生労働大臣の定める基準により測定した要保護者の需要を基とし、そのうち、その者の金銭又は物品で満たすことのできない不足分を補う程度において行うものとする」としている。保護基準は厚労大臣の裁量で決定すること、保護基準によって要保護者の需要を測定すること、要保護者が活用した金銭や物品では「最低生活費」として足りない場合に補うことが書かれている。

さらに同条二項では、「前項の基準は、要保護者の年齢別、性別、世帯構成別、所在地域別その他保護の種類に応じて必要な事情を考慮した最低限度の生活の需要を満たすに十分なものであつて、且つ、これをこえないものでなければならない」と規定されている。これは、「現に保護を受けているといないとにかかわらず、保護を必要とする状態にある者」（六条）である「要保護者」の「必要な事情」を考慮して保護基準が設定されなければならないことを規定している。つまり、基準を設計し、決定する際には、その主体が困窮を脱するような充分な配慮をしなければならないことを意味する。

法の運用として要保護者の需要は保護基準によって測定され、測定結果が要保護者に必要な最低生活費と見なされるとはいえ[14]、保護基準そのものの決定に際して、八条一項に続いて二項があることにより大臣裁定は、この二項に従属し制約される[15]。

だが、保護基準の決定は、厚生労働大臣の裁量として具体的に規定されているが、実際上は単独で行われるものでもない。裁量権の逸脱にならないためには、合理的な保護基準の設定が求められる。本章の検討時期では、「方針」「建議①」「建議②」の影響は大きいことが確認できたが、他方で厚労省内での専門的検証はどのように進められたのか。小泉政権期の専門委員会について、次に確認しておこう。

(2) 専門委員会における検討

二〇〇〇年五月の衆議院厚生委員会附帯決議、同年一二月の「社会的な援護を要する人々に対する社会福祉のあり方に関する検討会」報告書、〇三年六月社保審「今後の社会保障改革の方向性に関する意見」、「方針」〇三等に基づいて、社保審福祉部会内に専門委員会が設置された。専門委員会の設置が遅れる中、「建議①」〇二、「建議②」〇二における保護基準の見直し答申が行われた後、しかも、〇三年六月に広範な生活保護見直しを答申した「建議①」〇三が出された直後に設置された。

こうして、生活保護見直しに向けた専門委員会の審議は、諮問会議と財政審の強い見直し圧力の中で行わざるを得なくなった。しかも、前者は閣議決定、後者は財務省建議であり、専門委員会や厚労省には大きな負荷がかかったに違いない。専門委員会は、「まずは、保護基準の在り方について議論を開始」するとした。この背後に、先の「建議」や「方針」にあったように、財政構造改革の観点から、専門委員会には保護基準引き下げの結論を早く出してもらう狙いがあったことは想像に難くない。

実際にその通りになり、専門委員会は、五か月後の二〇〇三年一二月には「中間とりまとめ」を出し、老齢加算について「消費支出額全体でみた場合には、七〇歳以上の高齢者について、現行の老齢加算に相当するだけの特別な需要があるとは認められないため、加算そのものについては廃止の方向で見直すべき」とした[16]。その結果、老齢加算は〇四年度より段階的に引き下げられ、〇六年度に廃止となった。

専門委員会は、計一八回の会議を開催し、二〇〇四年一二月の最終報告書で、生活扶助基準の評価・検証結果については、「基本的に妥当」としたが「今後、生活保護基準と一般低所得世帯の消費実態との均衡が適切に図られているか否かを定期的に見極めるため、全国消費実態調査等を基に五年に一度の頻度で検証を行う必要がある」として今後の見直しの検証を義務づけた。専門委員会としては、変曲点分析で客観的な知見が引き出せなかったこともあり、生活扶助基準の見直しは先送りの判断をした。ただ、生活扶助基準に関わる「多人数世帯基準の是正」「単身世帯基準の設定」「第一類費の年齢別設定の見直し」「加算の在り方」「級地」は今後本格的に検証すべきことが提言された。特に、母子加算の見直し、高等学校等就学費の導入などが提言された。

実際には、〇四年度に生活扶助基準（標準世帯のケース）前年度比〇・二%減額、老齢加算段階的廃止の開始、〇五年度には母子加算段階的廃止の開始、人工栄養費廃止、多人数世帯の生活扶助費削減開始、第一類費の年齢別設定の見直しによる一部減額（一部増額）開始が行われた。一方で、被保護世帯の子どもの高校進学を助ける高等学校等就学費は、教育扶助ではなく、生業扶助の中に位置づけられた。

七　財政とナショナル・ミニマム保障の相克の中での保護基準設定の限界

これまで、財政事情が特段考慮された例には一九八〇年代の第二臨調によるトップダウンがあり、小泉・第一次安倍政権期に限ったことではない。一九八二年一二月の財政審答申での「(生活扶助基準と)一般世帯との消費水準は格差がかなり縮まっている」という指摘、八三年三月の第二臨調最終答申での「生活扶助基準の設定方式、加算制度等生活保護制度の在り方を見直す」という提言に対して、同年一二月の中社審意見具申では、総理府家計調査特別集計の変曲点分析結果により、「生活扶助基準は、一般国民の消費実態との均衡上ほぼ妥当な水準に達している」という評価を行った。中社審は、高いとも低いとも提言せず、第二臨調や大蔵省に対し厚生省は一定のブレーキをかけた。こうして生活扶助基準算定方式は六五年度より採用されてきた「格差縮小方式」に替えて、八四年度以降、当該年度に想定される政府経済見通しの民間最終消費支出の伸びに準拠し、前年度までの一般国民の消費水準と生活扶助基準との調整を図る「水準均衡方式」に切り替えられたとされている。だが、その後、最低生活費および改定方式の再検討はなされないまま時間が経過した。

基準改定率の推移をみてみよう。図2-2は「標準世帯」の生活扶助基準の改定率の推移である。改定率は、

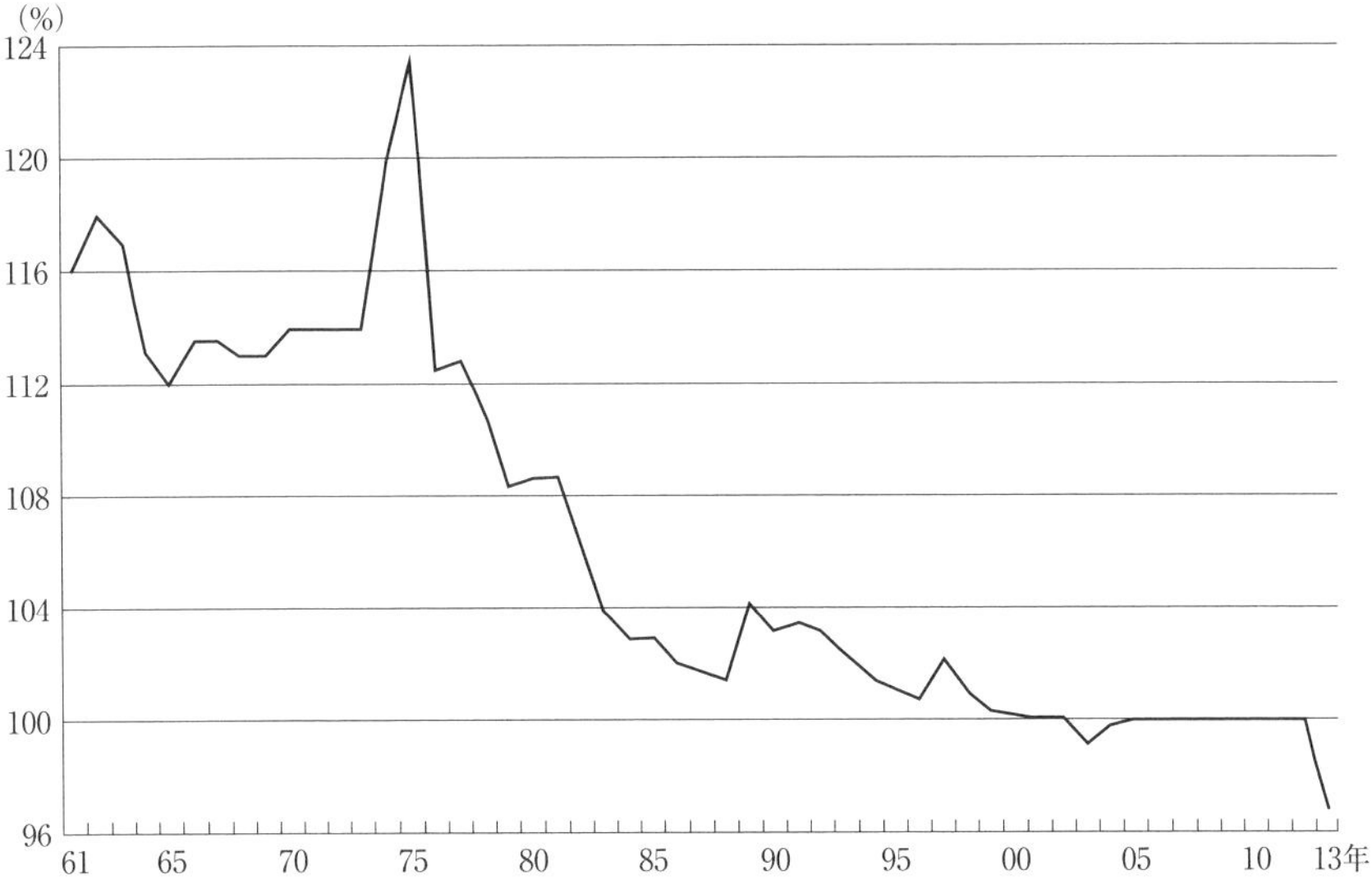

出所：生活保護制度研究会『保護のてびき（平成 24 年度版）』第一法規，2012 年より作成.

図 2-2　生活扶助基準の改定率（1 級地）

前年度の生活扶助基準額からの上昇率である。一九六一年以降をみると、エンゲル方式、格差縮小方式を通して、七五年の一二三・五%をピークとして一貫して上昇している。一九八九年と九七年の急な上昇は、消費税導入によるものである。その点も含め基準設定の際には一般世帯との格差を縮小する目標がまずあり、前年度水準をいかに上げていくかが焦点となっていた。

生活保護制度が始まった一九四六年以降、標準世帯の生活扶助基準は、二〇〇二年四月改定まで据え置きはあっても下がることはなかった。「財政危機宣言」後の一九九六年度には一〇〇・七%まで下がり、九七年度には消費税率の五%への引き上げがあり一〇二・二%となったが、九八年度以降、据え置きになっていた。〇三年度に一九四六年の旧生活保護法制定以来初めて前年を下回る九九・一%となった（マイナス〇・九%）。〇四年度にはさらに前年比九九・八%（同〇・二%）となった。この時のマイナス改定は、政府経済見通しの民間最終消費支出の伸びが〇二年度マイナス〇・九%、〇三年度同〇・四%であったことが根拠となり、他の要素も含めて厚労省内で調整した上決定されたことになっているが、その実際の調整に関する詳細な説明は行われていない。そのため、国民にとってブラックボックスである。少なくとも、先述の「建議①」〇二、「建議②」〇二における保護基準引き下げ答申に沿った改定であったと解される。

格差縮小方式は、一般国民の消費水準の伸び以上に前年度の生活扶助基準を引き上げるもので、ナショナル・ミニマム保障や格差是正の規範が含まれていた。一方、水準均衡方式になるとその規範は希薄化し、改定率は次第に下がり、改正方式の再検討がないまま、一九九〇年代後半以降、前年度据え置きだけではなくマイナス改定も行われた。次第に年間収入階級第一・十分位（下位一〇％）の低所得世帯消費水準と生活扶助基準を「均衡」させる観点が保護基準算定の前提となった。低所得世帯数が増加し平均所得が減少し消費支出は低下する中で、「第一・十分位」を参照階級とする根拠が根本的に検討されることなく、最低生活や最低生活費を保護基準とは独立に探究する調査研究の可能性は背後に隠れてしまった。比較する低所得世帯の生活実態や生活の質を解明することなく、その消費水準が結果的にナショナル・ミニマム保障水準に等しいと機械的に見なされた。小泉政権期に行われた専門委員会は、財政構造改革の中で、こうした前提の中で行われた。

歴史を遡れば、保護基準設定は従来より「⑴基準決定のための算定は厚生省保護課で行う。⑵この算定について、社会福祉審議会生活保護分科会の審議が行われる。⑶そして厚生省の案が決められ、大蔵省との予算折衝を経て、はじめて公表され、国会に提出され」、その際「⑴算定と⑵基準案決定がすべて予算折衝の中で行われ、⑴算定は、予算折衝の論拠として使われている」[17]という流れが通例である（組織名は当時の名称）。

このような政策過程では、政治が持ち込まれる予算折衝の時には、財政事情の方が厚労省や社保審における保護基準算定よりも優先されることが多くなるだろう。特に、財政構造改革をトップダウンで進めナショナル・ミニマムも軽視するような政権であれば、その傾向は強まる。もし公務員給与に関する人事院勧告のように、財政事情とは一定独立し権限を与えられた組織が保護基準算定を科学的に追究するのであれば、保護基準算定結果には一定の価値が与えられるであろう。政府が事後的に財政事情を考慮した保護基準を決定し国会に提案するとしても、保護基準算定の客観性の追究は一定担保される。その際、政府決定の保護基準は、国会で再度、保護基準算定結果と比較検討が行われ、政府の算定方法・結果や大臣裁量の合理性や妥当性が問われることも出てくるだろう。さらに、「困窮」（生活保護法一条、四条）、「健康で文化的な最低限度の生活」（憲法第二五条）、「最低限度の生活」（同一条、三条、四条）、「健康で文化的な生活水準」（同三条）の具体的な内容を客観的で合理的に定めるために、保護基準とは別に、最低生活費の在り方について本格的な議論に開かれる枠組みも生まれうる。(18)

八　おわりに

一九九六年に導入された小選挙区比例代表並立制導入は、二大政党制への移行や政治資金問題の解決を目指して導入された。しかしながら、二大政党制への移行の目論みは結果的には、小泉政権のように政権党および政権中枢への一極集中現象を生んだ。同時に行われた内閣主導という政治枠組みの変更は、「首相の手元で政策を決定し、場合によっては立案することが、大きな意味を持つようになり、そうした場面で補佐機能を発揮する官僚へ、省庁に陣取る官僚から実質的な権力が移行する現象」が起こり、内閣官房、内閣府の特定部局に所属する「内閣官僚」(19)の力が増した。

内閣主導の財政構造改革が強く作用する局面では、内閣・財務省と一体化するか、厚生労働大臣の独立性は更に弱化し、受け身とならざるを得ない。こうして厚生労働大臣の保護基準の裁量権が相対化され、諮問会議や財政審によるトップダウンが官僚機構の中でも浸透し、「内閣裁量」ともいうべき形でナショナル・ミニマム保障の要である保護基準の改変が進められた。生活保護改革論議は多岐にわたるが、中でも生活扶助基準については直接的に財政問題へと直結するものであり、金銭で直接世帯に給付される生活保護費を目に見える形で削減することに主眼が置かれた。改変の論理や具体的改変内容は、内閣や政権党の要求を聞きながら、財務省内または財務省・厚労省間での調整によって決められる傾向が強まった。こうして、ナショナル・ミニマム保障のハードルを容易に下げる枠組みが小泉政権期に定着した。

福田・麻生政権期のように、経済危機対応型政局となり自民党政治の退潮の中で一極集中が弱まると、財政構造改革にもブレーキがかかった。だが、内閣主導という枠組みが残っている限り、状況が許せば財政構造改革の方向にアクセルを踏むことは可能な仕組みが作り出されている。生活保護制度は、全国一律で行われることもあり一度間違った方向に改変されると戻すことは難しくなる。

憲法第二五条におけるナショナル・ミニマム保障が支持される限り、最低限度の生活にかかる客観的で合理的な費用が保護基準と等しくなるための工夫や試みに対し、社会的な合意は得られるであろう。だが、本章の検討で明らかになったように、「最低生活とは何か」という問いの忘却という歴史的に通底する問題が残存したまま、財政事情に重きを置いた保護基準設定が定着し、小泉政権期の財政構造改革で最低生活保障の再編が進められたことが浮き彫りになり、着地点は政権に委ねられる枠組みが強まった。ナショナル・ミニマムに相応しい最低生活費算定や水準均衡方式にかわる保護基準の決定方式の検討は、二〇一一年四月に設置された社保審生活保護基準部会で兆しがみられるとはいえ、根本的検討までは至っていない。

注

（1）布川日佐史『生活保護の論点』山吹書店、二〇〇九年。

（2）吉永純『生活保護の争点―審査請求、行政運用、制度改革をめぐって―』高菅出版、二〇一一年。吉永純『生活保護「改革」と生存権の保障』明石書店、二〇一五年。

（3）岩田正美「政策基準としての生活最低限」貧困研究会『貧困研究』一四号、明石書店、二〇一五年。

（4）池田和彦・砂脇恵『公的扶助の基礎理論』ミネルヴァ書房、二〇〇九年。

（5）以下、「今後の経済財政運営及び経済社会の構造改革に関する基本方針（骨太の方針）」を「方針」、「予算編成の基本的考え方について（建議）」を「建議①」、「予算の編成等に関する建議」を「建議②」、財政制度等審議会を財政審、経済財政諮問会議を諮問会議、厚生労働省を厚労省、社会保障審議会を社保審、第二次臨時行政調査会を第二臨調、中央社会福祉審議会を中社審、生活保護制度の在り方に関する専門委員会を専門委員会、生活扶助基準に関する検討会を検討会と表記する。

（6）小泉政権は、消費税には手を付けない方針であり、所得税の税率構造も変えなかった。所得税は一九九九年度から二〇〇七年度まで四段階（最高税率三七％）であり、高所得者優遇の税制であった。このため、〇二年度から〇六年度まで所得税額は一三兆円から一五兆円程度に留まった。

（7）山田千秀「社会保障予算―限界が迫りつつある歳出削減と今後の課題―」、参議院事務局企画調整室『立法と調査』二七七号、二〇〇八年、五八頁。

（8）同審議会は現在廃止されているが、一九九〇年代末までは生活保護制度の在り方について同審議会の生活保護専門分科会が審議することとされていた。厚生労働省サイト（http://www1.mhlw.go.jp/shingi/engo.html）によれば、一九九〇年代中盤から末にかけて、一九九六年に五回、九七年一回、九八年一回、九九年一回が開催されている。議事要旨を見ると、この時期の専門分科会の議題の中心は、介護保険・地方分権改革・社会福祉基礎構造改革にともなう生活保護制度の対応が中心であり、保護基準のあり方や予算編成に向けた議論は活発に行われていない。保護基準については、八三年の同審議会意見具申による水準均衡方式への変更以降は、財政当局との予算折衝のための厚労省内での毎年度の改定作業が行われていた。ただし、岩永によれば、「予算折衝においてどのような要素を見込んで毎年度の改定率をはじくかは議論されてきたと推察するが、そのことを具体的に検証できる資料がない」という。会長が改定率の説明資料を求めても保護課は「資料は出せない、水準均衡方式という方式を説明するしかない」と答えたそうである。また同書では、社会局長の私的諮問機関「生活需要研究会」で保護基準について議論したようであるが、「開催状況すら明らかでな」く、この時期は「どこの場でも徹底した検討がされず、それが生かされるということはなかった」ということであろうし、保護基準の改定作業は厚労省内で非公開に行われていたといえよう。岩永理恵『生活保護は最低生活をどう構想したか』ミネルヴァ書房、二〇一一年、二五六～二六六頁。

（9）竹中治堅『首相支配―日本政治の変貌―』中央公論新社、二〇〇六年、二三八頁。

（10）この説明から、小泉政権が諮問会議を駆使して、一体的に閣議決定や政策決定を行い、省庁への影響力を発揮させようとしていたことが分かる。この点が小泉政権による構造改革の進め方の特徴である。なお、「必要な場合」とあるが、小泉政権以降、民主党政権時以外は全て閣議決定されている。

(11) 一九八〇年代の第二臨調答申でも「援助を真に必要とする人々には、暖かくまた十分な福祉サービスを提供」（第一次答申）、「真に生活に困窮する者に対して必要な保護を確保」（最終答申）等の類似の表現が見られた。

(12) 「建議①」「建議②」において、生活保護の対象者をこのように「真に困窮した自立不可能な者」に限定する誤った法解釈に基づく記述が見られるのは、二〇〇三年度から〇五年度の三年間のみである。対象者の限定は、生活保護費の削減につながるが、削減圧力の中で勢い余って財務省関係の起草者の筆が滑ってしまったのだろうか。少なくともこれは生活保護法が、生活費の不足分を最低生活費に達するまで補うという点や自立助長が法の目的の一つである点を理解していないことが原因であろう。

(13) この点は、専門委員会の委員長であった岩田の指摘「長い間検証をさぼっていながら、突然第一回の『在り方に関する専門委員会』が招集されたのは財政政策との関係である。二〇〇三年『骨太方針』『財政制度等審議会』において、生活保護基準、特に加算（老齢加算、母子加算）の妥当性が問題とされ、財務省による福祉事務所に対する事前調査までなされていた。敢えて言えば、検証の前に政治的結論が出ているというような感じを持たざるを得ない状況があった。その後も社会保障費の全体的抑制がまずあって、検証の手順になる」によっても裏付けられる。前掲、岩田、二〇一五年、二一頁。

(14) 籠山京『公的扶助論』光生館、四〇～四三頁。籠山は、「法第八条第一項の基準は保護の程度を測定するための基準であって……この基準が法第一条の『最低限度の生活』とイコールだと規定していない。……法第一条、法第三条の最低生活と法第八条の基準がイコールだという解釈は無理である。福祉事務所で、法第八条によって測定したものを最低生活費の認定といっているのは、言葉上でも誤りであり、『要保護者の需要』といわなくてはならない。この厚生大臣の定める基準によって測定したものを最低生活費とよぶようになったのは、旧法時代の昭和二三年一二月七日厚生省発社第一二九号通知によったのであるが、この通知の趣旨を新法になっても踏襲してきたのはまことに不用意だったのではないのか。……この基準がいつの間にか法第三条の最低限度の生活にすり変わってしまって、今日に至っているのである」という。また、小山は、第八条一項に関し「法律に定める意味において生活に困窮しているかを判定する基準は理論的には本条に定める基準とは異なるが、実際上は本条の基準が前者の場合に準用されている」とし、最低生活費の保護基準による代用は便宜的に過ぎないと説明している。だが一方で、最低生活費のあり方は本来的によりオープンに議論されるべきであるという立場に立てば、この代用は、最低生活費の議論を厚生労働大臣の裁量の狭い範囲内に止めてしまうことにもなったともいえる。小山進次郎『改定増補 生活保護法の解釈と運用（復刻版）』全国社会福祉協議会、二〇〇四年、一六九頁。

（15）笹沼は、二項の規定があることにより、「大臣の設定する基準は『要保護者』の『必要な事情』によって制約されるべきことを明示しており、大臣に基準設定を丸投げはしていない」とし、この「必要な事情を考慮」を「絶対的考慮事項」とし、国民感情や財政問題がそれに優先される事態を排しているとしている。笹沼弘志「生活保護基準設定における大臣の裁量権と立憲主義的統制―老齢加算廃止をめぐって」『賃金と社会保障』旬報社、一五二九・一五三〇号、二〇一一年。

（16）布川日佐史『生活保護の論点』山吹書店、二〇〇九年、一九～二五頁。布川は、この時の専門委員会委員であったが、「七〇歳以上の高齢者について、現行の老齢加算に相当するだけの特別な需要があるとは認められないため、加算そのものについては廃止の方向で見直すべき」とした諮問に関して、「専門委員会として、加齢に伴う特別需要がないという結論に達したわけでもなかった。老齢加算の金額に見合う特別需要があるということを、与えられた資料からは立証できなかっただけのこと」であって、「高齢者の社会生活に必要な費用に配慮して、生活扶助1類費の見直し、単身世帯基準や社会生活扶助の創設などを検討し、生活保護全体の制度として高齢者の最低生活水準を維持」することによって老齢加算の廃止を他の扶助で実質的に代替するのが委員会の本来の意見であったという。しかしながら、厚生労働大臣は老齢加算の廃止のみを決定した。また、本書では「水準均衡方式」を始め、基準設定の根本的な疑問と問題点が指摘されている。

（17）前掲、篭山、一九七八年、二八五頁。

（18）生活保護法の制定に深く関わった小山は、当初保護基準の決め方は客観的に決められるように発展すると考えていた。だが、その後一九六九年の対談で「今、一番残念なのは、生活保護の基準自身は、それ自体としては、まだ本当の論理を確立しかねているにもかかわらず、でき上がった生活保護の基準というものが、今度は、妙にあらゆる面で意味を持っちゃっているわけなんですよね。ものごとの尺度として、生活保護の基準というものが、あらゆる国民の生活のいろいろの限度をきめる場合に使われちゃっている」「一番肝心な部分について、十分な手を尽さないでおったくせに、でき上がったものに、ばかに大きい権威が与えられているみたいな感じが、どうもあってしようがない」と発言している。小山は、保護基準算定にあたって参照されるべき最低生活費研究に期待をしていたが、歴史的な発展は見られず、保護基準そのものの根拠が問われることなく、行政運用の繰り返しの中で権威となっていったことを指摘している。厚生省社会局保護課編『生活保護三十年史』社会福祉調査会、一九八一年、一三二頁。

（19）飯尾潤『日本の統治構造―内閣官僚制から議員内閣制へ―』中央公論新社、二〇〇七年、一九八頁。

第三章　離島における地域医療の提供とナショナル・ミニマム保障
―公立久米島病院の事例を中心に―

関　耕平

一　課題と概要

奄美大島において離島医療の発展に尽くした笠畑保は、「地理的に離島はあっても、人の命に離島があってはならない」との言葉を残している(1)。この言葉に表れるように、地理的な条件に左右されない医療水準の確保は、憲法第二五条を引くまでもなく、ナショナル・ミニマム保障の重要な構成要素といえよう。それでは離島における医療の提供体制はどのようにして確保されてきたのだろうか。

結論から先にいえば、離島医療はおろか、医療サービス提供の地域偏在にたいして「ナショナルな対応」は十分にとられてこなかった。なかでも公立病院による医療提供という点でいえば、国が前面に立つことはこれまでなく、地方自治体によるぎりぎりの努力の中で追求され、維持されてきたといってよい。本章では、具体的にどのような行財政構造によって、離島の公立病院が維持・運営されてきたのか、県や市町村など地方自治体の役割を中心に解明したい(2)。

事例として取り上げるのは、沖縄県久米島町にある公立久米島病院である。この事例をもとに、離島における公立病院の設立経緯や運営、すなわち医療提供体制確保の実態の一端を明らかにする。これにより、国や都道府県による市町村への十分な財政支援の重要性を析出するとともに、公立病院運営の主体として市町村が関与することで、地域医療の水準および質向上の可能性が広がることを示す。

以上のような考察を踏まえて最後に、今後のナショナル・ミニマム保障を可能にする行財政構造のあり方――国・都道府県・市町村が取り結ぶ政府間財政関係――についても検討したい。

本章の構成は以下の通りである。はじめに条件不利地域における医療提供について、その概要と政策動向を概観する。つぎに離島における公立病院の維持と運営の現状に関して、沖縄県久米島を事例に分析する。これをもとに、今後求められる離島における医療提供のための行財政構造を示しつつ、ナショナル・ミニマム保障について、分離型と融合型の行財政構造をめぐって考察する。

二　条件不利地域における地域医療の提供体制と自治体病院

本節では、日本における条件不利地域での医療提供体制整備の経緯を概観し、とくに都道府県や市町村といった自治体によって設立・運営された公立病院（以下、自治体病院という）が果たしてきた役割と意義、近年の政策動向と地方財政措置について確認する。

(1)　条件不利地域における医療提供体制の整備をめぐる経緯

医療へき地や無医地区[3]の解消は、これまでも大きな社会問題とされてきた[4]。厚生労働省の調査によれば、一九六六年に二九二〇地区、一一九万人であった無医地区が、二〇〇九年は七〇五地区で一三・六万人、二〇一四年には、六三七地区、一二・四万人となっている。

終戦直後から、農村・離島といった条件不利地域における医療提供体制を支えたのは、軍医の大量養成を目的に戦時期に数多く創設された医学専門学校（医専）出身の医師たちであった。厚生省は、本土へと多数引き揚げた彼らにたいして医師資格を正式に付与し、医師不足を解消しようとしたのである[5]。さらに、市町村による国保診療所の開設もへき地医療の確保に重要な役割を果たした。

国は、農山村や離島といったへき地における医療の確保について、一九五六年以降、第十一次にわたって「へき地保健医療計画」を策定し、対応してきた[6]。二〇〇六年の第十次計画からは、国で示した指針を基に都道府県が計画を策定する形に変更されている。この変更は分権化によるものと推察されるものの、国の関与が後退しているると解することもできよう。

具体的に、国のへき地医療確保策をみてみよう。全国自治体病院開設者協議会によると、二〇一七年の予算におけるへき地保健医療対策費は七四・二億円であり、このうち五八・四億円は三〇二カ所のへき地診療所の運営にたいする補助である。これらの経費のほとんどは、常駐ではない医師を診療所へ派遣するための補助であると推察される。これ以外に約一〇億円の医療設備や施設に対するハード整備の補助金が計上されている[7]。

ここで問題なのは、国のこうした支援の中身が病院の設立・運営ではなく、診療所への医師派遣の援助を中心にすえているという点である。歴史的にみても、「へき地医療保健計画」において「へき地中核病院の整備・運営」という項目がようやく盛り込まれたのは、一九七五年の第四次からであった。これ以降も、国は一貫して診療所への医師派遣による対応を念頭に置き続け、へき地における恒常的で安定的な医療サービスの提供の基盤となる病院の設立・運営・維持について、積極的に取り組むことはなかった。さらにいえば、へき地医療への貢献を前面に掲げる自治医科大学の設立（一九七三年）と運営についても、全都道府県による共同負担によっているなど、総じて、国は、実際の医療提供体制のみならず人材育成の面でさえも、消極的であったといわざるを得ない。

こうした国の消極的な姿勢の一方で、地方自治体によって整備された自治体病院が、地域医療の確保にとって重要な役割を果たしてきた。自治体病院は、「地域において提供されることが必要な医療のうち、採算性等の面から民間医療機関による提供が困難な医療を提供するもの[8]」である。「離島、へき地などの不採算地区における医療や高度医療、特殊医療については、公的医療機関が積極的に対処すべきであるという考えから、昭和四六年一〇月、社会保険審議会の答申等において公的医療機関の整備を促進するための公費の導入、公的病院に対する病床規制の撤廃が打ち出されたが、国の方針は明確にされなかった[9]」ため、歴史的には地方自治体がこれら病院を整備してきたといえよう。その後、一九八五年に「地域医療計画」の策定が都道府県の事務として位置付けられるなど、へき地における地域医療確保の責任は地方自治体へと明確にシフトされていった。

(2) へき地の地域医療を支える自治体病院

次に、条件不利地域における医療提供体制が、自治体病院によって支えられていることを具体的に確認しよう。『地方公営企業年鑑（二〇一六年度版）』によれば、病院事業会計の決算総額は四兆五五七七億円で、地方公営企業会計全体の二六・九％を占め、水道事業に続き二番目、職員数は二二万一三〇七人（全体の六五・一％）と圧倒的多数を占めている。一方で黒字事業体の割合は四二・三％と、他の事業に比べて最も低い。また、自治体病院のうち比較的大規模な病床数となる三百床以上が、二三四病院と三一・三％を占めており、地域における基幹病院・中核病院として高度医療を提供していることがうかがえる。一方で、自治体病院の四〇％にあたる、三〇四病院が不採算地区病院[10]であり、離島、山間地等のへき地における医療の確保のために、重要な役割を果たしている。このことは、全国の民間を含めた総病院数のうち一一・一％に過ぎない自治体病院が、へき地医療拠点病院に限ってみると、その占める割合が六一・八％（一八三病院）にのぼる[11]という点からも明らかである。

(3) 自治体病院をめぐる政策動向

では、こうした自治体病院をめぐる政策は、近年どのように推移してきたであろうか。とくに「地域医療崩壊」という言葉が語られ、医師不足などに伴う自治体病院の経営悪化や、無床化、診療所化などの統廃合が社会問題化した二〇〇〇年代後半からの政策動向を、二つの政策文書を中心に概観しよう。

第一に注目すべきは、二〇〇七年に総務省が策定した「公立病院経営改革ガイドライン」（以下、ガイドライン）である。ガイドラインは、赤字でも仕方がないという従来の考え方から脱却するため、各自治体に自治体病院の「経営改革プラン」を策定するように求めた。その際の視点は、①経営指標の数値目標を設定させ「経営効率化」を実現する、②病床数の削減・診療所化を行う「再編・ネットワーク化」の推進、③民間的経営手法、指定管理者制度や地方独立行政法人化の導入を求めた「経営形態の見直し」、以上の三点である。

第二に注目すべきは、「公立病院に関する財政措置のあり方等検討会」（以下、検討会）により、二〇〇八年一一月に出された報告書である。検討会においては、過疎地における小規模病院の経営難を念頭に、必要最低限の医療を提供するための財政措置の拡大が提起された。具体的には、過疎地や救急などの医療提供体制の確保のため、診療報酬で賄いきれない不採算部分については、地方自治体による病院事業会計への繰出と、その財政負担にたいして地方交付税措置を行うことの重要性が強調されている。とりわけ、地方交付税措置されている額と、実際に自治体財政から病院事業会計に繰出されている額とが整合するよう、自治体に対しても注意喚起している。

以上のような政策動向をまとめると、ガイドラインに見られるように、統廃合、診療所化や無床化といった、効率化や経営形態の見直しを全体として促しつつも、検討会の議論にみられるように、過疎地や不採算地区といった財政措置を必要とする地域医療には、比較的手厚い措置を講じる、という二つの方向性を読みとることができる。このうち後者の、具体的な財政措置の推移は、のちに見ていくこととする。

こうした政策動向の中でも特にガイドラインの方向性に沿う形で、二〇一〇年前後から、ネットワーク化や統廃合が進んでいくこととなった[12]。地方自治体が経営する病院事業の数は二〇〇九年には六五九あったが、二〇一五年には六三七と二二事業減少し、これらの事業が有する自治体病院の数も九一六から八一二となっており、一〇四の病院が姿を消したことになる。いずれも、統廃合や、診療所化、民間譲渡等にともなうものである。経営主体別にみると、都道府県立病院が一五二で三六の減少、指定都市立が二七へと一七減、市立病院は三五五へ四二減、町村立病院は一六九と一八減となっている。また、一般事務組合立病院は一〇九と九増となっている[13]。とくにへき地や離島における動向に着目すると、県立病院の統廃合や病院から診療所化するなどの傾向がみられる。

(4) 自治体病院への繰出の実額と地方交付税措置の推移

次に、自治体病院運営をめぐる具体的な財務状況や地方財政措置について、一般会計から病院事業会計への繰出、それに対する地方交付税措置に焦点を当てて見ていこう。二〇一六年度の全国の自治体病院すべてを合わせた病院事業の収入総額は、四兆五二一二億円であり、このうち一般会計からの繰出額[14]は六一六一億円、収入総額の一三・六％を占める。このような傾向は、ここ二〇年ほど変わらず、繰出額は六千億円前後、病院事業の総収入の一二〜一四％程度で推移している。自治体財政からの繰出が病院事業の存続にとっていかに不可欠であるかが看取される。

こうした自治体から病院事業会計への繰出金の、財源の一部になるのが地方交付税である。病院事業会計の繰出という財政需要に対して、年間三二〇〇〜三五〇〇億円が交付税措置されており、こうした傾向は二〇〇八年度まで続いた。こうした措置額は、実際の繰出金にたいして、せいぜい五五％前後に止まることから、繰出金のおよそ半額は自治体によるいわば「持ち出し負担」となっている。また、一九九九年度の三五三三億円の交付税措置をピークに、額としてはこれを下回る水準が二〇〇八年まで続き、このことが地方自治体の「持ち出し」による繰出への負担感を生み、自治体病院への繰出金総額の停滞を招いてきたと考えられる。具体的に言えば、二

○○四年の地財ショック以降、繰出金実額は微減し、地域医療崩壊が叫ばれ始めた二〇〇八年まで六千億円を割り込んでいた[15]。

その後、二〇〇九年度に交付税措置額が四〇〇八億円へと五〇〇〇億円以上大幅に増加し、実際の繰出額六二九四億円の約六四％の水準に達した。これは先に見た検討会の報告書を受け、地方交付税措置（とくに特別地方交付税分）が強化されたことによるものである。地方交付税を算定する際の単位費用が二〇〇九年度に大幅に上昇し、なかでも不採算地区病院の一病床あたり単位費用が、六八万円から一二三万円へと二倍近く引き上げられたことで、こうした措置額の増加が生じた。この単位費用の水準は、二〇一八年現在も維持されており、自治体病院会計への繰出に対する地方交付税措置の強化は継続していると推察される[16]。

以上、近年の地方交付税措置の一定の強化が継続しているものの、総じて言えば、ナショナル・ミニマムとして保障されてしかるべき地域の医療提供体制について、国は前面には立たず、地方自治体の負担によって自治体病院が維持されることで、ようやく支えられてきたといえよう。では、具体的に自治体病院、とくに離島における自治体病院は、どのような体制・形態により整備・維持されてきたのであろうか。公立久米島病院を事例に分析していこう。

三　離島における自治体病院運営の分析—公立久米島病院を事例に—

一般に自治体病院という場合、市町村と都道府県の間で一定の役割分担がされている。すなわち、過疎地などにおける地域に根ざした医療を念頭に置く市町村立病院と、高次救急や精神病棟などの不採算・高度特殊医療の提供や、へき地診療所などへの医師派遣などを担う中核病院としての、都道府県立病院である。

しかしながら本節では、沖縄県と久米島町が一部事務組合を設立して病院を維持している、公立久米島病院を分析する。こうした県と市町村の共同運営に着目する理由として、へき地医療を担ってきた県立病院の統廃合が進む中で[17]、一部事務組合や広域連合方式による共同運営に注目が集まっていること[18]、また後にみるように、この方式によって運営されている病院が、地域のニーズに適合した医療提供を追求していることなどがあげられる。

(1) 国による離島医療対策

離島における医療提供について、国はこれまでどのような対応をとってきたのか、みていこう。

離島振興法（昭和二八年七月二二日法律第七二号）が一九七二年に改正され、その中で「離島における医療の確保」が盛り込まれることとなった。具体的には以下のように規定された。

第九条の二　都道府県知事は、離島振興対策実施地域における医療を確保するため、第五条第一項の離島振興計画に基づいて、無医地区に関し次の各号に掲げる事業を実施しなければならない。

一　診療所の設置
二　患者輸送車（患者輸送艇を含む。）の整備
三　定期的な巡回診療
四　保健婦の配置
五　公的医療機関の協力体制の整備
六　その他無医地区の医療の確保に必要な事業

二　都道府県知事は、前項に規定する事業を実施する場合において特に必要があると認めるときは、病院又は診療所の開設者又は管理者に対し、次の各号に掲げる事業につき、協力を要請することができる。

一　医師又は歯科医師の派遣

二　巡回診療車（巡回診療船を含む。）による巡回診療

三　（略）

四　都道府県は、第一項及び第二項に規定する事業の実施に要する費用を負担する。

五　国は、前項の費用のうち第一項第一号から第四号までに掲げる事業及び第二項に規定する事業に係るものについて、政令の定めるところにより、その二分の一を補助するものとする。（傍線―筆者）

ここで注目すべきは、あくまでも診療所への支援を中心としており、病院の整備は含まれていないこと、診療所業務についても医師派遣といった人材確保についての項目のみで、運営費といった医療提供体制の維持全般を考慮していない、特に医療施設・機器の整備についてはモデル事業として一部にのみ補助金を支出するに止めていることなどである。すなわち、ナショナル・ミニマムとしての保障が想定されてもおかしくない、離島の医療提供体制の整備に関して、国による補助対象の規定そのものが限定的であり、都道府県および市町村による負担を自明視しているという問題点が指摘できる。

(2)　沖縄県における離島医療の経緯と現状

こうした不十分な制度条件を前提としつつ、沖縄県は離島医療の確保に向けて施策を展開してきた。その経緯と現状を確認しておこう。

戦後沖縄の医療提供体制の再建は、沖縄戦によって犠牲になった医療従事者が多かったため困難を極めた。こうした再建過程で、とくに離島医療において大きな役割を担ったのが医介輔《いかいほ》と呼ばれる人々であった。医介輔は一九五一年の米国民政府令によって制度化されたもので、戦前の診療助手や衛生兵などの医療経験者に資格を与え、制限付きの医療従事を許可した制度である。

表 3-1　沖縄県の主要離島における医療施設

島名	人口	病院名	設置主体	一般診療所数	歯科診療所数
宮古島	51,186	沖縄県立宮古病院 国立療養所宮古南静園 宮古島徳洲会病院 宮古島リハビリ温泉病院	県 国 民間 民間	33	26
石垣島	47,564	沖縄県立八重山病院 かりゆし病院 石垣島徳洲会病院	県 民間 民間	28	20
久米島	8,158	公立久米島病院	県・町	2	2

注：人口は 2015 年国勢調査による.
出所：沖縄県『離島関係資料』(平成 27 年 1 月) より筆者作成.

その後、一九七二年の本土復帰の時期になっても、医療提供体制に大きな改善は見られないままであった。他府県との比較でみても、対人口比での医療施設数、病床数、医療従事者数とも全国平均の数値の五〇%を下回るという劣悪な水準であった。一九七四年からはこうした状況を改善するため、韓国や台湾からの外国人医師の招聘がさかんに行われ、彼らは沖縄県の離島医療の確保に大きな貢献をした[19]。

沖縄県によると、二〇一〇年時点での人口十万人にたいする病院数は六・八と全国平均とほぼ同じ水準となっている。一方、診療所の数は五八・九と全国平均の七八・〇と比較してもまだ低い水準にとどまる。離島の医療提供体制は診療所によって支えられていることを考えると、いまだ改善の余地があると考えてよい。とはいえ、一九七五年当時の同数値が、三・三（全国平均七・四）、三四・三（全国平均六五・三）であったことを考えれば、大きく改善してきたといえよう[20]。

表3-1および3-2は、沖縄県におけるへき地および離島の医療施設の現状である。離島の自治体病院は、県立宮古病院、県立八重山病院、そして本章の分析対象である公立久米島病院である（表3-1）。へき地診療所は二五カ所、このうち一七カ所は県立として設置運営されている。一方、町村立診療所は八カ所設置されている（表3-2）。

特に県の役割は大きく、離島における診療所に対しては県立の診療所に限定せず、町村立に対しても積極的に支援を行っている。具体的な内容を

表 3-2　沖縄県のへき地診療所の状況（2017 年 3 月 31 日時点）

	診療所名	設置主体	付属の県立病院	1 日当たり平均患者数（2016 年度）	運営形態	類型分類
1	国頭村立診療所	国頭村		37.2	指定管理	陸上道路整備
2	国頭村立東部へき地診療所*	国頭村		7.0	指定管理	陸上道路整備
3	大宜味村立診療所	大宜味村		36.8	運営委託	陸上道路整備
4	東村立診療所	東村		23.1	運営委託	陸上道路整備
5	伊江村立診療所	伊江村		113.1	直営	内陸離島
6	伊平屋診療所	県	北部病院	20.4	直営	外海離島
7	伊是名診療所	県	北部病院	22.2	直営	外海離島
8	津堅診療所	県	中部病院	9.7	直営	内陸離島
9	久高診療所	県	南部医療センター	5.4	直営	内陸離島
10	渡嘉敷診療所	県	南部医療センター	11.8	直営	外海離島
11	座間味診療所	県	南部医療センター	16.7	直営	外海離島
12	阿嘉診療所	県	南部医療センター	7.7	直営	外海離島
13	粟国診療所	県	南部医療センター	15.8	直営	外海離島
14	渡名喜診療所	県	南部医療センター	10.7	直営	外海離島
15	南大東診療所	県	南部医療センター	26.3	直営	外海離島
16	北大東診療所	県	南部医療センター	16.5	直営	外海離島
17	多良間診療所	県	宮古病院	22.3	直営	外海離島
18	伊原間診療所（休止中）	県	八重山病院	—	直営	外海離島
19	竹富診療所	竹富町		9.2	直営	内陸離島
20	黒島診療所	竹富町		3.3	指定管理	内陸離島
21	小浜診療所	県	八重山病院	11.9	直営	外海離島
22	大原診療所	県	八重山病院	15.7	直営	外海離島
23	西表西部診療所	県	八重山病院	18.9	直営	外海離島
24	波照間診療所	県	八重山病院	12.7	直営	外海離島
25	与那国診療所	与那国町		33.6	指定管理	外海離島
				計　507.4		

注：国頭村立東部へき地診療所*は，県立安田診療所が 2007 年に休止したのち，村立として再開.
出所：沖縄県へき地医療支援機構『沖縄県離島医療白書』2010 年，および沖縄県『地域医療計画』2018 年より筆者作成.

見てみよう。沖縄県は二〇〇六年から二〇〇九年の四年間で、診療所運営費補助として竹富町立竹富診療所に三四六一万円、同・黒島診療所に対して六〇八七万円、与那国町立与那国診療所には一九八三万円を支出している。さらに同期間に、医療機器などの設備整備にたいして、竹富診療所へ三七七万円、黒島診療所へ四〇三万円を支出している。さらに二〇〇九年には竹富診療所の看護師宿舎整備に六五五万円の補助も支出している。[21]

以上のように、沖縄県が主導しながら、市町村と協働して離島の医療提供体制の整備に当たってきたことが見て取れる。次節以降、久米島における自治体病院の設立について具体的に分析する。

(3) 公立久米島病院の設立経緯

久米島は沖縄本島から西方約百キロメートルにあり、那覇空港から飛行機で三五分、フェリーで四時間の距離にある。二〇〇二年四月に具志川村と仲里村が合併し久米島町となり、一島一町となった。人口は八〇一九人(三九八四世帯)、高齢化率二七・八%(二〇一七年八月末)である。

一九九一年、島内の二村が県に対して病院建設を要請した。当時は村立診療所が二つ整備されており、民間の医院も一つあったものの救急体制などは脆弱なものであった。一九九一年六月二二日付の県立久米島病院建設促進総決起集会における「県立久米島病院の早期建設を求める決議」には、以下のように記されている。

> 一万人余の住民のいる離島として、医療施設が不十分であり、……日常生活において大変な不安要因となっている。
>
> 特に救急患者の発生により沖縄本島へのヘリ搬送は頻繁にあり、その発生頻度は全県すべての急患搬送の二五%を占めている[22]。又、専門的な疾病治療などは本島の医療施設利用を余儀なくされており、島民の経済的、精神的負担は大きく、増しては生命にもかかわる重大な問題である。……
>
> したがって、私たちは住民の生活と生命を守り、健康づくりの拠点となる県立病院を早期に建設するよう要求する。

こうした度重なる久米島の住民からの要請[23]に対して県は、県立病院の建設は困難であるという回答を示した。理由は、(1)県立病院の病床数が多く、県内の病床数占有率でみても他県より三倍ほど高い水準であり、更なる増加は困難、⑵公立病院は市町村でも設置が可能である、⑶久米島に県立病院を建設した場合、他の離島の町村立診療所についても県立診療所への変更要請が予想される、⑷病院事業会計では七つの県立病院と二〇の県立診療所を抱え、一六九億二千万円の累積赤字（一九九二年度）となっており、新規の県立病院の建設は財政上困難であること、などを挙げた。その上で県立ではなく、県とともに基礎自治体が関与する一部事務組合方式による病院整備を提案している。[24] 一部事務組合方式の優位性として県は、地域ニーズにあった医療サービスの提供をするうえで、村が経営に参画することに優位性があること、村財政の負担について地方交付税措置があること、病院事業が軌道に乗ることによる負担軽減が可能であること、島外での診療や入院が減少することで島民の負担が総体として低下すること、医師をはじめとした医療従事者は、県立病院からの派遣などで県が責任を持つこと、などの理由や条件を挙げ、県と村が一部事務組合方式で病院を設置することの意義を強調している。[25] これに対して久米島の二村は、財政力が脆弱で負担に耐えられないこと、医師の確保への不安を理由に、あくまでも県立での病院整備を求めた。

県はその後さらに踏み込んで、久米島方式を県のモデル事業として位置づけること、経費の負担区分について、県が投資的経費について高率負担するなども念頭において話し合いで決定すること、医師の確保は県として責任を持つことを表明し[26]、一九九五年三月に両村から一部事務組合での病院建設事業の推進の了承を取り付けた。[27]

⑷　公立久米島病院の概要と運営体制

一九九七年四月に沖縄県離島医療組合（以下、離島医療組合）が設置された。当初沖縄県は、県下の離島すべての県立・町村立診療所を一括するものとして、この離島医療組合を設置しようとした。町村立と県立の離島診療所が並立していることにより、相互の連携や情報交換が成り立たず、医師確保や県による支援体制も十分に確立していないという状況を解消するためである。[28] しかし、すでに独自に充実した医療提供体制を敷いていた町村立診療所からは、体制の後退を危惧する声が上がり、一方、県立の診療所を設置している町村は、県との共同運営への移行による新たな負担を嫌ったため、離島医療組合に加わる町村は皆無であった(29)。

最終的には久米島町(設立当時は旧二村)と沖縄県のみが参画して離島医療組合を編成し、同町内における病院の建設整備・管理運営と、町内の医療従事者の確保という二つの事務を共同処理するため、県と町から三名ずつ議員を選出する一部事務組合として出発した。こうして公立久米島病院の設立へ向けた動きが本格化した。

二〇〇〇年四月に開設された公立久米島病院は、内科、小児科、外科、産婦人科の四科常設、これ以外に五科を非常設科とし、そのほか人工透析が可能な設備も備えた。常勤医師四名、非常勤医師五名、常勤看護師一七名、非常勤看護師七名をはじめ、総勢六九名の体制でスタートした。

二〇一四年度からは久米島病院には指定管理制度が適用され、離島医療組合から五年間で九億円以内という指定管理料を設定し、公益社団法人地域医療振興協会により運営されている。このことにより、それまでは三カ月程度で県立病院の医師が入れ替わっていた体制から、長期駐在による安定した体制へと改善され、また、町職員が務めていた病院業務についても、委託先による専門職員の確保が可能になったという。

こうした病院運営を支える財源として注目されるのが、「離島医療組合対策事業費」である(表3-3)。これは、「建設事業費」と「運営費」の二つの部分からなる、県と町から病院事業会計への繰出である。このうち「建設事業費」とは、建設事業や医療機器整備にかかるハード投資について、その債権償還費相当額を指し、これを県が九割、町が一割を負担している。「運営費」は、医業収益から医業費用を差し引いたいわば経常赤字相当分であり、八割は県、二割を町が負担している。この二つを合計した金額が「離島医療組合対策事業費」であり、沖縄県離島医療組合を通じて毎年、病院事業会計へと繰出されている。

二〇〇〇年から県負担は年間二・五～三・五億円程度、町負担は五～七千万円程度であることが見てとれる(表3-3)。以上のように、「離島医療組合対策事業費」という県・町による繰出が病院を維持していくうえでの

表 3-3　公立久米島病院に対する離島医療組合対策事業費の推移

（千円）

年度	2000	2001	2002	2003	2004	2005	2006
建設事業費（A）	927	58,033	59,635	65,752	99,116	60,864	0
うち県負担	835	51,231	52,672	59,177	88,304	54,778	0
うち町負担	92	6,802	6,963	6,575	10,812	6,086	0
運営費（B）	395,113	367,623	365,771	356,494	346,179	309,734	329,766
うち県負担	319,677	297,902	296,323	288,799	280,418	251,107	267,019
うち町負担	75,436	69,721	69,448	67,695	65,761	58,627	62,747
県負担計	320,512	349,133	348,995	347,976	368,722	305,885	267,019
町負担計	75,528	76,523	76,411	74,270	76,573	64,713	62,747
対策事業費計（A＋B）	396,040	425,656	425,406	422,246	445,295	370,598	329,766

年度	2007	2008	2009	2010	2011	2012	2013
建設事業費（A）	63,132	64,298	65,484	74,335	67,929	108,502	108,644
うち県負担	56,819	57,868	58,937	66,900	61,136	97,652	97,780
うち町負担	6,313	6,430	6,547	7,435	6,793	10,850	10,864
運営費（B）	313,372	259,105	239,166	238,763	246,223	206,000	239,182
うち県負担	253,790	210,259	194,190	193,827	199,591	167,287	193,705
うち町負担	59,582	48,846	44,976	44,936	46,632	38,713	45,477
県負担計	310,609	268,127	253,127	260,727	260,727	264,939	291,485
町負担計	65,895	55,276	51,523	52,371	53,425	49,563	56,341
対策事業費計（A＋B）	376,504	323,403	304,650	313,098	314,152	314,502	347,826

出所：沖縄県離島医療組合提供資料より筆者作成.

大きな役割を果たしている。

(5) 公立久米島病院の成果と課題

こうした久米島病院の設立と運営は、島民にとって大きな意義を持っていた。病院設立以前の状況と比較して、住民が受けられる地域医療の水準は大幅に改善した。例えば、人工透析による入院が可能になったことや、小児科の受診が可能になった点である。それによって患者本人はもちろん、家族の負担の大幅な軽減につながっている。具体的には、かつては小児科がなかったため、中耳炎など、たとえ軽い症状であってもすぐに那覇など島外の医療機関へと送られ、患者本人のみならず、飛行機代といった家族の経済的負担が大きかった。小児科や入院機能が島内で確保されたことで、子どもや患者を抱えている家族にとって、こうした経済的負担が大幅に減少した。以上のように、病院設立による診療科の増加によって島内での医療完結率が向上し、島外に出向いて医療を受けるための島民の経済的な負担が大幅に軽減されたのである。

ところで、久米島病院の運営の中で注目すべきは、島民のニーズに合った医療提供体制がつねに追求されている点である。具体的には、人工透析向けの病床を八床から一〇床に増加させ、さらに高齢者介護との連携という視点から、リハビリ病棟の増築に取り組んだ。また住民からの要望に応え、眼科の診療日数の増加、機器整備による体制強化などを行った。

このように島民のニーズに応じた医療サービスの提供を可能にした制度的要因は、第一に、離島医療組合を通じて、久米島町が財政的な責任を負いながら病院運営に関与している点が挙げられる。病院の運営体制について、島民の要望を受けた町が、離島医療組合と協議し、町と離島医療組合が共同で、県に対して要請・要求するという回路が確立している。「離島医療組合対策事業費」という、町による財政負担の存在が、こうした要請・要求に説得力を持たせ、島民の要望を反映した地域医療の質的向上を実現してきたといってよい。

第二に、離島医療組合を通じて、県による関与、とくに財政責任が引き出されている点である。離島医療組合対策事業費という県の財政支出が、久米島病院の経営を安定させたり、医療機器を更新するうえで大きな役割を果たしてきた。さらに医師確保の面でも、町村立の離島の診療所では大きな困難を抱えてしまうのに対し、久米島病院においては県がより責任をもって医師を派遣し確保する体制をとられていた。以上のように、財務面でも医師など人員確保の点からも、県による責任ある関与を引き出したことが、島民のニーズに応じた久米島病院における医療サービスの提供を可能にしたのである。

一方で、課題も多く残されている。第一に財務状況の安定である。先にみた離島医療組合対策事業費とは別に二〇一二年から二〇一四年までの三カ年に九千万円の経営安定交付金を支給する必要に迫られるなど、開業当初に比べて減少したとはいえ、運営上の大幅な赤字の発生が続いている。

第二に、医療完結率のさらなる向上である[30]。さきにみたように医療完結率の向上は、患者や家族の島外への移動をはじめとした経済的負担を軽減することにつながる。このため離島医療組合は、介護老人保健施設が少ないという島の医療・介護ニーズに対応して、医療と介護にまたがる領域の強化、具体的にはリハビリ病棟の増加など、療養型病床への転換により、医療完結率と病床利用率の向上を図っている[31]。しかし一方で、こうした転換は介護保険の管轄とみなされかねず、県の関与が後退し、介護保険を所管する町の負担増加へとつながるのではないかという懸念も抱えている[32]。地域包括ケアなどでみられるような、近年の介護保険制度全体の動向——地域への責任と負担の丸投げ——が影を落としている。

四　離島における医療提供体制の確保と自治体病院維持のための行財政構造

以上、沖縄県と久米島町が一部事務組合方式によって久米島病院を設立した経緯や、離島医療組合対策事業費にみられるように、双方が財政的責任を共有し、自治体病院を運営してきたことを示した。また、島内の医療完結率が向上し、島民の負担を大幅に軽減したこと、住民の医療ニーズに基づいて医療水準の引き上げと質向上が目指されてきたという成果の一方で、さらなる財務上の安定性確保や、医療完結率の向上、病床利用率向上といった課題も抱えていることも明らかにした。本節ではこれまでの考察をまとめながら、離島における自治体病院維持のための行財政構造のモデルを析出しよう。

公立久米島病院の運営の特徴は、医療完結率の向上にともなって必然的に発生するハード投資や経常赤字について、沖縄県と久米島町が協力して分担し合うという財政関係を取り結び、具体的にいえば、離島医療組合対策事業費を共同で支出していた点である。特に県は、町単独では到底耐えられない多額の病院事業会計への繰出を、離島医療組合対策事業費として支出することで、久米島町における医療提供体制を支えていた。国によって十分に果たされてこなかった離島医療確保のための財源保障機能を、沖縄県が代替的に担ったと評価できよう。

ここで県と町との協力関係だけではなく、離島医療組合対策事業費をめぐる「緊張関係」にも着目すべきだろう。すなわち、この対策事業費の支出にあたり、町と離島医療組合からの提案に対して、県がそれを精査するというプロセスを踏むことになる。その際、住民の要望や医療ニーズに即しているか、収益性確保の見込みや国の補助メニューの活用可能性があるかといった点を厳しく追及され、場合によっては病院運営の新たな展開とそのための対策事業費の増額提案が、県によって止められることもあったという[33]。

以上のように、離島医療組合を軸として、久米島病院、沖縄県、久米島町とのあいだの「協力と緊張関係」に基づいて、お互いの責任を引き出しあいながら、重層的・融合的に自治体病院が運営・維持されてきたのである。こうした方式は、県単独あるいは基礎自治体単独で病院や診療所を運営する方式に比べて優位性を持っているように思われる[34]。第一に、町村単独により運営する場合、医師確保や財政力不足といった困難に直面することが多い一方で、久米島病院は、県の関与と支援によりこうした課題を乗り越えることが可能となっていた。

第二に、県立病院や県立診療所に比べて、住民ニーズに対応した医療の質向上について優位性を持っている。県直営によって運営されている他の離島の病院や診療所では、地元市町村や住民がその運営にたいしてさほど関心を払わず、県任せになってしまうため、機器更新や診療体制の見直しはあまり行われないという[35]。そのため、地元の医療ニーズへの対応が遅れることが多い。これに対して久米島病院では、久米島町が自治体病院の運営について関与しているため、住民も自治体も、地域医療の質と水準の向上を求め続ける構図となっている[36]。

このような県と町村とが重層的かつ融合的に自治体病院を運営・維持する方式は、地方交付税措置の充実をはじめとして、国による自治体への財政面での十全な支援を前提とする。以上のように、国や都道府県による基礎自治体への支援を徹底したうえで、基礎自治体が地域住民の医療ニーズをくみ上げながら、それに照応した地域医療の提供に関与していくという方式が、ナショナル・ミニマムとしての離島医療、ひいては条件不利地域における地域医療の提供にとって適合的な行財政構造のモデルとして析出されるのではないか。これは、国・都道府県・基礎自治体が重層的に、かつ融合してナショナル・ミニマムを保障するという行財政構造である。

五　ナショナル・ミニマム保障のための行財政構造をめぐって—分離型か融合型か—

以上示した重層的かつ融合的な行財政構造は、離島医療に限らず、今後の日本におけるナショナル・ミニマム保障一般に適合的なものとして普遍化できるのではないか。最後にこの点について論じたい。この点を明らかにするため、はじめに、分離型と融合型という行財政構造の分析軸を示す。さらに、近年提唱されている地方分権改革論が、分離型を志向していることを示す。最後に、ナショナル・ミニマムの不断の向上と豊富化、「権利としての固着化」という観点から、分離型でなく、融合型の行財政構造こそが、今後の日本におけるナショナル・ミニマム保障一般にとってふさわしいという点を論じたい。

(1)　分離型・融合型の分析軸

村松岐夫は、福祉国家化による事務事業の増加のなかで、「中央も府県も市町村も全レベルが関与する共有システム」が形成されたとして、伝統的に垂直的行政統制モデルとして理解されてきた日本の状況を、むしろ国と地方自治体の「相互依存モデル」として把握すべきだとしている[37]。さらに村松は、天川晃による中央—地方関係における分離・融合の軸に言及している。すなわち、「中央政府の機能は中央政府が担うべき」で、地方政府とのあいだでのすみわけを明確化するという「分離型」と、機関委任事務による事務の共有をてことして「中央の機能であっても区域内のことであれば地方政府がその固有の機能とあわせ分担する」（傍点—筆者）という「融合型」の分析軸である。これに続けて松村は、日本の行政学では「融合的側面が存在することをただちに中央集権的であると理解し」、「分離モデルを自治のモデル」とみなす見解が定着してきたと指摘する。この点、現在提起されている地方分権改革論においても同様で、「分離型」志向が強く打ち出されているように思われる。

(2) 地方分権改革論にみる分離型志向

日本におけるナショナル・ミニマム保障の実際は、ナショナルと言いながらも大半は地方自治体によって担われてきた。機関委任事務などを通じて、国は、不十分ながら財政責任の一部と、実施責任の中でも政策立案・企画機能を主に担い、その下で地方自治体は実施主体と位置付けられ[38]、両者が「融合」的にナショナル・ミニマム保障に取り組んでいたとされる。地方分権改革論においては、松村が言うように、「融合的側面が……中央集権的」であることを前提に、こうした融合型行財政構造を打開することが、立場を問わず打ち出される。この点について、新自由主義の改革案[39]とポスト福祉国家の改革案[40]の二つの地方分権改革論を検討しよう。

前者の基本的な考え方は、「自助・自立」にふさわしい地方財政の確立が求められているとし、地域に必要なサービス（受益）を住民負担によって賄うことを前提に、その水準を地域に住む住民が決定していくという「受益と負担の一致」が主張される。そのため、現状では過剰に行われているとされる、国から地方自治体への財政移転の縮減が提案される。ただし、この「受益と負担の一致」はナショナル・ミニマムを超える部分に限定されており、本当の意味での最低水準としてのナショナル・ミニマムの保障については、国の責任を明確にしたうえで、国が実施すべきと主張する[41]。

それに対して後者の改革案は、日本の地方財政の特色である「集権的分散システム」を「地方分権的税財政システム」へと転換することをその基調とする。そのためには、地方自治体による介護や福祉などの対人社会サービスの提供機能を強化するべきであると主張する。こうした地方自治体の機能強化のための財源として、個人住民税（比例所得税）や地方消費税の拡充を提唱し、国からの自治体財政の独立性を高める、自主財源主義を掲げる。自主財源主義とは、国から交付される財源は統制から免れえないという認識のもと、これを排除し「歳入の自治」の確保を重視する考え方である。さらに国からの統制排除のため、対人福祉サービスを担う地方自治体と、国との役割の分離・分担を重視する。国によるナショナル・ミニマム保障は、パターナリズムや硬直性が不可避であるとし、対人福祉サービスは地方自治体が、貨幣的所得再分配は国が担うというかたちで、明確に役割分担することを求めている。このように、国と地方自治体の分離型を志向しているといってよい。

以上のように、いずれの分権改革論も、国と地方自治体の担うべき行政領域が明確に区分され、それぞれ完結した形で個別に当該事務が担われるという「分離型」が志向されている。

(3) ナショナル・ミニマム保障における融合型行財政構造の優位性

それに対して筆者は、分離型でなく、融合型の行財政構造こそが、今後の日本におけるナショナル・ミニマム保障一般にとってふさわしいと主張する。[42] なぜならば、離島医療の実態からみたように、国による財政支援や、都道府県による財政支援、さらには病院の設立や運営への支援を前提に、基礎自治体が病院運営に関与するという融合型の行財政構造であったからこそ、住民ニーズに適合した地域医療の提供というナショナル・ミニマムの水準の向上と質的拡充が実現したからである。

つまり、こうした融合型の行財政構造によるナショナル・ミニマムの保障は、国単独による分離型の保障に比べ、住民の負託を受けた基礎自治体が関与するぶん、ナショナル・ミニマムの多様性や総合性を広げる可能性が高く、なおかつ硬直性が生じづらい。ナショナル・ミニマムの範囲は、生活保護や最低保障年金にとどまらず、保育・教育・介護・福祉等の社会サービスの提供、さらには地域格差是正のための地域開発等による雇用や産業創出も含んだ多様で総合的なものへと、歴史的に拡大してきた。[43] こうしたナショナル・ミニマムの量的・質的拡大は、保障の中身について、不断に向上・豊富化させていく主権者の営為によって成り立っている。これら主権者の営為を受け止め、実現していく主体として、基礎自治体が適合的である。仮に分離型志向の分権改革論が想定するように、国のみによってナショナル・ミニマムが担われる場合、住民が求めるナショナル・ミニマムの多様性や総合性をくみ上げ、質や水準の向上と豊富化を実現していく際に困難が生じるのではないか。

地域住民の負託をよりよく受け止めることが可能な基礎自治体が、国および都道府県による支援を引き出しながら、ナショナル・ミニマム保障の主体として関与し続けるという、融合型の行財政システムこそが、ナショナル・ミニマムの水準の量的・質的向上や内容の豊富化を担保し、最終的にはこれが権利化していくことを促すのである。こうした歴史的ダイナミズムについて林健久は、以下のように表現する。

地方政府の行ってきた行政サービスはもともと……ローカル性を持つがゆえに地方政府によって担われてきたのであった。その性質は変わらないのに、福祉国家化するとともに、それらが生存権の主要な内容をなすものへと権利化され、国が責任をもつものへと進化したのである。(44)

こうした「地方政府が行ってきた行政サービス」を、中央政府の責任に基づくナショナル・ミニマムへと昇華させる福祉国家成立のダイナミズムを重視し、ナショナル・ミニマムが「権利としての固着化・安定化」していく過程として把握する視点は重要である。国が分離型に基づいて、単独でナショナル・ミニマム保障を実施する構造では、不断に向上・豊富化させていく主権者の営為と、実施主体（国）とが分離され、こうしたダイナミズムが低下するように思われる。

六　まとめに代えて

本章では、離島医療という最も条件が不利で支援が必要とされる領域においてさえ、国が前面に立つことがなく、都道府県および市町村が、ナショナル・ミニマム水準の確保のために大きな役割を担ってきたことを示した。沖縄県の離島においては、県が前面に立って、市町村と協力しつつ、一方で緊張関係もはらみながら、融合型の行財政構造を形成して離島医療の提供体制を構築してきたのである。

以上、離島医療の提供体制についての本章の結論は、国の関与による硬直性やパターナリズムを呼び起こさないようにしながらも、国や都道府県による基礎自治体への財政支援機能を強化したうえで、基礎自治体が離島医療の提供について、企画立案・実施機能の一部を担いながら関与し、主体的な役割を果たしていくことが望ましい、ということである。

こうした、上位団体による財政支援を前提とし、基礎自治体が行政サービスの企画立案・実施・運営主体として強く関与するという融合型の行財政構造(45)は、日本におけるナショナル・ミニマム保障一般にとっても、適合的なモデルとして析出される。なぜならば、こうした融合型の行財政構造こそが、ナショナル・ミニマム水準の不断の向上と豊富化という主権者の営為を受け止め、「権利としての固着化・安定化」への経路を保障するからである。

注

(1)　笠畑保『奄美の心―明日の離島医療の発展をめざして―』機関紙共同出版、一九九一年。

(2)　筆者はすでに、島根県における広域連合立隠岐病院の運営を分析し、地域医療の提供や公立病院維持をめぐって形成された、県、町および病院との間における「協力と緊張関係」を析出した。これを踏まえて、都道府県や国（地方交付税制度）による十分な財政的支援の重要性を指摘しつつ、同時に、市町村が病院運営の主体として地域医療のありかたを構想し、これに関与することが地域医療の質向上の可能性を広げると結論付けている（拙稿「条件不利地域における公立病院維持と地域医療の提供についての財政分析―隠岐広域連合の運営実態に見る都道府県の役割と意義―」『地方分権の10年と沖縄、震災復興 日本地方財政学会研究叢書19』勁草書房、二〇一二年）。本章では、沖縄県久米島における公立病院の設立経緯と運営実態を分析することで、以上の点をより詳細に実証したい。

（3） 厚生労働省によれば、医療へき地とは、「交通条件及び自然的、経済的、社会的条件に恵まれない山間地、離島その他の地域のうち医療の確保が困難であって、「無医地区」及び「無医地区に準じる地区」の要件に該当するもの」であり、無医地区とは、「医療機関のない地域で、当該地区の中心的な場所を起点として、おおむね半径四キロの区域内に五〇人以上が居住している地区であって、かつ容易に医療機関を利用することができない地区」とされている（厚生労働省『へき地保健医療対策検討会報告書（第十一次）』二〇一〇年）。

（4） 菊地武雄『自分たちで生命を守った村』岩波新書、一九六八年および、大牟羅良・菊地武雄『荒廃する農村と医療』岩波新書、一九七一年などを参照。

（5） 厚生行政調査会編『戦後厚生省二十五年史』厚生行政調査会、一九七一年。

（6） 具体的には、「へき地における医療の確保については、昭和三一年度以来、へき地診療所における住民への医療の提供、へき地医療拠点病院等による巡回診療や代診医派遣、緊急時の輸送手段の確保や遠隔医療の導入等を推進してきた」とされている（前掲、厚生労働省、二〇一〇年）。なお、二〇一一年度から二〇一五年度までとされた第十一次へき地保健医療計画は、国および各都道府県で策定する地域医療計画の策定および開始年度とあわせるため、二〇一六、一七年度と二年度にわたり延長された。二〇一八年時点で第十二次のへき地保健医療計画は策定されていない。おそらく地域医療計画に統合されたとみられ、これによって国によって策定される医療へき地に関する単独の政策文書は姿を消したと推察される。

（7） 全国自治体病院開設者協議会「平成二九年度病院関係政府予算（案）について（経過報告）」（全自病開協第三三号）、二〇一六年一二月二八日。

（8） 『地方公営企業年鑑』各年度版における病院事業についての記述。

（9） 同右。

（10） 病床数が一五〇床未満であり、直近の一般病院までの移動距離が一五キロメートル以上となる位置に所在している等の条件下にある病院。

(11) 総務省自治財政局準公営企業室「公立病院改革の取組について」、二〇一五年。

(12) ちなみに二〇一五年に総務省は「新公立病院改革ガイドライン」を新たに策定し、すでに述べた三つの視点に「地域医療構想を踏まえた役割の明確化」を加えている。さらに、「再編・ネットワーク化に係る施設・設備の整備に対して地方交付税措置を重点的に講じる」とし、さらなる再編・ネットワーク化を進めようとしている。

(13) 『地方公営企業年鑑』各年度版。

(14) ここで示した繰出額は、自治体から病院事業会計への繰出の中でも、収益的収入のうち負担金、資本的収入のうち、出資金および負担金に該当する費目に限定している。いくつかある他の繰出の費目は、額も小さく変動が大きいため、除外している。こうした病院会計事業における繰出の分類と費目限定の妥当性、具体的な金額の推移についての分析は、前掲、拙稿、二〇一二年、参照。

(15) これら地方財政措置額の数値の変遷は、『自治体病院経営ハンドブック』各年度版によるものであるが、二〇〇九年度以降の数値は公表されていない。

(16) それでも十分な地方交付税措置が行われているとは必ずしも言えない。例えば、沖縄県全体が病院会計の繰出分として地方交付税措置された額は、二〇一四年で四〇億円程度であったが、実際にはそれを上回る五七億円の繰出が実施されているという。沖縄県病院事業局県立病院課でのヒアリング（二〇一五年五月）による。

(17) 具体的には、岩手県において県立病院が診療所化している事例などが挙げられる。楽田但馬・関耕平・内山昭ほか「過疎地域における公的医療提供の事例分析―岩手県沢内・藤沢両モデル、島根県隠岐モデルの成果と教訓―」『医療経済研究』二四巻一号、三三～五五頁、二〇一二年。

(18) こうした県と市町村が協働して離島の医療体制を整備する方式は全国的にも拡大しつつある。前出、注(2)の隠岐病院以外にも、例えば長崎県の離島医療について、戦後一貫して県が前面に立って県立病院を整備してきたが、二〇〇九年に一部事務組合である長崎県病院企業団が設立され、県と市町村とが協働して病院運営にあたっている。

(19) 沖縄県へき地医療支援機構『沖縄県離島医療白書』二〇一〇年。

(20) 沖縄県『第六次保健医療計画』二〇一三年。

(21) 沖縄県福祉保健部『沖縄県第十一次へき地保健医療計画』二〇一一年、一〇頁。

(22) 沖縄県環境保健部が作成した「久米島への病院建設について（指定事業）（一九九四年一月二一日付）」によれば、一九九二年の久米島の急患ヘリ搬送件数は九三件で、全搬送件数の五三・八％を占めるとされている。

(23) 県環境保健部長名で発出された「環医第一〇二六号　一九九二年一二月一五日　久米島への病院建設について」によると、「漁業協同組合等から要請」という記述もあり、まさに島を挙げて病院建設への要求が高まっていたことが窺える。
(24) 沖縄県環境保健部「久米島への病院建設について（指定事業）（一九九四年一月二一日付）」。
(25) 同右資料。
(26) 一九九五年二月三日付の沖縄知事決済「久米島における県立病院の設置について」。
(27) 一九九七年一月三一日付、沖縄県による環医一四三五号、自治大臣宛「一部事務組合設立にかかる許可申請書」添付書類。
(28) 前掲、沖縄県福祉保健部、二〇一一年、八頁。
(29) 例えば村立の伊江島診療所は、医師二名、看護師五〜六名で、CTを導入するなど充実した診療所体制であった。しかし医療組合化した場合、医師一名体制へと再編する可能性があることに反発し、村立の形態を継続することとなった。二〇一五年五月の沖縄県離島医療組合におけるヒアリングによる。
(30) 医療完結率向上のためには、利用率が低くとも多様な診療科の開設が必須である。しかし診療科の利用率が低いと不採算を招くため、医療完結率の向上は財務状況の悪化とトレードオフの関係となる。離島医療の充実は、こうした困難を必ず抱え込む。以上のように、医療完結率向上による島民の民生向上の水準と、「許される赤字」の規模を勘案しながら、離島医療の充実が追求されているのが全国的な状況といってよい。
(31) 離島医療組合では医療完結率向上だけでなく、四〇床ある病床の利用率六三・四％（二〇一三年度）を向上させることも重視している。離島医療組合でのヒアリング（二〇一五年五月）による。
(32) 同右。
(33) 具体的には人工透析病床の増加の提案が実現しないことがあった。二〇一五年五月の離島医療組合へのヒアリングによる。
(34) 念のために付言するならば、離島やへき地といった条件不利地域の地域医療の提供体制として、常に都道府県と市町村の共同運営体制が望ましいと言い切ることはできない。例えば楽田が明らかにしているように、岩手県では戦後直後から「県下にあまねく良質な医療の均てんを」というスローガンのもと県立病院が広く整備された。この「県立」病院を、「県民との協働や市町村との連携・協力を通して独自の手法で充実・強化していく」という方式も選択肢たりえる（楽田但馬「岩手における地域医療の歴史と地方自治体の役割―県立病院等の成果と課題―」『総合政策』一三巻一号、二〇一一年、二一〜四八頁）。いうまでもなく、各地域における医療提供体制の整備の歴史的経緯によって、多様な選択肢がありうる。

(35) 沖縄県離島医療組合ヒアリングおよび、沖縄県へき地医療支援機構の崎原永作氏(当時)へのヒアリング(いずれも二〇一五年五月実施)による。

(36) ところで、どのような公準に基づいて離島の地域医療の提供の水準や質を決定すればよいだろうか。久米島病院の事例で明らかなように、離島という地理的条件を勘案すると、島内での医療完結率が重要な公準となる。患者や家族の島外移動にかかる経済的負担のみならず、救急医療をはじめとした健康・いのちの格差や住民の安心感も考慮しつつ、当該地域での医療完結率を指標とし、利用率の比較的低い診療科であっても必要なものは開設・維持するなど、地域の実情に合わせた判断が必要といえる。

(37) 村松岐夫『地方自治』東京大学出版会、一九八八年、一七三頁。本章は村松の説の妥当性を検討するものではない。しかし、村松による以下の指摘は、本章にとっても重要である。「福祉国家では、事務事業の実施を基礎的地方自治体に依存することが多く、そのため実施を通じて提供される政策の最終出力の中には地方の事情が反映せざるを得ない。……「集権化」が「自治」をいつも否定するとは限らないのである」(同、一三五頁)。

(38) 岡田正則「地方自治とナショナルミニマム」日本社会保障法学会『ナショナルミニマムの再構築』法律文化社、二〇一二年、五六頁。

(39) 本間正明・斉藤慎編『地方財政改革』有斐閣、二〇〇一年および、佐藤主光『地方税改革の経済学』日本経済新聞出版社、二〇一一年などを参照。

(40) 神野直彦・金子勝『地方に税源を』東洋経済新報社、一九九八年、池上岳彦「地方分権的税財政システムの構築を」神野直彦・金子勝編『「福祉政府」への提言』岩波書店、一九九九年、神野直彦編著『分権型税財政制度を創る』ぎょうせい、二〇〇〇年、井手英策『日本財政　転換の指針』岩波書店、二〇一三年、神野直彦・小西砂千夫『日本の地方財政』有斐閣、二〇一四年などを参照。なお、内山昭は、より広いグループを指して「協力・連帯学派」と規定している(内山昭『分権的地方財源システム』法律文化社、二〇〇九年、一七頁)。

(41) こうした改革案にはいくつか疑問が生じよう。例えば、現状においてナショナル・ミニマム水準は達成済みであるという認識の問題性、またナショナル・ミニマムの範囲や水準の明確化に際して、その「切り下げ」にならない適切な設定が可能かという問題などである。金澤史男は、政治過程を通じ行政サービスとして定着したのであれば、住民・国民が合意したナショナル・ミニマム水準を保障するために必要な行政サービスといえ、現状から「選択と負担」に委ねるべき行政領域は限定的であるという(金澤史男『福祉国家と政府間関係』日本経済評論社、二〇一〇年、二一九頁)。それでもここで述べた改革案を実施するならば、その意味するところは、ナショナル・ミニマムを「受益と負担の一致」という論理によって解体することに他ならない。いずれにしても、現状の地方自治体のパフォーマンスや行政サービス水準そのものが、生存権・社会権保障の観点からみて十分とはいえず、さらなる充実が必要と筆者は考える。したがって、ここで提唱されている改革案は、これまで以上に国の財政責任を後退（限定）させ、地域住民自身の応益的負担によるナショナル・ミニマム保障へと移行するという点で、問題をはらんでいるのではないか。

(42) しかしここで、分離型志向（分権的分散システム）の観点から、疑問が投げかけられるだろう。融合型の行財政体制、とくに国による財政責任の措定は、かつての機関委任事務のような、国による地方自治体への支配と統制を招く恐れがあり、地方自治とは相容れないパターナリスティックで非効率的な旧来の福祉国家の欠陥に陥りかねない、と。たとえば西尾勝は、「職員配置や施設設置基準……（について現状のナショナル・ミニマムが標準ではなく、最低基準であるなら）、自治体自らの発意と創意に基づく任意の事務にまで手を広げる余力など残らない。これでは、自治体ではなく、国の末端行政機関にすぎない。ナショナル・ミニマムの拡充は集権を進める方策であって、地方自治を圧殺する」（カッコ内筆者）とし、「ミニマムのミニマム化が必要」であり「ナショナル・ミニマムの水準が徐々に引き上げられていけばいくほど、国から自治体への財政移転の規模は膨張する。そして、自治体はますます自治体らしい存在ではなくなるのである」（傍点―筆者）と論じている（西尾勝「分権改革は「ナショナル・ミニマム」の全面的な見直しを要求する」『都市問題』九六巻五号、二〇〇五年）。

果たして西尾が言うように、ナショナル・ミニマムの水準引き上げや、それにともなう財政移転の規模の膨張と、地方自治とは本当に両立し得ないのか、というのが筆者の問題意識である。もちろん筆者の立場は、西尾の言う「財政移転の規模の膨張」と（久米島町でみられるような）地方自治に基づくナショナル・ミニマムの恒常的な質・量の向上は両立し得るというものであり、そのためには国による財政高権をいかに馴化できるかにかかっていると考えている。機関委任事務を連想させる「融合型」から、「融合型の中身を対等な政府間協力・共同関係へと変え」（平岡和久・森裕之『検証・地方主権改革と地方財政』自治体研究社、二〇一〇年、一四二頁）、「自治体イニシアティブに対する国の支援」（白藤博行『新しい時代の地方自治像の探求』自治体研究社、二〇一三年、一六三頁）という構図の融合型行財政体制を確立する必要がある。そのためにはどのような制度的条件が必要か、こうした論点については別稿を期す。

(43) 前掲、金澤、二〇一〇年。

(44) 林健久『福祉国家の財政学』有斐閣、一九九二年、二一八頁。

(45) 宮本憲一は、事務主体と財政措置を分けて考えることを強調し、財源が中央依存であっても、事務主体が地方自治体である場合を想定している（宮本憲一『財政改革』岩波書店、一九七七年、二九一頁）が、本章の「融合型行財政構造」も同様の想定である。この論点について塩野宏は、「国・都道府県・市町村の各段階の行政主体に一定の事務が自己完結的に配分されるべきであるとする考え方も……必ずしも妥当ではない」という成田頼明の説を引きながら、日本において十分に考慮されてこなかった「機能分担的発想」（役割ではなく機能！）の必要性を強調している（塩野宏「社会福祉行政における国と地方公共団体の関係」東京大学社会科学研究所編『福祉国家4　日本の法と福祉』東京大学出版会、一九八四年、三二八〜三二九頁）。筆者の主張はこの「機能分担的発想」に他ならない。国を中心とした財政的な支援機能と地方自治体（都道府県および市町村）による企画立案・実施機能の「機能分担」である。

第四章　ナショナル・ミニマム概念と地方交付税制度

金　目　哲　郎

一　地方交付税制度の枠組みにおけるナショナル・ミニマム

本章は、地方交付税制度の枠組みにおいてナショナル・ミニマムはどう捉えられてきたのか、同制度におけるナショナル・ミニマム概念に含まれる算定要素に基づいて同概念を総合的かつ具体的に提示することを試みる。特に、財源保障対象の積算プロセスに根差している算定要素を導出、整理することによりナショナル・ミニマム概念を捉え直し、今後の地方交付税のあり方を展望する。

ここで提起しておきたい視点は、第一に、同制度が依拠するナショナル・ミニマム概念には、人びとの生活の安心・安全、ゆたかさを支える要素や、国家的な政策的体系からの要請に関わる要素などが入り混じり、これらが広く包摂されているという点である。しかし、一般に、地方交付税制度の依拠するナショナル・ミニマム概念は明確な定義がなく曖昧なままに扱われてきた。そのために、従来から同概念を構成する要素が部分的に切り取られたり一面的に捉えられたりし、地方交付税が有する性格の一側面だけに議論が集中して改革課題がミスリードされてしまう懸念があった。例えば、政策的要素のみに焦点を当てると、地方交付税の特定補助金化、公共事業獲得のモラルハザード論、地方の甘えの構造といった問題が強調されて地方交付税削減論に結びつくこともある。これらは、同制度の枠組みにおけるナショナル・ミニマム概念の構成要素が総合的に捉えられていないことが一因となっている。

第二に、ナショナル・ミニマム概念に内在する諸要素は、必ずしも整合的な関係性にあるわけではない点である。特に二〇〇〇年代以降の地方交付税収縮期では、政策的要素の強化が人びとの暮らしの支えとなる算定要素を弱める方向に作用する懸念がある。行政合理化や地域間競争の重要性は認めつつも、基礎的ニーズを充足するための行政サービスが切り下げられることがないよう注意を払っておかねばならない。

こうした視点を踏まえて、本章では、地方交付税制度におけるナショナル・ミニマム概念を総合的かつ具体的に提示していく。第二節で、地方交付税制度について、いま一度正確な認識を得るために、財政調整制度の一般理論からみた存立根拠と、制度の基本的性質を確認する。第三節で、法制度上の通説的見解や既存研究を手がかりに、これまでナショナル・ミニマム概念がどう捉えられてきたのかを概観する。第四節では、地方交付税の算定要素に着目してリアルな視点からナショナル・ミニマムを捉えることを試みる。単位費用の積算内容を類型化し、基礎的ニーズや国民的課題の解決に関わる要素、国家的な政策的体系からの要請に関わる要素を導出する。第五節では、ナショナル・ミニマム概念に含まれる算定要素の包括性と相互作用性の視点から、地方交付税の財源保障のあり方を展望する。

二　地方交付税制度の基本的性質

(1)　財政調整制度の存立根拠と多様性

地方交付税は「地方団体の財源の均衡化」と「地方団体が計画的な行政執行をなし得るための財源保障」の二

つの機能を有する地方財政調整制度である。諸外国を見渡せば財政調整制度のなかには、標準的財政需要を費目ごとに具体的に算定する日本の地方交付税とは異なり、財政需要を大まかに積算する国もあれば課税力の調整に着目する国もあるなど、地方財政調整の制度形態の実際は様々である。そこで、まず、財政調整制度理論を包括的に整理している池上岳彦の説明にしたがい、財政調整制度の一般的な根拠を確認しておこう(1)。

財政調整制度の導入根拠として「垂直的財政調整機能の補完」、「公平の観点」、「効率の観点」、「ライフサイクルの視点からみた応益原則」、「国民的課題としての国土・環境保全」が挙げられる(2)。そのうえで、財政調整制度は、「国民の『機会の平等』を実質的に保障するために、標準的な対人社会サービスを実施できる財源を保障し、「同程度の税制を有する地方政府が同程度の公共サービスを行うことができるように、課税力の格差とサービスに対するニーズ及びコストの格差に基づく財政力格差を是正する」という役割が期待される。

各国の財政調整制度の内容の多様性は、主には「サービスに対するニーズ及びコスト」の算定のしかた、財政需要の捉え方の相違に由来する。すなわち「人口一人当たり一定額」という簡素な指標で算定するのか、あるいはサービスの対象者数等でみるニーズや自然条件、居住状況、物価、団体規模等でみるコストをどのように考慮するのかは国により異なる。また、「教育、福祉、保健医療、土木、治安、産業経済等の分野について、それぞれサービスのニーズ、つまり標準的サービス量と、サービスのコスト」をどう捉えるかによっても財政需要の大きさが異なってくる。このうち、標準的サービス量は人口とその構成（高齢者数、乳幼児・学童数、低所得者等）によって、供給コストは社会的・自然的条件（面積、人口密度や人口分布、給与・地価水準、都市化の度合い、産業構造、地形気候等）によって大きく影響を受ける。

これを日本の地方交付税に照らすと、標準的なサービスのニーズと供給コストを基準財政需要額として捉えている。概していえば、ニーズ（対象となる人数や施設）は標準団体行政規模や測定単位の行政項目で表され、供給コストは補正係数や単位費用の積算内容の中で反映される。

もっとも、基準財政需要額が標準的なサービスの経費をそのまま表しているのではない。その算定プロセスから明らかなとおり、単位費用は、標準団体における各行政項目の歳出経費の合計から国庫支出金などの特定財源を控除した一般財源充当相当額の単価であり、基準財政需要額の算定にあたり、特定財源で賄われるべき財政需要は除かれている。一方で、単位費用の積算過程における歳出の計には、国庫支出金等の特定財源充当部分も含まれるので、後述の算定事例の検討では、財源保障対象の全体をつかむために、単位費用の積算過程で見積もられた歳出の計に注目する。

(2) 地方交付税制度の基本的性質

①総額決定メカニズム

地方交付税制度を理解するために、次の基本的事項、三点を再確認しておこう。

第一に、地方交付税の「総額」は、地方財政計画の歳入と歳出のマクロ的な枠組みで決定される。地方財政計画は地方交付税法を根拠にして、標準的な行政水準に基づき歳出が見積もられ、歳入は地方税の収入見込み額、地方交付税、国庫支出金、地方債発行予定額など通常の歳入を積み上げたものである。つまり、標準的な歳出に対して標準的な歳入が不足する場合、地方交付税等で収支をバランスさせることによって、地方財源をマクロ的に保障している。第二に、地方交付税の「原資」は国税リンク方式が基本であり、所得税と法人税の三三・一%、酒税の五〇%、消費税の二二・三%、地方法人税の全額が算入される。第三に、個々の地方団体の「財源不足額」の総計としての交付必要額は、基準財政需要額と基準財政収入額との差額に基づく積み上げであり、地方財源をミクロ的に保障している。

しかし、総額、原資、財源不足額は、異なる算定プロセスゆえに金額の不一致が生じうる。これを解消するため、毎年度、地方交付税の加算と地方債の増発を柱とする地方財政対策が講じられてきた。[3] 図4-1には、国税

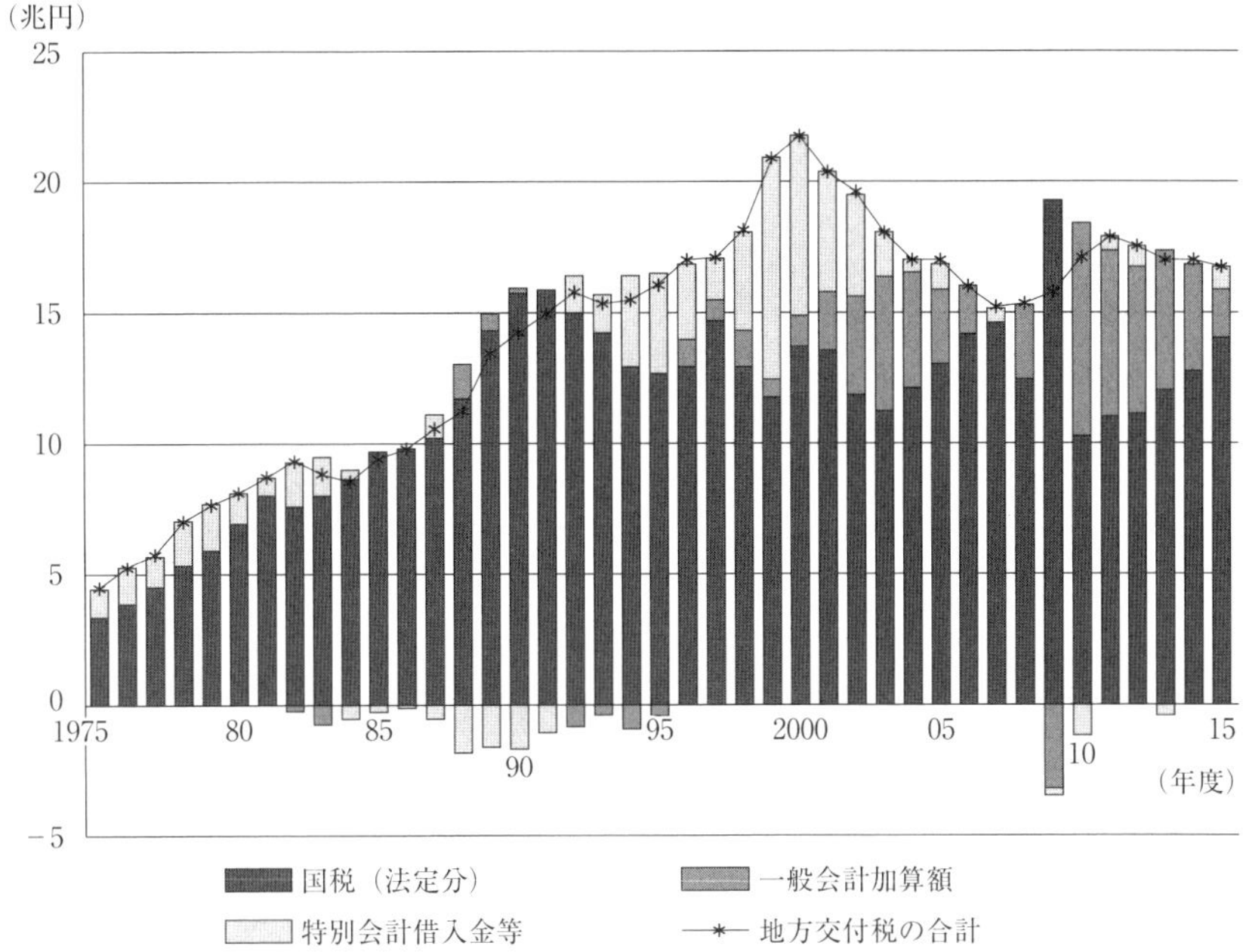

出所：地方財政制度研究会編『地方財政要覧』より作成.

図 4-1　地方交付税総額と交付税原資の推移

の法定分である交付税原資の不足を補うために、種々の加算措置や借入によって地方交付税総額を確保してきたことが示してある。二〇一六年度では地方交付税総額が一六兆七〇〇三億円であるのに対し、原資は所得税・法人税・酒税・消費税の法定率分一四兆五一〇六億円と地方法人税の法定率分六三六五億円を合わせて一五兆一四七一億円である。このように、地方財政計画に計上される地方交付税総額が原資を上回ることが、毎年度、常態化している。地方交付税法上、本来ならば交付税率の引き上げで対応されるべきであるが、一般会計や交付税特別会計からの加算措置等が行われている。また、地方財政計画上の財源不足を補てんするために、財源対策債や臨時財政対策債などによる地方債の増発が行われている。このように、交付税総額は法定五税の原資と加算措置等によって支えられる総額決定メカニズムに拠っている。

こうして地方財政計画のマクロベースで地

方交付税総額が決められた後、各地方団体のミクロベースでの交付税算定結果すなわち財源不足額の積み上げによる合計に調整率を乗ずること等で端数調整が行われている。この意味では、基準財政需要額と基準財政収入額の差額としての財源不足額は、地方団体間における交付税総額の「配分基準」となっている側面もあるといわれる。

②内在する算定ベクトル

この総額決定メカニズムでは、地方レベルでの素材的必要性に基づく財政需要の積み上げの中に、国による政治・政策的な総額枠付けという算定が浸透し、財源保障の水準の設定が国庫側の財政事情や経済政策体系の変化に左右されるという制度的特質を指摘できる[4]。

むろん地方交付税制度をめぐる算定プロセスは複雑なものであるが、地方交付税制度に内在しうる算定ベクトルを次のように簡単化してみると制度の性格が浮き彫りになる。

まず、国からの算定ベクトルとして、地方財政計画上で見込まれる地方交付税の総額枠付けがある。地方財政計画の歳出のうち一般財源充当部分に相当する基準財政需要額に対する基準財政収入額の不足額として地方交付税総額が決まる。次に、地方からの算定ベクトルとして、個別地方団体ごとに計算された基準財政需要額に対する基準財政収入額の不足額を積み上げた全地方団体の総計がある。このうち、基準財政需要額は単位費用、測定単位、補正係数で算定される。なお、測定単位は各地方団体からの基数報告に基づく。補正係数の時系列でみた基準財政需要額の増減に対する影響は限定的で、単位費用が基準財政需要額の増減に深く関わる点は拙稿で検証したとおりである[5]。

ここで、基準財政需要額の算定基礎に大いに関わる単位費用が、国と地方の算定ベクトルを調和させる結節点となっている。周知のとおり、標準団体行政規模が設定されて、その財政需要の充当一般財源が積算されていく。地方交付税制度は、地方レベルからみた素材的必要による財政需要の積み上げという積算のかたちを有しているが、実態としてみると、財政需要の算定プロセスにも国の政策動向が浸透し、標準団体の行政水準や標準事業費の設定・変更において、国レベルでの総額枠付けや経済政策体系・財政再建の影響を免れない。

③改革論議とパワーバランス

地方交付税制度は、総額、原資、財源不足という算定プロセスが交差する総額決定メカニズムのもと、財務省、総務省、地方団体などのパワーバランスのもと、いわば綱渡り的に運営されてきた点も注目しておきたい。周知のように、二〇〇〇年代以降では財政制度等審議会（二〇〇二年一一月二〇日）が、地方の歳出をも考慮し歳入と歳出の差額を補てんする財源保障機能を廃止し、財政格差の調整機能に限定することを検討すべきと建議した。これに対し、第二七次地方制度調査会の答申（二〇〇三年一一月二九日）では、国が地方団体に一定の行政水準の確保を求め、地方団体が必要な行政サービスを供給することを可能とする財源保障を有する現行制度の枠組みを支持した。この改革論議のように、地方交付税算定プロセスにおける財務省、総務省、地方団体の間で、ひとたびパワーバランスを失すれば、今後も地方財源保障の要否をも問う改革論議が再燃するであろう。これは、同制度に内在する算定ベクトルに由来する、総額決定メカニズムの制度的な脆弱性の一端を示している。

もっとも、地方財源保障の要否を問う意見対立につき、財政調整制度の存立根拠に照らせば、地方財源保障を否定する見解は、「公平」や「効率」の視点などが見落とされているといわざるを得ない。つまり、財政需要が考慮されないと、人口構成や自然条件などが異なる全国の地方団体の間に不公平な状態が残存し、住民選好に基づいて行政サービス内容や税負担水準が決まる状態を達成できなくなる。各地方団体の財源不足を単なる配分基準とした場合、国民の機会の平等を実質的に保障するという財政調整制度の根幹を揺るがすことをも意味する。

こうした批判的検討も可能であるが、後述のように逐条解説において、地方交付税は「合理的、かつ、妥当な水準」を財源保障しながらも「当然に財政面からの制約を受ける」とされる。このことは、国や地方のパワーバランスのもとで、マクロ的な総額としての財源保障という算定ベクトルと、地方レベルで積み上げるミクロの財源保障という算定ベクトルとの相互作用が、制度的に予定されていることを示している。

三　ナショナル・ミニマム概念からの検討

(1)　法制度上での通説的見解

従来から、地方交付税はナショナル・ミニマムとの関連で論じられることが多い。地方交付税制度の基礎的条件を提示した金澤史男によれば、地方交付税による全国民へのミニマム水準の保障と大規模な水平的財源調整の論拠として、①大きな地域間経済格差、②ナショナル・ミニマム関連事務のうち地方担当比率の大きさ、③地方税負担の均一性、という三条件を挙げている。[6] 地方交付税の理論的基礎は、財政の支出と収入の両面において、ナショナル・ミニマム概念を軸に支えられているといえる。

そこで、以下では、地方交付税の法制度上の通説的見解においてナショナル・ミニマム概念がどう扱われてきたのか、逐条解説[7]に基づき整理しておこう。

これによれば、地方交付税法第二条は、国が地方団体に対してナショナル・ミニマムは保障することを明らかにしたものとされている。地方交付税は「地方団体がひとしくその行うべき事務を遂行することができるように国が交付する税」とされ、基準財政需要額に関しては「各地方団体の自然的・地理的・社会的諸条件に対応する合理的でかつ妥当な水準における行政を行うのに必要な財政需要を測定」したものである。[8]

逐条解説の内容について、ナショナル・ミニマム概念を捉えるうえで、次の二点に注目しておきたい。第一は、地方交付税が財源保障の対象とする水準や範囲に関する比較的緩やかな解釈である。「普遍性のある行政のみを対象とし、地方団体が任意に行っている特殊な行政については、これを算定外」[9]としている。しかし、「地方団体がひとしくその行うべき事務」、「普遍性のある行政」にどのような種類の事務が含まれるかについては「客観的かつ確定的な基準」は存在せず、文理的には「法律又はこれに基づく政令により義務づけられた」事務より広く、また「合理的、かつ、妥当な水準」の地方行政に包含される事務は含まれ、結局のところ、「その時々の経済的、社会的、文化的諸条件を考慮して決定されるべきもの」との解釈にとどまっている[10]。

第二は、単位費用の性格が、地方交付税制度におけるナショナル・ミニマム概念に強く影響を与えている点である。なかでも「単位費用」が「基準財政需要額の算定において用いられる要素の中で最も重要なもの」[11]であり、基準財政需要額の意義を理解するうえで欠くことができないものと説明されている。

ここで、法制度上でみた単位費用の性格について、ナショナル・ミニマム概念の視点から注目すべき、逐条解説の要点を以下にまとめておこう[12]。単位費用は、「道府県又は市町村ごとに、標準的条件を備えた地方団体」について算定したもので、すべての地方団体の財政需要を合理的に算定するための基礎として用いるため、「標準的条件を備えた地方団体」である標準団体が想定されている。実際に算定するうえで、標準団体によって行われる地方行政の質及び量を具体的に想定するものの、基準とすべき行政の質量という「合理的、かつ、妥当な水準」を客観的に定めるための絶対的基準を求めることは困難である。「元来、行政水準に対する住民の要望は常に現状を上回るもの」で、また、「行政の質なり量なりは、その時代、その国における社会的、経済的諸条件を前提に、それとの調和においてはじめて考えられるもの」であり、いかに住民からの要望が高くとも「当然に財政面からの制約を受けるもの」である。したがって、「合理的、かつ、妥当な水準」は、毎年度、標準団体について積算される行政経費の内容を通じて具体化されることになる。

以上のように、地方交付税が、「国が地方団体に対してナショナル・ミニマムは保障する」ものであると述べつつも「合理的、かつ、妥当な水準」に客観的・絶対的な指標を設定することは難しく、あくまで社会的、経済的諸条件を前提として、毎年度の積算内容によって標準的サービス水準の保障のあり方が具体化される。一方で、その具体化にあっては、「財政面からの制約を受ける」ものとされ、このことは、先にみた地方交付税における異なる算定ベクトルが単位費用の積算プロセスに色濃く投影されていることを示している。

(2) ナショナル・ミニマム概念の捉え方

地方交付税の枠組みにおけるナショナル・ミニマム概念は、既存研究において様々な捉え方をされており、以下のように概ね三つに整理できる。

第一は、地方交付税がどの水準・範囲まで財源保障するべきなのかを論じるための相対的概念としての捉え方である。このとき、「ナショナル・スタンダード」との比較において、「ナショナル・ミニマム」は必要最小限という意味が強調される。例えば、「地方交付税が保障すべき行政は（標準行政ではなく）ナショナル・ミニマムでなくてはならない[13]」とし、地方交付税の対象を「ナショナル・ミニマム」に限定すべきとする[14]捉え方は、いわゆる財源保障限定論と結びつきやすい。

一方、これより広く財源保障する必要を示すために「ナショナル・ミニマム」を引き合いに出す論者もいる。「地方交付税で財源保障するのは、（中略）ナショナル・ミニマムではなく、標準的な行政サービス」であり「最低限の生活を保障するナショナル・ミニマム以上に、（中略）地方交付税が保障すべき標準的行政のレベルを設定すべき」とする[15]。あるいは、「ナショナル・ミニマムのみを財源保障するのであれば、（中略）事実上、特定補助金」と変わらず「分権型システムのもとでは、使途を限定せずに保障された一般財源を地域住民の『選択的支出』に充てることが重要」であるとして[16]、「ミニマム」との対比により「ナショナル・スタンダード」への財源保障拡充が説明されている。

いずれの文意にあってもミニマムは「必要最小限」という意味で捉えられている。もっとも、財源保障対象の水準や範囲の設定に関する見解は論者により異なるが、ミニマムとスタンダードとの具体的な相違は何かに関しては必ずしも自明となっていない。

第二は、ナショナル・ミニマム概念に対する認識が歴史的に変化するという捉え方である。戦後日本の高度経済成長から低成長へ、そして地方分権型社会を展望するという社会経済環境の変化に応じて、ミニマム概念の認識は変容する。地方交付税の制度発足当初は財源保障の水準が比較的に狭く考えられていたが、高度経済成長を経て最小限の行政から標準的な行政サービスへと変化し、地方交付税の枠組みにおける標準的サービス水準や対象領域が上昇・拡大してきたといわれる[17]。神野直彦・池上岳彦は「ミニマム水準を算定するにあたって、基準財政需要額の内容、つまり『ナショナル・ミニマム』の内容とその達成・維持に必要な財源の算定方法は、状況の変化に対応して、つねにリニューアルされる必要がある。もちろん、その内容を決定するのは国民である[18]」とする。また、金澤史男は、環境保全型社会システムの構築を例に挙げて「新たな政策課題への対応」というかたちで、「ナショナル・ミニマムの充実」が求められる[19]と指摘している。

このように、制度発足時から現在までナショナル・ミニマムは、質と量の両面において上昇・拡充、リニューアルされ、新たな政策課題を取り込みながら、そのときどきの国民の合意と要請に基づき、ナショナル・ミニマム概念の認識が形成されてきた側面がある。同概念は、時代や国により変化するものであり、「国民のコンセンサスの問題[20]」としてその認識は歴史的に形成されるという捉え方がなされている。

第三は、ナショナル・ミニマム概念が政策的目標として捉えられるというものである。ここでは、国民や地方団体レベルからの素材的必要の積み上げではなく、中央政府からのいわばトップダウンによる国家的な経済政策的目標という性格を帯びる。例えば、自治体学会では、「ナショナル・ミニマムを設定し、その達成を目指すという戦後一貫してとられてきた行政のあり方に限界が見えてきた」と指摘する。「ミニマムとは、誰にとっても保障されるべき共通の最低水準を意味しているが、それには、時代を超えた普遍妥当な客観的水準があるわけではない」としたうえで、右肩上がりの経済成長や欧米先進諸国並みの経済水準を目指すべく、「ナショナル・ミニマムは達成すべき、まだ実現されていない水準」であった。それを下回ることが許されない最低限の水準ではなく、むしろ到達すべき目標値として機能したといわれる[21]。つまり、地方交付税の枠組みにおいて、元来は「必要最小限」（最低水準）であるはずのナショナル・ミニマムが国家の政策目標を帯びて、ナショナル・ミニマムという名の下に膨張したという含意である。

これにつき、逐条解説でも同様の主旨が述べられている。標準団体の行政経費の積算要領[22]において、標準団体の投資的経費の積算にあたっては「各種公共施設について、現在の整備水準に対し当面目標とすべき整備水準を設定し、この差を充足するための事業費を年次計画に基づいて算入する」とされる。また、「目標とすべき整備水準は、国の長期計画のあるものについてはその長期計画に示された目標を、それ以外のものについては所管省庁の事業計画等を参考にして定める」と解説する。いわば名実ともに、地方交付税制度の枠組みにおけるナショナル・ミニマム概念が国の政策的目標という性格を帯びてきたことがみてとれる。財源保障の水準の設定にあって、国庫側の財政事情や経済政策体系の変化が地方交付税の積算プロセスに反映されてきたことを示している[23]。

四　算定事例からの検討

では、地方交付税の財源保障の実態として、ナショナル・ミニマムはどう算定されてきたのであろうか。二〇一二〜二〇一五年度の『地方交付税制度解説』の市町村分における単位費用の積算事例に基づき、ナショナル・ミニマム概念の具体的内容を、リアルな視点から解明していく。積算プロセスに根差している算定要素を、普遍的かつ基礎的なニーズの保障、新たな政策課題への対応、政府主導の政策という三つの財源保障の要素に類型化して検討しよう。

(1)　普遍的かつ基礎的なニーズの財源保障

表 4-1　人びとの生活の安心・安全，ゆたかさを支える積算内容の例（市町村分）

区分			積算内容の例
消防費	常備消防費	給与費	消防吏員 96 人，職員 2 人の給与
		需用費等	水槽付消防ポンプ自動車，化学消防ポンプ車，普通消防ポンプ自動車，はしご付消防ポンプ自動車，救助工作車，指揮車等の購入費
	救急業務費	給与費	消防吏員 31 人の給与
		需用費等	高規格救急車等の購入費
土木費	道路橋りょう費（道路費）	工事請負費	交通安全施設維持補修費，街灯・トンネル等経費，道路維持補修費等
		委託料	路面清掃，街路樹剪定等の委託料
教育費	小学校費（学級経費）	需用費等	建物等維持修繕費，教材用図書及び備品の購入費，学校図書館図書・新聞配備経費，教育情報化関係経費
	小学校費（学校経費）	報酬	学校医 3 名・学校歯科医 1 名・学校薬剤師 1 名・特別支援教育支援員の報酬
		需用費等	給食設備備品，理科設備備品の購入，教育情報化関係経費
厚生費	生活保護費	扶助費	扶助費
	清掃費（ごみ処理費）	給与費	職員 20 人の給与
		需用費等	ごみ処理等の車両の購入，焼却炉等維持補修費 車両修繕料等
		委託料	ごみ収集・焼却残渣等の委託料

出所：地方交付税制度研究会編『平成二七年度地方交付税制度解説（単位費用篇）』より作成.

第一に、人びとの生活の安心・安全、ゆたかさを支える、普遍的かつ基礎的な算定要素である。表4-1には、二〇一五年度の積算内容に基づき主な事例を挙げてある。火災や災害から住民を守るために消防署が救急活動を行うための消防費、家庭や企業から排出されるごみの回収と処理によってまちをきれいに保つ清掃費、児童の教育機会を提供する小学校費、安全に通学や通勤ができるようにするための道路橋りょう費、生活困窮者に対し健康で文化的な最低限度の生活の保障や自立支援を行う生活保護費などである。

このように、日常生活を取り巻く現物給付や現金給付によって、人びとの生活の安心・安全、ゆたかさが支えられ、所要財源は単位費用に具体的に反映されている。これらは、人びとが生活を営むために必要な行政サービスが積み上げられる、普遍的に満たされるべき「基礎的なニーズ」を算定する典型例である。

(2) 新たな政策課題への対応のための財源保障

第二に、普遍的かつ基礎的なニーズを核としながら、その内容および施策が充実・強化され、リニューアルされる算定要素がある。これは、社会情勢の変化や社会問題への対応要請に応じて多様化した行政サービスが財源保障対象に取り込まれて、いわば「ナショナル・ミニマム化」されてきたものである。新たな政策課題への対応のための交付税措置化がこれに含まれ、表4-2では、近年の地方交付税の改正内容に基づき、新たな政策課題として交付税措置化されたものを社会情勢の変化や社会問題の内容ごとに分類してみた。

以下では、同表を踏まえて各年度の『地方交付税制度解説』に基づき、単位費用の具体的な積算内容の変化を三つ例示しておこう。

一つは、少子高齢化・人口減少問題への対応である。厚生費の社会福祉費では、二〇一二年度に少子化対策に関する各種事業が計上され、その内容として「結婚支援活動の支援に関する事業等」や「子育て支援サービスの充実及び推進を図る事業」が積算された。総務省の「平成二四年度普通交付税の決定について」によれば、「地域の実情に応じた多様な保育サービスの提供や、NPO等による保育サービスの支援など、直接的なサービスに係る取組のほか、子育て人材の養成、企業等と連携した先進的な取組など、様々な子育て支援施策を展開できる」ように所要経費が算入されたものである。二〇一五年度に、厚生費の児童福祉費に新設された子ども・子育て支援費では、子ども・子育て支援新制度の施行に伴い、施設型給付費等の関連経費が措置され、「幼稚園における長時間預かり保育支援事業」(『平成二七年度地方交付税制度解説』一九〇頁)などが盛り込まれている。このほか、教育費のなかに、子ども・子育て支援費が新設され、私立幼稚園等における施設型給付費や地域子ども・子育て支援事業(一時預かり事業)が新たに措置されている(同制度解説、一八三頁)。これらは、いずれも少子

表 4-2　新たな政策課題に対応する積算内容の例

①少子高齢化・人口減少問題への対応	
	人口減少等特別対策事業費（2015 年度） 地域福祉施策の充実（2012-14 年度） 障害者の自立支援（2012-14 年度） 高齢者の医療の確保（2012-14 年度） 子ども・子育て支援の充実（2012-14 年度），新制度の実施（2015 年度） 地域包括ケアシステムの構築（2015 年度） 国民健康保険への財政支援の拡充（2012-15 年度） 児童虐待防止，自殺予防（2012-14 年度）
②地球温暖化問題への対応	
	環境と調和した循環型社会の形成（自然環境の保全，廃棄物の発生抑制や再利用の促進，地球温暖化対策事業）（2012-14 年度）
③地域経済活性化への対応	
	地域の元気づくり推進費（2013 年度），地域の元気創造事業費（2014-15 年度） 地域経済・雇用対策費（2012-15 年度）
④低所得者問題への対応	
	介護保険の 1 号保険料の低所得者軽減強化（2015 年度） 生活困窮者の自立支援（2015 年度）
⑤教育施策の充実	
	特別支援教育，私学助成等（2012-15 年度） 図書館施策の充実，教育情報化対策（2012-14 年度）
⑥その他	
	住民の生活に直結する公共施設の整備，維持補修（2012-15 年度） 地方公共団体における情報化施策等の推進（2012-15 年度） 観光立国推進対策（2012-14 年度） 治安維持特別対策（2012-14 年度） 消防救急業務（2012-14 年度） 地方公務員の給与に要する経費の財源の見直し（2013 年度）

出所：地方交付税制度研究会編『各年度地方交付税制度解説（単位費用篇）』より作成.

化対策の拡充・強化の社会的要請を背景に、既存費目の単位費用へと算入されるかたちで子育て支援の内容を拡充させたものである。また、人口減少等特別対策事業費が、二〇一五年度に新たな単位費用の費目として設けられている。このように、人口減少社会に直面する日本では喫緊の課題として、少子化対策や人口減少問題への対応が新たな政策課題として交付税措置化されている。

二つは、地球温暖化問題への対応である。産業経済費の林野水産行政費で、地球温暖化対策暫定事業が計上されている。これは、地球温暖化対策に係る地方財源の確保・充実のしくみについて成案が得られるまでの間の措置として、国産・地域産木材の利活用、再生可能エネルギーの導入など、森林吸収源対策等を一層推進するための所要経費が、既存費目の単位費用に算入されたものである。二〇一一年度の地方財政計画で「地球温暖化対策に係る臨時措置」が特別枠として計上され、同年度の地方交付税の算定方法の改正で「地球温暖化対策事業等に要する経費の財源を措置すること」が明示化されている。これ以降、毎年度、同経費が計上され、二〇一五年度には森林・林業振興対策費として地球温暖化対策暫定事業が計上されている。このように、環境と調和した循環型社会の形成に向けて、自然環境の保全、廃棄物の発生抑制や再利用の促進等、快適な環境づくりといった国民的課題としての施策が、地方交付税の財源保障対象に盛り込まれている。各地方団体による諸施策を一層支援するため、従来の森林・林業振興対策に加え、「地球温暖化対策暫定事業費」の計上というかたちで、既存の単位費用の中味がリニューアルされている。

三つは、地域経済活性化への対応である。地域経済活性化のために、近年、地域振興費、地域経済・雇用対策費、地域の元気創造事業費といった単位費用の積算内容の拡充や新設が行われている。また、農業行政費や地域振興費のなかに活性化推進事業費が措置され、「農産品の加工や販路拡大など、農業関連産業の活性化に関する事業、就農支援に関する事業」、「地域の特色を活かした生活しやすいまちづくりに要する経費」が積算されている。さらに、商工行政費には「地域特産品の販路拡大など、商工観光産業の活性化に関する事業、地域雇用創出の促進に関する事業」が引き続き計上されている。このように、各地域レベルでの農業の活性化や就農支援、商工観光産業の活性化、地域雇用創出などの施策が財源保障化されている。

以上のように、少子化対策、地球温暖化対策、地域経済活性化事業に要する経費が、新たに積算化または拡充されている。右の例のほかにも生活保護費、小学校費及び中学校費、保健衛生費において、低所得者向け対策の拡充・強化、小中学校でのいじめ問題対策などの教育問題への対応や、予防接種などの医療行政の進展といった社会情勢の変化に応じ、積算内容が拡充・強化された。これらは、人びとが直面する国民的課題の解決の社会的要請が財源保障の対象となったもので、行政サービスの多様化とともに、新たな政策課題として「ナショナル・ミニマム化」されてきた事例である。

(3) 政府主導の政策に関連する財源保障

第三に、政治・政策的な算定要素がみてとれる。二〇一五年度の『地方交付税制度解説』の冒頭に掲げられた「極めて厳しい地方財政の現状及び現下の経済情勢等を踏まえ、歳出面においては、地方創生に対応するために必要な経費を計上するとともに、(中略)国の取組と歩調を合わせて歳出抑制を図る」という算定上の指針からも、地方交付税が国の政策動向につよく規定されることがわかる。以下では、この算定上の指針を踏まえて二つの事例を挙げておこう。

一つは、国の経済政策体系のなかに地方交付税が位置づけられ、国主導の景気対策や経済成長戦略が財源保障の積算内容に反映されている。二〇一二年度から「地域経済・雇用対策費」が単位費用として新たに設けられた。これは地方財政計画の歳出特別枠「地域経済基盤強化・雇用等対策費」に対応した臨時費目である。前年度までの「地方再生対策費」と「雇用対策・地域資源活用推進費」を整理統合して、「歴史的円高等を踏まえ、海外競争力強化等をはじめ地域経済の活性化や、雇用機会の創出を図る」など、住民のニーズに「適切に対応した行政サービスを展開できるよう」に単位費用の中に積算化された。

また、「元気創造事業費」と「人口減少等特別対策」が新たに積算化され、「日本経済の再生のためには、地域が元気を出し、人・モノ・カネを動かし、地域経済の好循環を全国各地から興していくことが重要」であり「地域の再生なくして、日本経済の再生」はないとする経済成長戦略が打ち出されている。これは二〇一四年度に地方財政計画に計上された「地域の元気創造事業費」に対応して、基準財政需要額の新たな費目として設けられている。二〇一五年度には地方財政計画への「まち・ひと・しごと創生事業費」の創設に伴い、基準財政需要額でも引き続き「地域の元気創造事業費」が計上されることに加えて「人口減少等特別対策事業費」の費目が新設されている。同事業費は、算定にあたって人口増減率などの現状の数値が悪い団体の需要額を割り増しする「取組の必要度」のほか、人口増減率などについて全国の伸び率との差に応じて需要額を割り増しする「取組の成果」の指標を取り入れている。地域の人口減少に歯止めをかけるために地方団体の創意工夫や努力が促されている。

これらは、地域経済活性化の緊急課題への対応という経済成長戦略の視点が積算内容に反映されるとともに、地方団体の行革努力を促進するものとなっている。地方交付税における財源保障対象に国による政策誘導的な側面をもたせている事例である。

もう一つは、多くの行政項目で「職員数の見直し」が行われてきたことである。二〇一二〜二〇一五年度の市町村分をみる限りでも個別算定経費では土木費、厚生費、産業経済費、総務費において職員数が見直され、包括算定経費においても行政合理化による職員の減員が明示されるなど、行政全体として減員の傾向にある。たとえば、二〇〇〇年度と二〇一五年度の経費別職員数を比較すると、市町村の標準団体の場合、道路橋りょう費の道路総務費では二〇〇〇年度一一人に対して二〇一五年度七人、清掃費は同期間で七五人に対して二九人へと減員となってきている。また、年額でみた給与単価は、職員Aでは二〇〇〇年度は八七九万円から二〇一五年度八二五万七〇〇〇円へ、職員Bは同期間で五四三万円から五二八万六〇〇〇円へと減額となっている。この職員給与費は、統一単価積算基礎として、すべての単位費用に適用されるため、いずれの行政項目においても総じて減額の要因となる。職員数の減員と給与単価の減額により、同期間での給与費は、道路総務費が七六五三万円から四〇〇〇万円へ、清掃費が四億三七六〇万四〇〇〇円から一億七〇九三万円へと、大きな減額となっている。その一方、清掃費の委託料は、二〇〇〇年度一億三〇七九万六〇〇〇円から二〇一五年度二億二四一〇万九〇〇〇円へと、大きく増額しており、公務員の人員削減を伴う行政合理化のもと、いわゆる「官から民へ」という流れが単位費用のなかで清掃関連業務の民間委託というかたちで反映されてきたことがうかがえる。

さらに近年では地方交付税の算定にあたり職員数の削減率や地方債残高削減率などの行革努力の成果を反映することとされ、行政合理化が強力に推進されている[24]。これらは「国の取組と歩調を合わせた歳出全般の見直しによる計画的な抑制」が積算内容に変化をもたらすという、政府主導の政策的性格を示す事例である。

五　算定要素から捉えるナショナル・ミニマム概念の包括性

地方交付税制度の枠組みにおけるナショナル・ミニマム概念について、法制度上の通説的見解では同概念が緩やかに定義され、既存研究ではミニマムは必要最小限で捉える点で一致するが、必ずしも具体的な定義が与えられていない。

そこで、前節では、地方交付税の積算内容を三類型化することによって、同概念をリアルに解明することを試みた。この類型化を踏まえて、本章の冒頭で述べた地方交付税におけるナショナル・ミニマムの注目すべき視点を再び提起してむすびとしたい。

第一は、ナショナル・ミニマムは網羅的で包括的であることが改めて理解できる。つまり、地方交付税のナショナル・ミニマム概念は、①住民生活を支える基礎的ニーズから新たな政策課題への対応までを広く含み、さらに②政府主導の政策的な要素が包摂されている。前者は、客観的かつ絶対的な基準はなく歴史的に認識が変化する。むろん、ミニマムかスタンダードかを選択するのも、あるいはミニマムの拡張的なリニューアルの合意形成を図るのも、財政民主主義という観点からみれば本来的に国民の認識や判断に基づく財源保障のあり方である。後者は、「社会的、経済的諸条件」との調和において、国家的な経済政策体系や国庫側の財政事情の変化に応じた政策的な目標や指針を帯びるもので政府主導的な性格がつよい。この両者は、地方交付税の内在的機能そのものであるといってよい。

第二は、これが網羅的で包括的ゆえに、ナショナル・ミニマムを構成する算定要素の相互作用性や競合関係に留意しなければならない。たとえば、二〇一五年度の生活保護費の単位費用の改定では、現業員や指導員の増員計上が行われており、近年の貧困問題や格差社会を背景にして生活困窮者対策の拡充が進められ、基礎的ニーズの財源保障が政府主導の政策的要素によって強化されているという相互作用性が認められる。一方で、職員数見直しを典型とする行政合理化が対人社会サービスにかかる行政分野へと及ぶならば、人びとの暮らしの支えとなる基礎的なニーズを充足する算定要素を弱めることになりかねない。

これに関連して、最近の算定方法の見直しで注目しておきたいのが「トップランナー方式」である。「歳出効率化に向けた業務改革で他団体のモデルとなるようなもの[25]」が基準財政需要額の算定に反映されるというもので、二〇一六年度から数年かけて一六業務に適用される。効率的・競争的なところや最も安価なところに標準を合わせるという同方式は、地方団体が効率的・効果的に質の高い行政サービスを提供することを目指すという点で重要性が認められる。一方、行政合理化を志向する政策的性格が強まりすぎることにより基礎的なニーズの算定要素が弱まることがないよう留意しておきたい。また、最も安価な地方団体を標準化することが、単に地方財政の果たすべき領域の縮小化を招くことにならないか注意を払う必要があろう。

以上のように、今後、地方交付税の財源保障機能のあり方を展望していくために、積算内容に根差している算定要素を全体として捉え、同概念に内包される様々な算定要素が地方交付税の制度的性格の全体像を規定していることを再確認する必要がある。また、今後、地方分権型社会を展望するうえで地方団体の行政合理化や地域間競争の重要性は認めつつ、地方交付税の財源保障機能を一層確かなものとするためには、基礎的ニーズを充足する行政サービスや国民的課題に対応するための諸施策の経費が確保され、それぞれの算定要素がバランスよく財源保障内容に取り入れられることが求められる。これらの諸算定要素が相互補完的に機能することによって、地方交付税が人びとの安心・安全でゆたかな暮らしを支えるとともに、身近な行政課題や国民的課題の解決のために広く寄与しうることを改めて認識しておきたい。

注

（1）池上岳彦『分権化と地方財政』岩波書店、二〇〇四年。このほか、財政調整制度の理論的整理として、持田信樹編『地方分権と財政調整制度―改革の国際的潮流』東京大学出版会、二〇〇六年、三～二四頁及び六五～八〇頁も参考にした。

（2）このうち、効率の観点とは「住民の選好に基づいてサービス内容や税水準が決まる状態」であって、所得や年齢構成・健康状態・自然環境といった条件が異なるために公共サービス水準や税負担に格差が生じることでもなければ、住民の移動を促すことを求めるわけでもない状況をいう。

（3）飛田博史『財政の自治』公人社、二〇一三年、五四～五八頁を参照。

（4）詳しくは、金目哲郎「投資的経費の算定変化にみる地方交付税制度の再検討」『人文社会論叢（社会科学篇）』第二六号、二〇一一年、一～一六頁を参照。

（5）金目哲郎「地方交付税の財源保障機能の変容の検証」日本地方財政学会編『三位一体改革のネクスト・ステージ』勁草書房、二〇〇七年、七八～一〇四頁。

（6）金澤史男『福祉国家と政府間関係』日本経済評論社、二〇一〇年。「日本においては、どの地域に住んでいても国税と同様に地方税の税率も同じだというシステムが形成されてきた」（二七二～二七三頁）とする。これは、日本の財政システムの特質で「収入面でのナショナル・ミニマム」を指す。この三条件の理論的基礎を与えたものとして、三部経済の廃止、課税方式の統一などが挙げられる。

（7）遠藤安彦『地方交付税法逐条解説［第三版］』ぎょうせい、一九九六年。
（8）同条では、測定単位について「地方行政の種類ごとに設けられ、かつ、この種類ごとにその量を測定する単位」と規定する。単位費用について「道府県又は市町村ごとに、標準的条件を備えた地方団体が合理的、かつ、妥当な水準において地方行政を行う場合又は標準的な施設を維持する場合に要する経費を基準とし、（中略）算定した各測定単位の単位当りの費用」と規定する。
（9）前掲、遠藤、一九九六年、三二頁。
（10）同右、二六〜二七頁。
（11）同右、三七頁。
（12）単位費用の逐条解説に関して、同右、三七〜四四頁を参照。
（13）林宜嗣『地方財政　新版』有斐閣、二〇〇八年、二一九〜二二〇頁。
（14）赤井伸郎・佐藤主光・山下耕治『地方交付税の経済学 理論・実証に基づく改革』有斐閣、二〇〇三年。井堀利宏『格差と再分配の政治経済学』東洋経済新報社、二〇〇九年。
（15）小西砂千夫『基本から学ぶ地方財政』学陽書房、二〇〇九年、一〇〇〜一〇一頁。
（16）前掲、池上、二〇〇四年、一八六頁。
（17）持田信樹『地方分権の財政学 原点からの再構築』東京大学出版会、二〇〇四年、一七六頁。
（18）神野直彦・池上岳彦「終章 地方交付税改革のシナリオ」『地方交付税 何が問題か』東洋経済新報社、二〇〇三年、二五七頁。国民は現在、明らかに対人社会サービスや環境関係の需要に高い要求をおいているので、その分野を中心に測定単位、補正係数、および単位費用の見直しが重要になると述べる。
（19）前掲、金澤、二〇一〇年、二七四頁。
（20）前掲、池上、二〇〇四年、一八七頁。
（21）自治体学会編『年報自治体学第一八号「ミニマム論」再考』第一法規、二〇〇五年、四二〜四三頁。一方で、政策的目標化が行政の守備範囲の膨張や莫大な地方債残高を招いたとされる。
（22）前掲、遠藤、一九九六年、四〇〜四一頁。
（23）一方、ナショナル・ミニマムの政策目標化に関しては、いくつかの重要な問題提起がある。地方分権改革推進会議「事務・事業の在り方に関する中間報告―自主・自立の地域社会をめざして―（平成一四年六月一七日）」、八〜九頁。公共事業に対する地方交付税の財源保障に関して、高木健二『交付税改革』敬文堂、二〇〇二年、三〇頁。青木宗明「地方交付

税」和田八束・星野泉・青木宗明編『現代の地方財政 第三版』有斐閣、二〇〇四年、七一〜八三頁。

（24） 井手英策『経済の時代の終焉』岩波書店、二〇一五年、一九六〜一九八頁も参照されたい。これによれば二〇〇〇年代から地方交付税への削減圧力が強まるなかで、地方公務員給与が人々の批判のターゲットとされ人件費の削減へと地方自治体を導く手段となった。井手は人びとや地域間の「連帯のつなぎ目」であったはずの地方交付税がゆらぎ「つながる」ことへの抵抗として、これらを問題提起している。

（25） 経済財政諮問会議「経済財政運営と改革の基本方針二〇一五〜経済再生なくして財政健全化なし〜（平成二七年六月三〇日閣議決定）」二八頁。

第五章　水道事業とナショナル・ミニマム
―整備から維持への転換期における簡易水道事業の分析―

清水雅貴

一　課題と分析視角

今日、我が国の水道事業は主に市町村が運営しているが、中小規模の水道事業者は人口減少社会をむかえ、財政面やインフラ面だけでなく人材育成の面においてもその基盤を著しく悪化させている。一九九九年に厚生省水道基本問題検討会が答申した、『二一世紀における水道及び水道行政のあり方』では、水道法に掲げられた「清浄にして豊富、低廉」という理念は達成され、ナショナル・ミニマムからシビル・ミニマムへ（すなわち、全国一律に目標とした量の確保から、地域が要望する質の確保へ）といった需要者のニーズへの対応が求められていることを提言した(1)。

しかし、今日の現状を鑑みると水の量や質の確保は、地域の財政事情に大きく左右されている。そして、近年の市町村合併による事業の統廃合の問題や、施設の老朽化が放置されている実情があるように、今後、再び安定供給の確保が危うくなるといった事態が発生する可能性を有している。さらに、水道法では第一五条で「水道事業者は、当該水道により給水を受ける者に対し、常時水を供給しなければならない(2)」とし、水道事業者は需要者に対して給水義務を負っている。そのため、水道事業者は実際の水使用量をいつでも充足するために、長年の給水実績や経験値から最大給水量を算出し、それをベースに供給体制を整える必要に迫られている(3)。

また、水道事業の中でも給水人口が五〇〇〇人以下の水道供給を行う簡易水道事業が今日置かれている現状は特に厳しい。なぜならば、簡易水道事業が運営されている地域は総じて、人口が少なく、また、財政力の弱い市町村が多く、簡易水道事業の維持管理が大きな財政負担となっているためである。そのため、簡易水道事業を運営する市町村においては、民営化等の積極活用による水道事業効率化にむけた運営の検討と、市町村合併に伴う水道事業の広域統合といった、異なったふたつの局面からの課題克服を迫られている。

このような諸問題はただちに、水道供給のナショナル・ミニマム的性格を毀損するものではないが、震災や風水害対応、河川への汚染物質の流入など、昨今、緊急対応が求められる事態に直面するなか、事業運営として長期的な施設更新計画、財政負担、持続的経営への方策など課題が山積している。

そこで本章は、水道事業のうち、特に簡易水道事業がかかえる右のような今日的諸課題の解決策とされている財政運営の見直しを含めた経営改善とその手法について分析を試みる。そして、経営改善が達成されるとしても、「清浄にして豊富、低廉」という理念は維持できるのかということについて考察する。具体的には、はじめに我が国における水道普及と水需要の趨勢について概観し、今日、水需要が逓減に転じてきた水道事業に内在する課題を提示したい。次に、水道事業の設備投資の状況を俯瞰しながら、特に簡易水道事業がおかれている財政面での現状と課題について明らかにする。そして、以上のような課題の整理から、実際に市町村合併や水道事業の広域統合など経営改善を経験した自治体のひとつである、北海道むかわ町における事例分析を通じて、整備から維持への転換期における簡易水道事業運営の実態について析出していきたい。

二　水道事業における「量」の確保から見たナショナル・ミニマムの達成

我が国における水道事業の歴史は古く、室町時代から上水システムが存在している。そして、江戸時代における大規模上水の設置を端緒とし、明治初期には開港居留地向けの水道敷設が始まった。その後、都市化と伝染病予防を目的として水道の普及が急速に進んでいった。(4) さらに、大正・昭和期には戸別の家庭水栓が設置されていくようになり、同時に水道普及率も急速に上昇していくことになる。

戦後以降の水道普及は、高度経済成長に伴う旺盛な公共投資と相乗して、給水人口では一九六〇年度の四九九一万人から二〇一四年度には一億二四四三万三〇〇〇人に、水道普及率では一九六〇年度の五三・四％から二〇一四年度には九七・〇％と高次に達している。(5) このように現在では「国民皆水道」(6) が実現しており、「量」の確保から見たナショナル・ミニマムは達成されていると認識された。しかし、実際の水使用量に関しては近年になり減少傾向に転じるようになっている。

図5-1は一九七五年度以降の水道普及と配水量に関する推移を表している。給水人口一〇一人以上の水道である上水道事業と簡易水道事業の合計について見ると、総人口に対する総給水人口の割合を示した水道普及率については、一九七五年度時点ですでに八六％と高い割合で推移している。(7) 次に、全国で一日に供給できる水の量を示した一日配水能力については、一九七五年度以降急速に配水能力を拡大させ、二〇〇四年度の約九一八〇万立方メートル／日をピークに減少に転じている。そして、全国で一日に使う水の量を示した一日平均配水量については、一九七五年度の約三九〇〇万立方メートル／日から増加傾向が続き、二〇〇〇年度の約五八四三万立方メートル／日をピークに減少に転じている。水道普及率が高い割合で推移する反面、配水能力、実配水量が二〇〇〇年代をピークに減少へ転じている理由は、上水道の普及が進みながら、国民一人あたりの水使用量が減少し

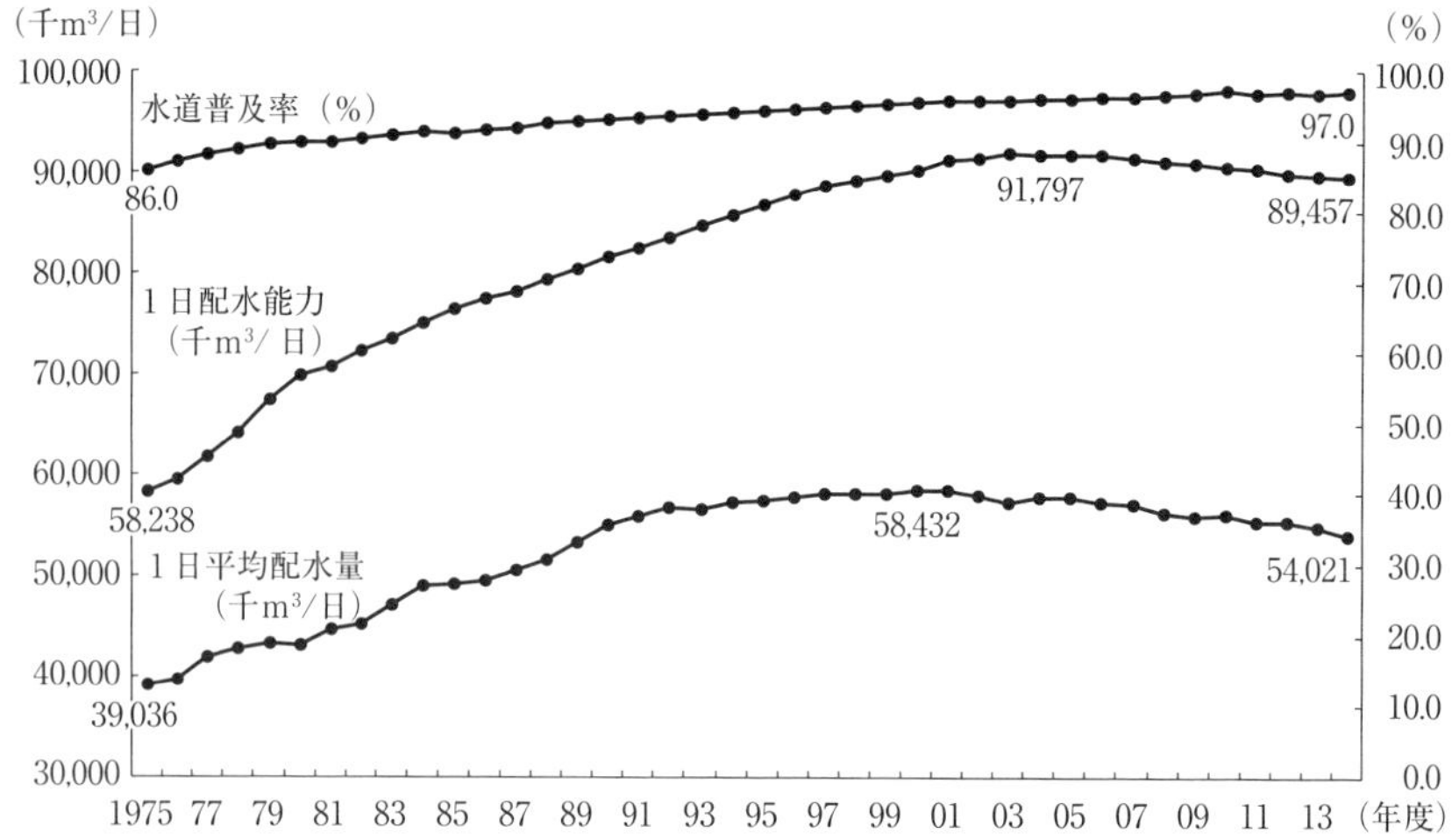

注：本統計は上水道事業と簡易水道事業の合計となっており，専用水道事業を含まない．
出所：水道産業新聞社『水道年鑑』，総務省『平成26年度地方公営企業決算の概況（冊子）』2016年より作成．

図5-1　我が国の水道普及率および配水量の推移

てきていることが起因している。

次に、図5-2は一九七五年度以降の国民一人あたりの一日の水使用量（有収水量）の推移を表している。一九七五年度より一人あたりの水使用量は上昇基調にあったが、一九九六年度の三四一リットル／日をピークに減少している。これは、例えばそれまで、戸別に風呂の設置が急速に普及したり、シャワー付き洗面台が普及したり、ライフスタイル（生活環境・生活水準）の変化によって水使用量が増大する一方、一九九〇年代から節水タイプの洗濯機や水洗トイレの普及と節水意識の向上が水使用量の減少に寄与していると考えられる[8]。

そして、これらすべての指標について、増加傾向のピークを過ぎる年度を観察していくと、水使用量の減少傾向がはじまって約五年程度のタイムラグを経て配水量に変化が見られ、さらに約五年程度のタイムラグを経て配水能力に変化が発生していることが見て取れる。水使用量が直接的に配水量および配水能力に影響を与えているのかということは別途、詳細な検討が必要となるが[9]、少なくとも、水道事業者は財務、経営判

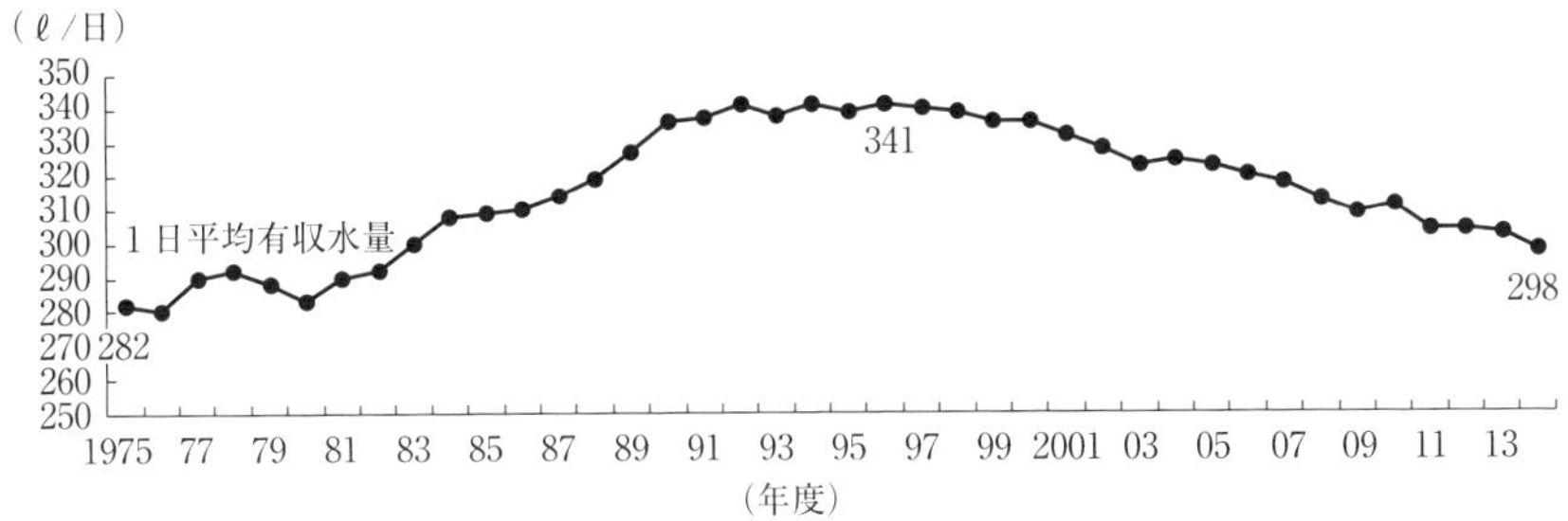

注：本統計は上水道事業と簡易水道事業の合計となっており，専用水道事業を含まない．
出所：図5-1に同じ．

図5-2　我が国の1人当たり1日水道使用量の推移

断として、水使用量の変化を水需要の変化と判断し、配水量と配水能力を制御してきたと推察できる。

ここまで見てきたように、これまで水道事業者はおおむね過去の水使用量に基づいて水需要を測定してきたと考えられる。しかし、その測定は水使用量の増加傾向を観察するためには一定の効果があったと考えられるが、水使用量の減少傾向を展望するためには、ライフスタイルの変化などの外生的要因を考慮に入れる必要が出てくる。さらに、厚生労働省健康局が二〇〇八年に策定した『水道ビジョン』が示すとおり、我が国の水道施設は、いずれは更新需要額が水道投資（建設改良）額を上回ると試算されており[10]、今後も減少傾向ではありながら一定の「量」を確保するための費用は継続的に発生することが予想されている。その一方で、少子高齢化に伴う水道料金による収入の減少や、自治体税収の低下などの国民の負担能力の減少が見込まれる厳しい財政状況の下では、過去の水使用量に基づく水需要のみを判断材料として財務、経営判断することは一層困難になると考えられる[11]。

三　水道事業における財政運営状況

次に、我が国の水道事業における公共投資を中心とした支出面に関する財政運営の状況について検討していきたい。本来、水道事業はおもに水道

表 5-1　全国水道事業の投資額・補助金額・起債額の推移

(百万円)

	投資額			補助金額			起債額		
	上水道	簡易水道	合　計	上水道	簡易水道	合計	上水道	簡易水道	合　計
2003 年	1,161,058	143,887	1,304,945	114,198	39,987	154,185	428,780	73,314	501,994
2004 年	1,125,088	134,861	1,259,948	109,720	35,918	145,638	408,707	69,989	478,696
2005 年	1,048,179	109,827	1,158,006	96,357	29,893	126,250	354,074	58,150	412,224
2006 年	993,320	106,286	1,099,605	85,205	29,455	114,660	331,469	56,571	388,040
2007 年	965,666	89,251	1,054,917	80,039	23,480	103,519	309,053	47,119	356,172
2008 年	979,905	76,455	1,056,360	82,829	18,956	101,785	304,350	40,646	344,995
2009 年	987,224	72,207	1,059,431	82,894	15,400	98,294	298,059	33,837	331,895
2010 年	923,332	63,539	986,871	68,364	14,620	82,984	272,711	30,559	303,270
2011 年	925,094	65,475	990,569	64,470	15,548	80,018	270,206	33,196	303,402
2012 年	958,556	77,502	1,036,058	58,051	19,557	77,608	267,446	37,186	304,632
2013 年	989,231	90,071	1,079,302	57,983	23,477	81,460	266,500	46,962	313,462
2014 年	1,064,922	99,823	1,164,745	60,115	24,925	85,040	289,618	56,288	345,906

出所：総務省『簡易水道事業年鑑』各年度版より筆者作成.

料金による収入によって賄うべき事業であるが、先にも述べた通り、事業主体である市町村は需要者に対して水の供給義務を有しており、安定的な水の供給を図るために国や都道府県から補助金が交付されたり、市町村自らの財政支出を恒常的におこなったりしている。

表5-1は我が国の水道事業における投資と補助金、公営企業債（または地方債、以下企業債）の金額の推移を示している。水道事業への公共投資額は二〇〇五年の約一・七兆円をピークに減少傾向にあり、二〇一〇年ではおよそ一九八〇年代と同じ水準に位置している[12]。同表のとおり、二〇一〇年まで投資額は上水道、簡易水道との合計で漸減傾向にあり、全体で一兆円未満に縮小してきている。また、それまで縮小していた公共投資を下支えする目的で、補助金や企業債が発行されてきたが、二〇〇〇年代以降は財政難などの理由からこれも漸減傾向にある。このような水道事業への投資額の減少は、単なる水道需要の減少に伴う建設改良額の減少だけにとどまらず、既存施設の老朽化と更新事業の先送りといった問題を発生させた。我が国の水道施設は一九七〇年代後半と一九九〇年代後半をピークとして整備されてきており、これらの時期に整備された水道施

設が耐用年数である二〇年から四〇年を超えている。二〇〇〇年代後半からはこれらの施設について必要とされる更新費用が増加する時期にもかかわらず、費用が賄われなかった結果、施設の老朽化やそれに伴う断水事故が全国で顕在化し、水の安定的供給が達成できないといったことが懸念された。一方で、二〇一一年以降、引き続き国民一人当たり一日の水使用量が減少傾向にあるにもかかわらず、投資額、補助金額、起債額がそれぞれ増加傾向にあることは、更新需要への対応のために投資が図られていると推察できる。これらから我が国の水道事業は水使用量が減少することで料金収入の減収など歳入減に直面する一方で、歳出面では更新需要として投資を増加させなければならないといった、厳しい現状が明らかになった。

四　我が国の簡易水道事業をめぐる状況

つづいて、我が国における簡易水道事業の現状について概観していきたい。我が国の水道事業は、市町村水道事業者等に水供給を行う水道用水供給事業（広域連合など）が一〇一事業、計画給水人口が五〇〇〇人を超える水道事業をおこなう上水道事業（主に市町村）が一四六五事業、五〇〇〇人以下の水道事業をおこなう簡易水道事業（主に市町村）が六八八六事業、一〇〇以上の特定居住者に小規模の水供給を行う専用水道が七九六四事業ある。[13]簡易水道事業における事業数の推移について注目すると、一九八〇年度の一万二一四八事業、一九九五年度の九八二八事業から減少傾向にあり、今日では一九八〇年代の約半分の事業数となっている。[14]

また、特に地方公共団体が運営する簡易水道事業数を自治体数でみると、平成二二年度において七九四自治体で、平成二一年度の八〇九自治体、平成二〇年度の八四九自治体、平成一九年度の八七二自治体から、徐々に減少していることがわかる。この自治体数減少の主な原因は、市町村合併や上水道事業と簡易水道事業の統合によるものである。[15]

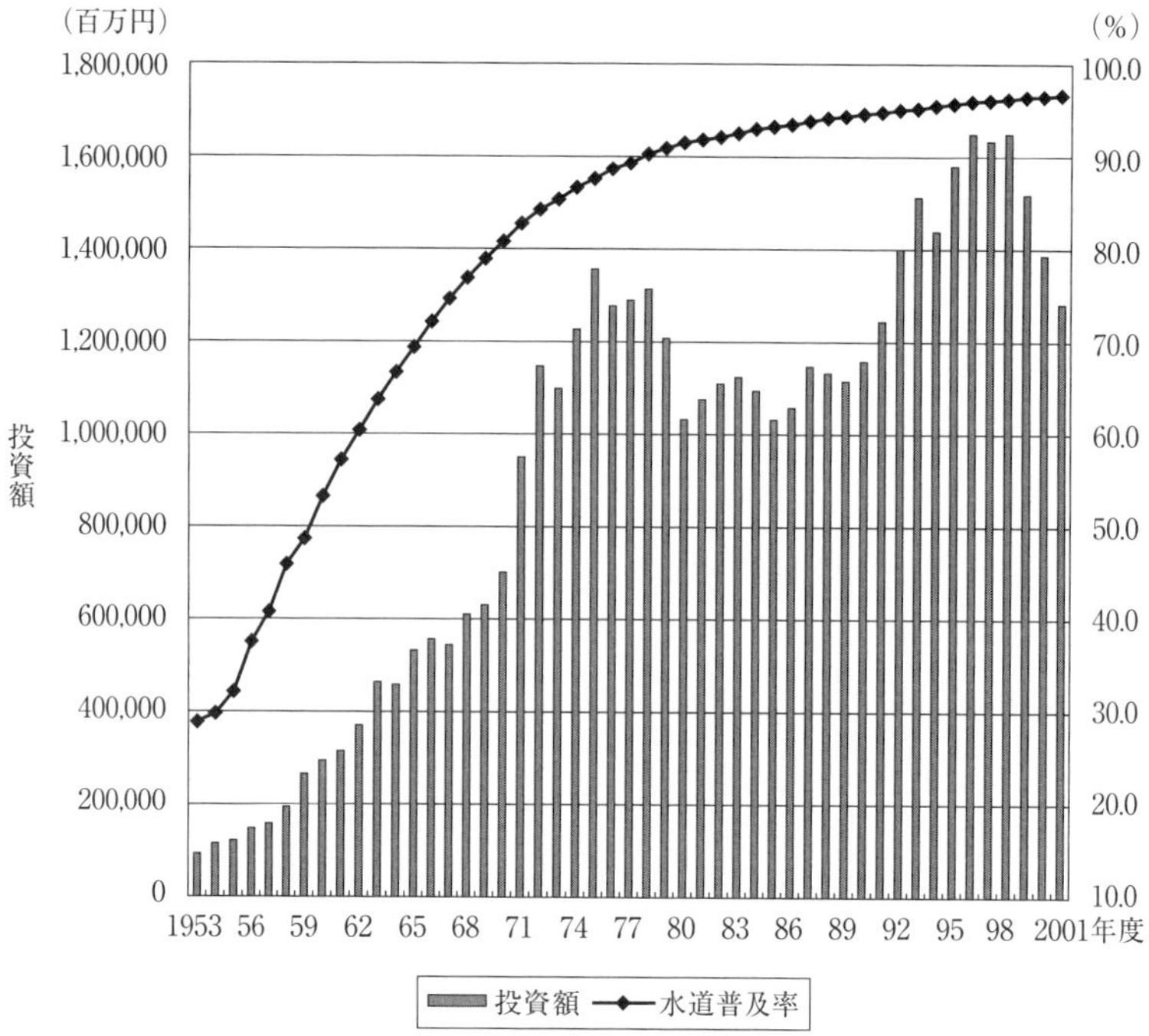

出所：厚生労働省水道ビジョンフォローアップ検討会『水道を取り巻く状況及び水道の現状と将来の見通し』(第1回検討会) 厚生労働省，2007年より抜粋．

図5-3　水道事業における投資額と水道普及率の推移

次に、簡易水道事業の全国的経営動向を財政面から俯瞰したい。図5‐3は我が国の水道事業における投資額と水道普及率の推移を示している。ここからは、水道普及率が一九七〇年代前半までに急速に伸長し、その後も緩やかながら高まり、近年においては九七%に達していることがわかる。一方で、水道の敷設や浄水施設の整備などを含む投資額については、一九七〇年代から一九八〇年代までに第一次のピークをむかえており、その後、一九九〇年代に第二次のピークを迎える。『水道ビジョン』によれば、これらのピークで整備した水道施設に対する更新需要は二〇〇八年当時では年間約五〇〇〇億円であり、二〇一八年には約七五〇〇億円、二〇二八年には約一兆円になると推計されている。そして、新規取得又は増改築等に要する経費で

表5-2　簡易水道事業における建設投資額内訳の推移 (百万円)

	国庫補助金	都道府県補助金	地方債	他会計繰入金	工事負担金
2003年	36,164	3,730	73,214	12,108	5,022
2004年	33,194	2,388	69,989	11,151	4,402
2005年	27,143	2,002	58,150	8,472	3,631
2006年	27,274	2,019	56,571	7,875	3,263
2007年	21,106	2,240	47,119	7,620	3,096
2008年	17,294	1,283	40,646	6,980	2,627
2009年	14,086	1,144	33,837	11,891	2,120
2010年	13,527	916	30,559	9,060	1,711
2011年	14,371	696	33,196	8,545	1,879
2012年	18,327	809	37,186	13,177	1,316
2013年	21,587	1,418	46,962	11,047	1,298
2014年	23,562	1,264	56,288	10,303	1,178

出所：総務省『簡易水道事業年鑑』各年度版より筆者作成.

ある建設改良費が、水道需要の減少を想定して対前年度比マイナス一％で推移すると仮定した場合でも、更新需要と建設改良を合計すると、二〇一八年には約一兆七五〇〇億円、二〇二八年には約二兆円を、また、それ以降は、更新需要が建設改良を上回って推移すると試算された[16]。このような試算結果から、本来は更新費用の増大により投資額が増加し始めるはずの二〇〇〇年代で、実際には反対に急速な投資額の削減がされ、二〇一〇年には一九八〇年代の投資額を下回る推移となっている。この過程で更新需要に財源が対応できず水道施設の老朽化が顕在化してきたと見ることができる。

次に、この二〇〇〇年代以降の投資額が急減していく過程について、簡易水道事業をめぐる投資額から詳しく見ていきたい。表5-2は簡易水道事業における建設投資額内訳の推移を示している。先に見た通り、簡易水道事業は市町村合併などを契機に上水道への統合や簡易水道事業同士の広域統合が発生し、その事業数は減少傾向にある。その中にあって、投資額は事業数減少のペースを上回って急速に減少している。その大きな原因は、補助金の減少と地方債の削減である。全国の簡易水道事業に対する国庫補助金は二〇〇三年度の約三六〇億円から二〇一〇年度には一三五億円へと半分以下に削減がされてきた。同時

表 5-3　給水原価・供給単価及び料金回収率の推移

	事業数(事業)	平均給水人口(人)	10m³当たり料金（円）	給水原価(A)(円・銭/m³)	供給単価(B)(円・銭/m³)	料金改定実施事業数(事業)	料金回収率(B/A)(%)
2007 年	869	5,190	1,477	264.33	153.81	87	58.19
2008 年	847	5,181	1,484	271.32	155.53	84	57.32
2009 年	808	5,140	1,504	276.33	157.33	60	56.94
2010 年	794	5,019	1,520	277.31	158.18	74	57.04
2011 年	780	4,907	1,526	291.25	160.2	52	55.01
2012 年	769	4,812	1,523	295.88	162.19	43	54.80
2013 年	760	4,702	1,520	302.83	163.49	43	54.00
2014 年	747	4,595	1,559	310.56	167.43	555	53.90

出所：総務省『簡易水道事業年鑑』各年度版より筆者作成.

に都道府県から市町村へ交付される補助金についても、二〇〇三年度の約三七億円から二〇一〇年度には約九億円へとこれも急激に削減された。そして、簡易水道事業に関わる地方債発行についてみると、二〇〇三年度の約七三二億円から二〇一〇年度には約三〇五億円へとこれも半分以下に削減されている。見てきたとおり、二〇〇〇年代以降の簡易水道事業に対する投資額は急速に削減がおこなわれてきたが、同時に補助金と地方債についても削減がつづき、他会計繰入金や工事負担金の推移から見ても、二〇一〇年までは何らかの財源による充当や下支えがないまま事業が運営されていることがわかる。

次に簡易水道事業における全国的な給水原価ならびに供給単価等の推移について見ると、表5-3のとおり、平均給水人口が年々減少していくなかで、給水原価と供給単価の両方が年々上昇しているが、給水原価の上昇率が供給単価の上昇率を上回って推移している。その結果、原価に占める料金収入の割合を示した料金回収率は、二〇〇七年の約五八％から二〇一四年には約五四％まで低下している。ここからは料金収入による収支が改善されておらず、料金収入による事業維持が困難な状況が続いていることがわかる。つまり、簡易水道事業についても水道事業全体を見てきたときと同様に、投資額の縮小と料金回収率悪化の両面から、本来更新需要が増加し始めるはずの二〇〇〇年代に更新需要に財源を確保できないまま、水道施設の老朽化が放置されていったと見ることができる。

一方で、表5-2から簡易水道事業における二〇一一年以降の建設投資額を見ていくと、震災対応や施設更新、長寿命化対策などに関わる投資が進行し、国庫補助金、都道府県支出金はそれぞれ増加、拡大傾向にある。しかし、ここで注目すべきは、地方債と他会計繰入金についても増加、拡大傾向にあるという状況についてである。ここからは、起債による償還金の拡大や、繰入金増加による間接的な税負担増が、将来、簡易水道事業の財政面における持続的運営に支障をもたらす可能性があることに留意する必要がある。そこで次に、二〇〇〇年代後半以降の簡易水道事業における国庫補助金の見直しと、二〇一〇年代後半以降の経営戦略策定の影響について論じたい。

五　市町村合併と簡易水道事業の統合・経営戦略の策定

二〇〇〇年代後半から二〇一〇年代にかけての簡易水道事業における補助金の見直しについては、国主導による広域統合推進施策が大きく影響している。厚生労働省は二〇〇七年に簡易水道等施設整備費の見直しを通知した。これは、図5-4の通り、市町村合併をした地域に複数の簡易水道と上水道事業者が存在するとき、それらを統合するための事業統合総合計画を二〇〇九年までに策定した場合に限り補助金が交付されるといった見直しがされた。その内容は、簡易水道を統合するための簡易水道統合整備事業と、二〇一七年度以降の増補改良、基幹改良、水量拡張など生活基盤近代化事業とがあり、それぞれに対して要件を満たす自治体には補助金が交付される仕組みになっている。ここにいたって、広域統合を要件に、更新需要に対して国による財政面での手当てがされるようになったが、その一方で、このような国庫補助金の見直しが、すぐに市町村における簡易水道事業の財政事情を解決する手段になるとはいいがたい。なぜならば、これらの国庫補助金の補助率は目下のところ事業

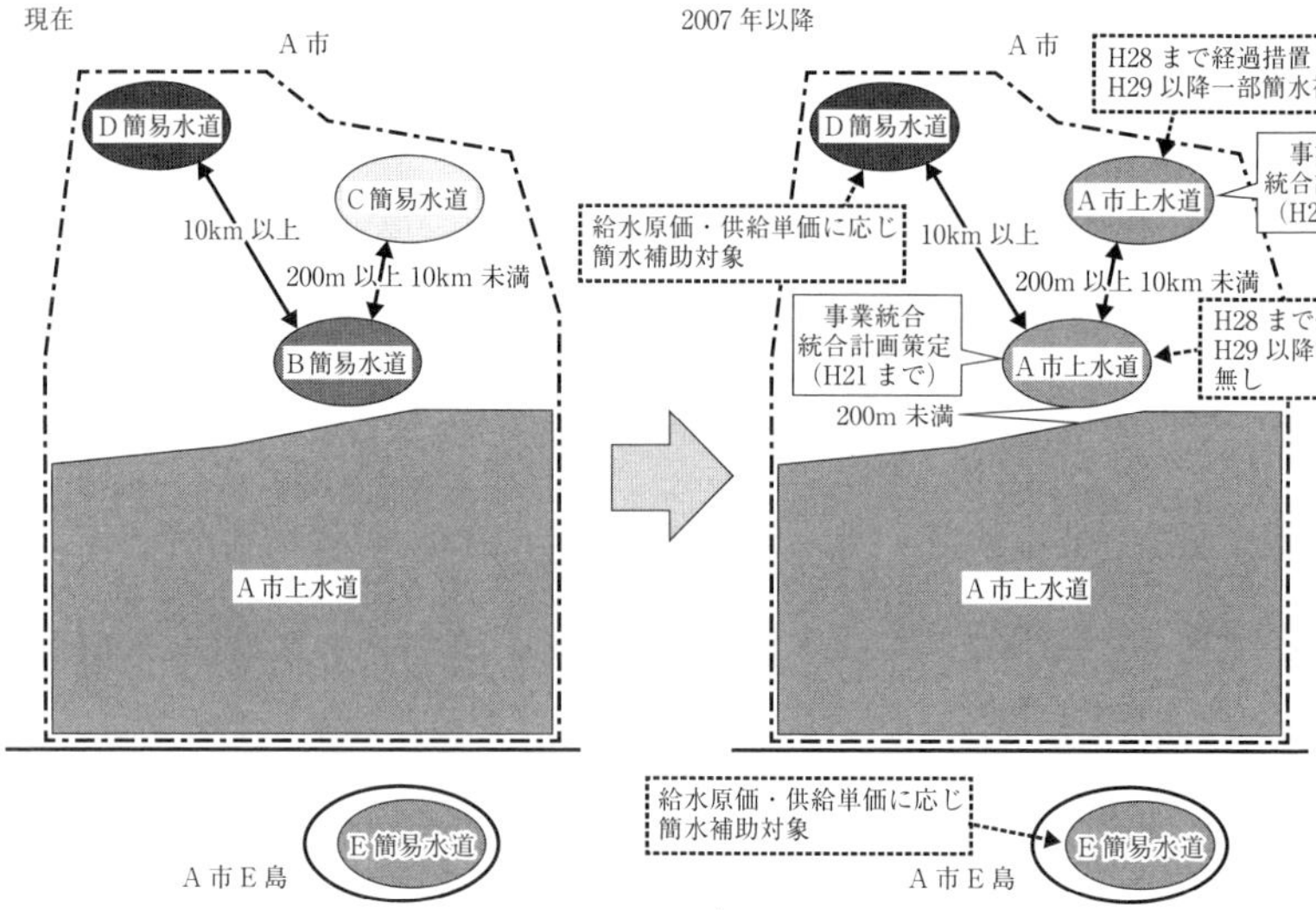

出所：日本水道協会『簡易水道等施設整備費の見直し』2007 年より抜粋.

図 5-4　簡易水道に対する国庫補助制度補助対象の見直し

費用総額の四分の一から一〇分の一であり、自治体にとってはいわゆる裏負担と呼ばれる自主財源の捻出が不可欠になっているからである。裏負担部分を地方債の発行や一般財源からの繰入金により捻出する[17]ことは将来、簡易水道事業の財政面における持続的運営に支障をもたらす懸念がある。こういった懸念は上水道事業を含めた水道事業全体や公営企業全体についてもあてはまり、総務省は二〇一四年八月に「公営企業の経営に当たっての留意事項について」を通知し、公営企業における経営戦略の策定を推進した。ここでいう経営戦略とは、「各公営企業が、将来にわたって安定的に事業を継続していくための中長期的な経営の基本計画である」と位置づけ、次の点について所要の検討を行った上で策定することが適当であるとしている。「①特別会計ごとの策定を基本とすること。②企業及び地域の現状と、これらの将来見通しを踏まえたものであること。③中長期的な視点から経営基盤の強化等に取り組むことができるように、計画期間は十年以上を基本とすること。④計画期間中に必要な住民サービスを提供することが可能となっていること。⑤投資試算をはじめとする支出と財源試算により示される収入が均衡した形で投資・財政計画が策定されていること。⑥効率化・経営健全化のための取組方針が示されていること」[18]。特に、二〇一六年度から二〇一八年度にかけては集中改革期間として、投資・財政計画を中心とした、十年間以上を見据えた公営企業における経営戦略の策定が推進されている。

水道事業における経営戦略の策定については、堀場勇夫が水道事業の抱える特有の背景として、人口減少による費用の増加と、施設老朽化による更新需要への対応が必要になることを指摘し、「これらの点から、個々の公営企業における更新投資額の平準化を見据えた投資計画と財源手当てのための財政計画の策定、すなわち経営戦略の策定が必要となる」[19]と論じている。水道使用量収入が減少しながら更新需要が高まる状況下で、簡易水道事業では、事業統合などの効率化を進めながらも、更新に関する投資をおこない、あわせて財政面での持続可能性の確保しなければならないといった課題に直面している。

以上の通り、統合を進めた自治体が今後どのように持続可能な水道事業の運営をおこなうかといったことが今後の課題となる。そしてここまで、我が国における簡易水道事業の現状とその諸課題について整理してきたが、次では、自治体における簡易水道事業運営の実態を事例分析から明らかにしていきたい。

六　北海道むかわ町（旧穂別町）における市町村合併と簡易水道事業統合について

北海道むかわ町は、二〇〇六年三月二七日に勇払郡旧鵡川町と同旧穂別町が合併して発足した。むかわ町は胆振地方に位置し、面積は旧鵡川町が一六六・四三平方キロメートル、旧穂別町が五四六・四八平方キロメートル、二町合わせて七一二・九一平方キロメートルとなっている[20]。水道事業に関しては、旧鵡川町が上水道事業を旧穂別町が簡易水道事業を運営してきた。会計上の分類としては、二〇〇六年に合併されるまでは旧穂別町として

「穂別町簡易水道事業特別会計」、二〇〇六年に合併されて以降二〇〇七年までは旧穂別地区の簡易水道事業を「むかわ町簡易水道特別会計」として、二〇〇八年以降は旧鵡川町上水道事業と統合され「むかわ町上水道事業会計（企業会計へ移行）」のなかの簡易水道事業会計として取り扱われてきている。

旧穂別町では、一九六一年より簡易水道事業を運営しており、計画給水人口は四四二〇人、給水区域面積は約二七平方キロメートルとなっている。その他、年間給水量は約四二万立方メートル、計画一日最大給水量は約二〇〇〇立方メートル、料金体系は口径別料金制を採っている。(21) 簡易水道事業の運営上の特徴は、合併前の二〇〇三年より第三者委託により取水施設、浄水施設、ポンプ場、配水池、管路の運転、保守点検管理業務、給水装置工事設計審査、完成検査などを民間に委託している点である。(22) また、二〇〇六年度の合併時には、旧鵡川町の上水道事業との統合をせず、その際、簡易水道事業に関わる行政機能を旧穂別町にある総合支所に職員とともに配置し事実上、穂別町時代と変わらない行政体系を維持して現在に至っている。後述するが、その後、国庫補助制度補助対象の見直しに関わって、二〇〇八年より簡易水道事業を旧鵡川町上水道事業と事業経営上、会計上、統合して同一の事業とするが、旧簡易水道事業に関わる行政機能は事実上、旧穂別町の総合支所によって担われている。

また、旧穂別町では二〇〇三年より簡易水道事業の維持管理に関して第三者委託制度を活用して民間事業者への委託をおこなってきた。ここでいう第三者委託とは、二〇〇一年の水道法改正による、公設公営による水道事業者が政令に定める要件の範囲で民間事業者への業務委託を可能にしたことである。それ以前より、メーター検針や料金徴収、浄水施設の一部管理運営などは「部分業務委託」として存在していた。しかし、法改正によって位置づけられた形態は「包括的業務委託」と呼び、民間事業者を法的責任の対象とした点に大きな相違がある。第三者委託はその後に登場する指定管理者制度とともに、水道事業における民営化の第一歩とされた。(23)

第三者委託は二〇〇二年に群馬県太田市と広島県三次市が上水道事業において導入したのが初めてで、導入の

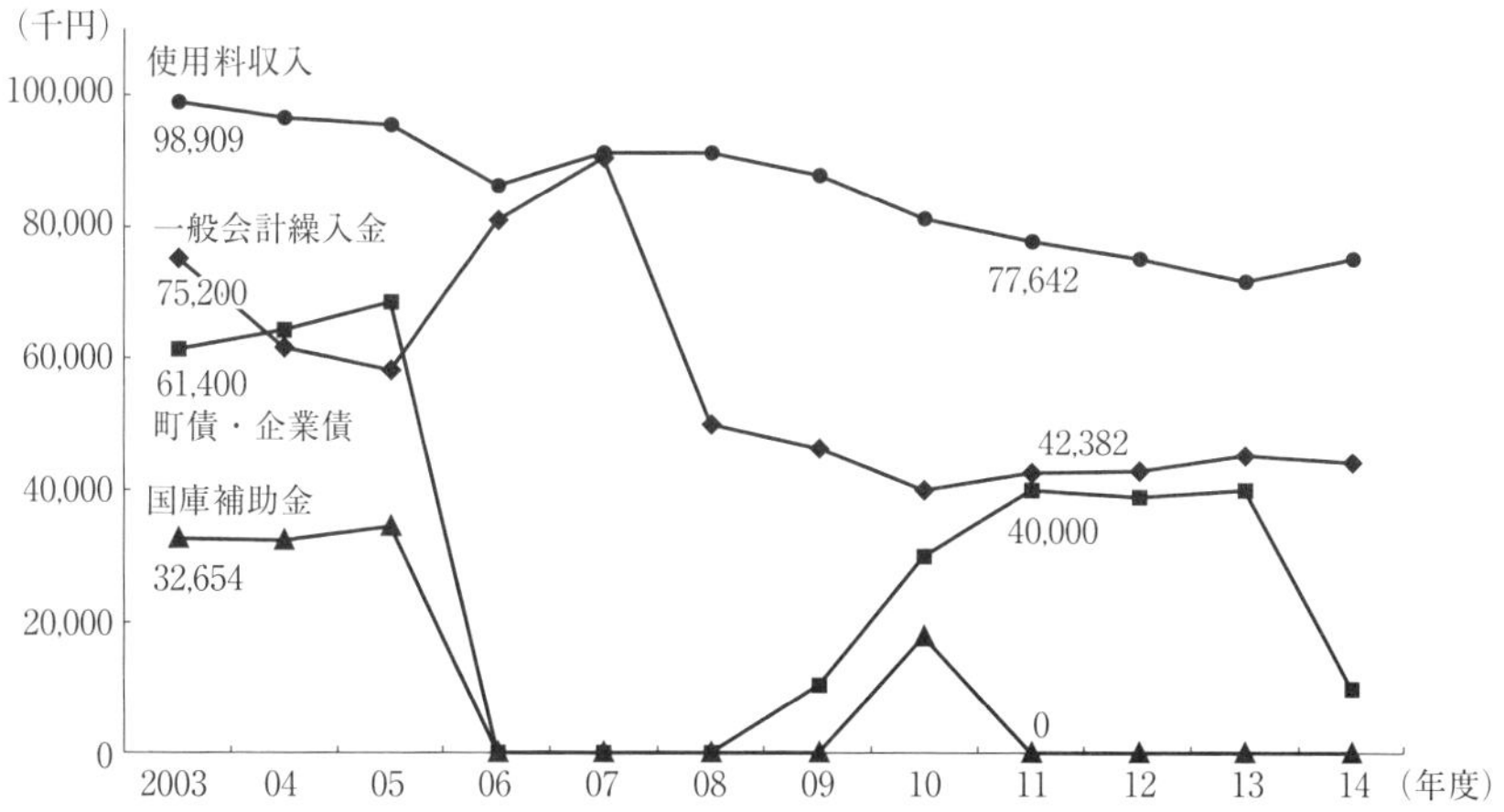

出所：穂別町『穂別町簡易水道事業特別会計歳入歳出決算書』，平成15年度版から平成17年度版，むかわ町『むかわ町簡易水道事業特別会計歳入歳出決算書』，平成18年度版から平成19年度版，むかわ町『むかわ町上下水道事業会計決算書』平成20年度版から平成25年度版，むかわ町『むかわ町上下水道事業会計予算』平成26年度版から筆者作成．

図5-5　むかわ町簡易水道事業（旧穂別町）特別会計歳入各費目の推移

主要な理由は経費（主に人件費）の削減であった[24]。しかし、第三者委託による経費削減といった理由の背景には水道事業特有の人的資源の確保の問題があったことが重要なポイントとなる。市町村が自前で水道技術者を養成するには多大な費用と時間がかかり、これを委託することによって、単なる経費削減ではなく、長期的な計画に基づく人材育成費用を節約するといった含意があった。

旧穂別町においても、水道法で定める「水道技術管理者」の資格を持つ職員が退職するため、技術者が早急に必要になったことが第三者委託を導入するきっかけとなった。当時、水道技術管理者の資格は退職予定職員しか保持しておらず、新たに職員として育成する時間と費用がなかったことが導入への大きな要因となっていた。つまり、旧穂別町における第三者委託の導入は、経費削減目的よりも人材不足への解決手段として導入されたということが推察できる[25]。

右のような経緯を踏まえ、次に、むかわ町（旧穂別町）簡易水道事業の財政動向について検討をおこないたい[26]。図5-5は、むかわ町の簡易水道事業に関する歳入費目の推移を示している。ここからは、第一に、使用料収入

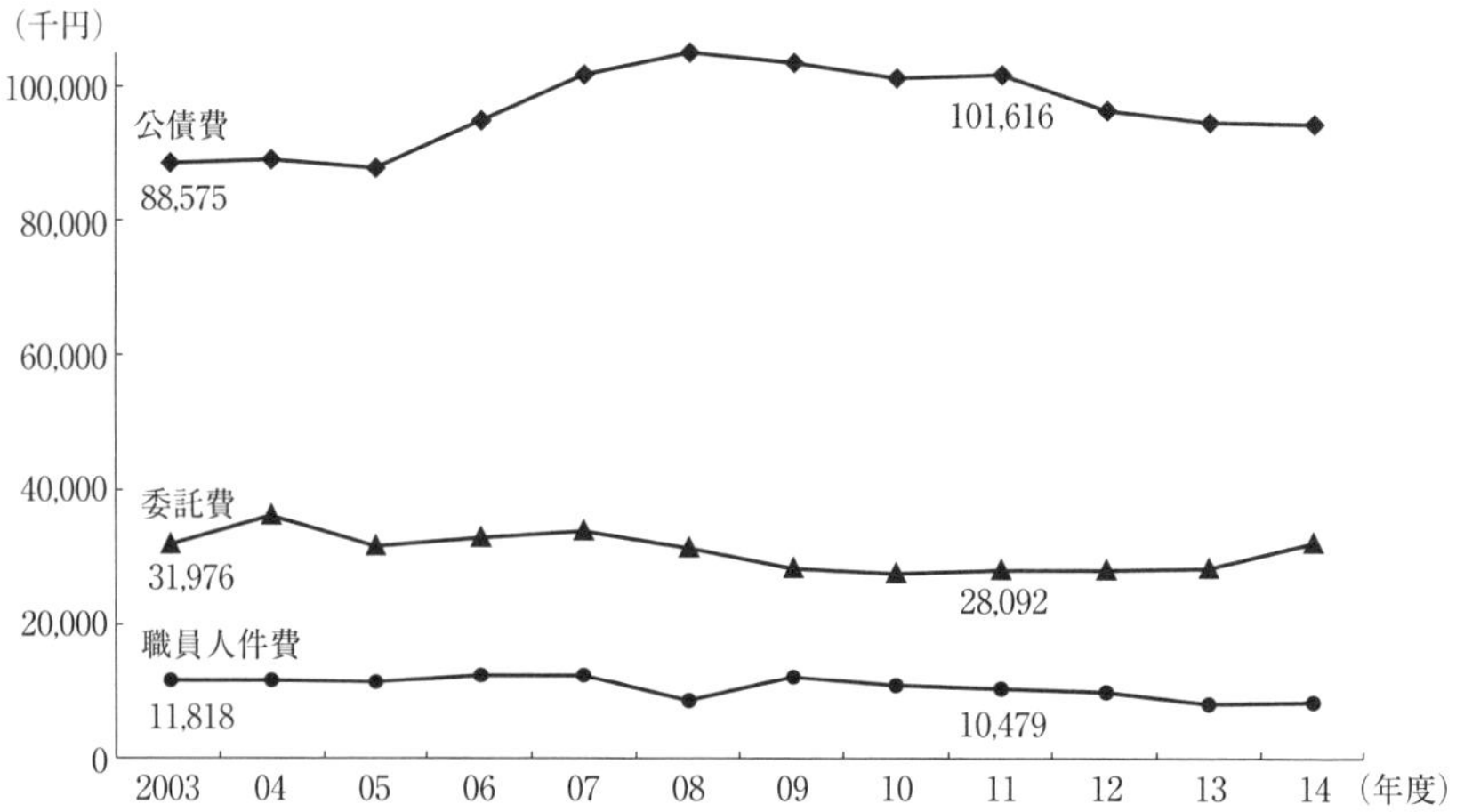

出所：図5-5に同じ.

図5-6　むかわ町簡易水道事業（旧穂別町）特別会計歳出各費目の推移

が徐々に減少してきていること、[27]第二に、国庫補助金、町債・企業債がともに減少しているが、企業債だけは二〇〇九年度以降増加傾向に転じていること、第三に、一般会計からの繰入金が、補助金、地方債の減少に対応して増加していることがわかる。[28]実際のところは、二〇〇三年度から二〇〇五年度にかけて「穂別地区簡易水道基幹施設改良事業」が毎年三五〇〇万円から六五〇〇万円の規模で行われたため、単純に時系列による分析結果は導き出すことができないが、簡易水道事業の収入構造として、営業収益が減少し続け、営業外収入についても減少が進んでいるということがわかる。次に、図5-6は、むかわ町の簡易水道事業に関する歳出費目の推移を示している。ここからは、第一に、町債・企業債の償還費用が年々増加してきていること、第二に、委託料はほぼ横ばいといえるが、厳密に見ると第三者委託開始時期から一二％（約四〇〇万円）ほど削減されていること、第三に、職員人件費が基本的に横ばいであることがわかる。図5-5とともに考察すると、収入構造が毎年減少傾向にあるにもかかわらず、支出構造からは人件費、維持管理費（委託費）が毎年一定の費用がかかるうえ、公債費が増加してきていることから、恒常的に支出が増加していく傾向にあることがわかった。

ここまで見てきたむかわ町（旧穂別町）の簡易水道に関する歳入と歳出の両面からの分析からは、第三者委託による経費節減効果については否定的な結論が導き出される。先に述べた通り、水道事業では専ら、第三者委託が経費削減を主目的として導入されるのではなく、人的資源の確保といった含意が強いことがわかっている。その中で、日本水道協会による旧穂別町へのアンケート調査からは「町職員一名分の給与と検針費用の一部を受託会社二名分の給与に配分したため、コスト縮減には特別なっていない（後略）」と分析結果と同様の回答が示されている。しかしながら、委託費用については当初より年間四〇〇万円程度の減額が行われており、これを経費節減効果として評価することができる。しかし、実際のところは、施設の老朽化に伴う委託先企業における補修・回復作業回数の増加を起因とした経費の増大などが無視されたまま委託金額の減額がおこなわれており、今後の施設維持管理に関する基金積立てなどがない状況から、人材育成を目標として第三者委託を活用していくといった目的を達成することが困難になっていくことも予想される。さらに、水道施設の老朽化に伴う水道供給の停止・断水は、はじめにも論じた通り、水道供給義務を定める水道法の理念に反する事態である。しかしながら、現下の小規模な水道事業者では、これまで我が国が目標とし、そして、近年になって一定の目的達成を見たとされてきた、水の「量」の確保が再びできなくなるといった危機に直面していることを認識する必要があるだろう。その背景には、分析からも明らかになった通り、使用料収入の減少をどのようにとどめるか、そして、今後の企業債発行をいかに抑制しつつ、企業債の償還費用をどのように捻出するかといった水道事業者をめぐる財政事情に問題の根本を有しており、これらは全国の同規模の上水道、簡易水道事業者が抱える共通の問題といえる。

七　おわりに

ここまで見てきたとおり、今後、人口減少社会へ向かう我が国の水道事業では、配水能力、配水量を、減少する水需要に対応した形で維持管理していくことが求められている。そして、市町村合併後自治体では、合併後の水道事業をどのように効率化、維持管理していくかということが喫緊の課題となってきている。そこで本章における事例分析では、北海道むかわ町の簡易水道事業を取り上げ、民営化に対する考え方と町内水道事業の統合問題について検証を試みた。そこからは民営化の手段として導入されてきた第三者委託が、必ずしも支出削減を主な目的としている手段ではなく、人材不足の解決手段として専ら導入されていることがわかった。そして、財政面からは歳入は国庫補助金、都道府県支出金の減少により市町村財源や一部では地方債への依存を高めながら、事業費全体が縮小していること、歳出は民営化による経費削減は軽微であり、むしろ地方債の償還費用の増加への対応が求められていることがわかった。その他、国は合併自治体へ複数の簡易水道と上水道とを統合させるためのインセンティブとして国庫補助の見直しをおこなったが、統合による補助金の恩恵を享受できるかどうかについては疑問が残ることを指摘した。

これらの分析から、我が国における将来の安定的な水供給と、安心安全な水の提供とを考えるうえで、市町村合併を経ても依然として中小規模な水道事業者が、今後、いかに持続可能な水道経営を確立できるかということが重要になってくることがわかった。そのための解決策として、これまで広域統合の推進が国主導により進められてきてはいるが、こうした自治体は人口減少社会をむかえて、そもそも急速に水需要が減少すると同時に、大都市部と比較して水使用料を含む営業収入が減少して財政的にも深刻な状況が引き続き継続していくこと予見しながら事業運営をおこなう必要があると考える。そして、そういった中で需要量に見合った給水量の推計や、設備更新費用と、累増する企業債償還費用の捻出などの対応も必要になると考える。しかしながら、これまで全国的に進んできた広域統合の評価や、広域統合後のこれらの諸課題に対する具体的な考察などについては残された課題として別稿に譲りたい(29)。

注

(1) 厚生省水道基本問題検討会『二一世紀における水道及び水道行政のあり方』厚生省、一九九九年。ならびに、鷲津明由「水需要の決定要因に関する考察」早稲田社会科学総合研究、第一巻第一号、二〇〇〇年。
(2) 水道法第一章「総則」第二節「業務」第一五条第二項を参照。
(3) 保屋野初子・瀬野守史『水道はどうなるの?安くておいしい地域水道ビジネスのススメ』築地書館、二〇〇五年では、このような水需要を前提にした施設拡張路線が、水道事業を過剰な設備投資、借金の増大、事業経営難をもたらした原因であると指摘している。
(4) 高寄昇三『近代日本公営水道成立史』日本経済評論社、二〇〇三年。
(5) 水道産業新聞社編『水道年鑑平成二三年度版』水道産業新聞社、二〇一一年。数値は上水道事業と簡易水道事業と専用水道事業の合計による。
(6) 厚生労働省健康局『新水道ビジョン』、二〇一三年において、国民のほとんどが安全な水を安定して利用できる状況が達成した状況を「国民皆水道」と称している。
(7) 前掲、水道産業新聞社、二〇一一年。数値は上水道事業と簡易水道事業の合計による。
(8) 前掲、鷲津、二〇〇〇年では、その時々の生活環境を象徴するような何らかの外生変数が水需要に影響を与えていることを指摘している。
(9) 水使用量が配水量および配水能力に与える影響については、清水雅貴・浅井勇一郎「水道事業における水需要に関する経済学的考察」和光経済、第四五号第三巻、二〇一三年を参照。
(10) 厚生労働省健康局『水道ビジョン』、二〇〇八年を参照。
(11) 過去の水使用量以外による水需要の測定に関しては、前掲、清水・浅井、二〇一三年、が水道料金(価格)やサービス供給地域の平均所得のほか、天候やライフスタイルなどの諸指標から水需要を推計するための方法論について整理、検討している。

(12) 厚生労働省第一回水道ビジョンフォローアップ検討会「水道を取り巻く状況及び水道の現状と将来の見通し：水道への投資額の推移（平成十七年価格）」、二〇〇七年を参照。

(13) 前掲、水道産業新聞社、二〇一一年。平成二一年度時点の状況。なお、専用水道は平成一四年度水道法の改正により、一日最大給水量が二〇立方メートルをこえる施設を要件として追加したため、事業者数が大幅に増加している。

(14) 前掲、水道産業新聞社、二〇一一年。「水道の種類別、経営主体別箇所数の推移」を参照。

(15) 総務省『簡易水道年鑑』、各年度版の「経営主体別事業数」を参照。

(16) 試算の詳細については、前掲、厚生労働省健康局、二〇〇八年を参照。

(17) 発行される公営企業債のうち、その大宗を占める水道事業債の元利償還費用の二分の一については地方交付税の普通交付税措置で賄われる。この点については、総務省自治財政局公営企業経営室資料「水道事業に係る制度（平成三十年一月）」、二〇一八年を参照。

(18) 総務省通知「公営企業の経営に当たっての留意事項について」、二〇一四年を参照。

(19) 堀場勇夫「論評：公営企業の経営戦略の策定とその活用―上下水道事業を中心として―」地方財政二〇一五年七月号、二〇一五年を参照。

(20) むかわ町ホームページ（http://www.town.mukawa.lg.jp/）を参照。

(21) 全国簡易水道協議会『全国簡易水道統計』「資料編」、二〇一八年の統計を参照。

(22) そのほか、従来型委託として検針、集金、開閉栓業務も委託をしている。

(23) 第三者委託の概要とその意義については、前掲、保屋野・瀬野、二〇〇五年が詳しい。

(24) 日本水道協会『水道事業における民間的経営手法の導入に関する調査研究報告書』、二〇〇六年。前掲、保屋野・瀬野、二〇〇五年を参照。

(25) 第三者委託導入までの経緯についてはむかわ町へのヒアリング調査結果による。また、前掲、保屋野・瀬野、二〇〇五年では第三者委託の成立の背景には、「民営化」だけでなく、小さい水道の技術面での立ち遅れを是正するため、東京都水道局のような大きめの力のある自治体水道が助けるといった形が想定されていたと論述されている。

(26) むかわ町簡易水道事業および統合後上水道事業（簡易水道部分）の財政分析については、穂別町『穂別町簡易水道事業特別会計歳入歳出決算書』、平成十五年度版から平成十七年度版、むかわ町『むかわ町簡易水道事業特別会計歳入歳出決算書』、平成十八年度版から平成十九年度版、むかわ町『むかわ町上下水道事業会計決算書』平成二〇年度版から平成二五年度版、むかわ町『むかわ町上下水道事業会計予算』平成二六年度版をそれぞれ参照。

(27) 水道料金は合併時に上水道料金と統合した結果、値上げされている。

(28) 二〇〇六年度から二〇〇八年度にかけての町債・企業債および、国庫補助金の急減は、合併による財政措置が関係している。水道事業についても合併によって普通交付税・特別交付税・合併特例債による財政措置が存在し、一般会計繰入金を経由して投入されていることが予想される。詳細は日本水道協会『市町村合併に伴う水道事業統合の手引』、二〇〇四年を参照。

(29) 本研究にあたっては北海道総合政策部地域行政局市町村課ならびに、北海道むかわ町経済建設課、同地域経済課、むかわ町簡易水道維持管理委託事業者である有限会社H・S・Kより協力が得られたことを心より感謝する。なお、本研究は地方公営企業連絡協議会調査研究事業助成による研究成果の一部であることを申し添える。しかしながら、本章の内容に関する責任のすべては筆者に帰するものである。

第六章　公共交通政策とナショナル・ミニマム

其田茂樹

一　公共交通政策におけるナショナル・ミニマム

本章の課題は、ナショナル・ミニマムという観点から日本の公共交通に関する現状を検討することによって、求められる施策の方向性を明らかにすることである。

日本の交通政策の特徴は、公共交通は営利で運営されるという認識が一般的であることにある(1)。もちろん、かつて日本国有鉄道が存在していたことや現在でも地方自治体によって運営されている交通事業が存在することは事実であるが、この営利で運営されているという認識が、ナショナル・ミニマムの設定にも影響を与えている可能性がある。

先行研究等により、公共交通に関してナショナル・ミニマムがどのように論じられてきたかを若干振り返っておこう。細田繁雄は、ナショナル・ミニマムを国家（地域的には地方公共団体）が「社会的責任として国民に保障する最低限度の生活水準」としたうえで、交通におけるナショナル・ミニマムを「国あるいは地域社会の国民経済的な必要性に応え、経済厚生の増進を目的として、公共交通の利用による可動性を維持し、不特定多数の者がだれでも、いつでも交通サービスを利用できるよう保障すること」であるとしている。[2]

このように、一般的に用いられる「ナショナル・ミニマム」という用語の意味を日本国憲法第二五条の生存権の保障に求め、それを交通分野に当てはめた際の表現について論じられるものが多いと思われる。この点、たとえば織田憲吾は、「もし、ナショナル・ミニマムの思想が、交通体系の分野において否認された場合には、日本国憲法第二五条から第二八条までに保障している生活権、教育を受ける権利、勤労権、労働三権も直接間接に侵害されることとなるであろう」としているほか、井本正人は、ナショナル・ミニマムを「国民に遍く確保されるべき最低限度の（生活）水準のことである」としている。[3] さらに、松本勇によれば、国土交通省運輸政策審議会航空部会第三回小委員会（二〇〇一年）配布資料において、狭義のナショナル・ミニマムとして「憲法二五条に規定される生存権の保障が、最も狭義であると考えられる」との紹介がなされている。[4]

その一方で、藤井彌太郎は、「ミニマムの領域と市場に委ねる領域との区分が、社会的契約としての『公』の肝要な政策課題である」としたうえで、日本の交通においてナショナル・ミニマムの境界が示された事例として、鉄道では特定地方交通線（旧国鉄で旅客輸送密度一日四千人未満等の路線を廃止対象とした）を、バスでは第三種生活路線（平均乗車密度五人未満の路線を自治体サービスに転換）等をそれぞれ挙げている。[5]

これはむしろ、市場において事業として成り立ちうるかを示すものであろう。すなわち、前者の鉄道事業は、旧国鉄が民営化されるにあたり設定されたものである。この水準に満たない路線について、藤井によれば「鉄道として社会的に意義を失った」としているが、実際にはこれを下回る旅客輸送密度で運営されている民間の鉄道も存在しているし、旧国鉄によってナショナル・ミニマムとして鉄道が供給されていたとしても、その民営化に際し廃止対象となった路線の沿線において、鉄道に代わる代替交通手段を生存権に準じて国（または地方自治体）が保障してきたわけでもない。

寺田一薫・中村彰宏は、ナショナル・ミニマムの論議を、「負担との直接の関係なしに受益の程度自体を評価する立場」としながら、藤井の挙げるような基準を「相対基準」のナショナル・ミニマムと考えることができ、現実に選択されていると解釈できるとしている。(6)

周知の通り、日本においては、需給調整規制の緩和によって退出規制も大幅に緩和されている。このことは、公共交通政策においてナショナル・ミニマムの考え方が弱くなってきたことを示すのであろうか。あるいは、営利で運営されてきた公共交通が行き詰まったため、企業への市場からの退出を容易にしたうえで、改めてナショナル・ミニマムの水準をいかに保障すべきかが検討されていくことになるのであろうか。

少なくとも、営利組織による公共交通の運営は、交通モードや地域によってその要因は異なる可能性が高いとはいえ、厳しくなっているのは明らかであろう。そして、運営する企業が市場から退出した状態のままの市場に公共交通が委ね続けられることによって、医療や教育等といったサービスへのアクセスが困難になることは、ナショナル・ミニマムを保障する観点から政策的に重要な課題であり続ける。

また、市場に委ねる場合も、従来の交通モードを民間企業が運営することのみ議論しても不十分である。すなわち、いわゆる「シェアリングエコノミー」に期待する発想である。公共交通に関しては、とりわけ「カーシェア」、「ライドシェア」等との関連が重要となる。

前者に関しては、現段階では主として都市部におけるコインパーキング等において事業として展開されているものが多い。過疎地等においては、自動車の普及率が高いことやカーシェアの事業者があまり進出していないことなどから自動車の所有形態に影響を与える程には及んでいないと思われる。公益財団法人交通エコロジー・モビリティ財団の二〇一七年三月の調査によると、運営組織等の数は三一団体、車両ステーション数は一万二九一三カ所、車両台数は二万四四八五台、会員数は一〇八万五九二二人となっている。同財団の過去の調査と比較すると、車両ステーション数、車両台数、会員数は順調に伸びているものの、運営組織等の数は二〇一四年一月時点の調査（三三団体）よりも減少していることがわかる。(7)

事業者によらず、自治会や町内会等で共同所有しようとする場合、現状では、車両の管理等で課題が多い。すなわち、任意団体では財産の登記ができず、代表者の個人名義とすると、車両の税負担や保険料、事故に際しての所有者としての責任等を負うこととなる。[8] このような、収益事業として成り立ち難い移動のニーズを満たすための取り組みを支援する制度設計が今後重要になると思われる。

次に、ライドシェアについて検討を加えたい。日本では、自家用有償旅客運送制度（二〇〇六年創設）があるが、国家戦略特区でも自家用自動車の活用拡大が制度化されるなど注目を集めている。ライドシェアとは何かについて、国土交通白書においては、「自家用車の運転者個人が自家用車を用いて他人を有償で運送するサービスにおいて、運転者と乗客とをスマートフォンのアプリ等で仲介するもの」としている。[9]

ライドシェアの導入に積極的な団体のひとつに新経済連盟がある。同連盟によると、ライドシェア導入のメリットとして、ライドシェアができることに①消費者利便性の向上、②働き方改革、③スマートシティ、④波及的な経済効果があり、ライドシェアでなければできないことに、⑤タクシーに生じる需給のミスマッチの解消、⑥交通空白地域における安全性・モビリティの確保、があるという。[10]

一方、国土交通省においては、『国土交通白書 平成28年度版』に「運行管理や車両整備等について責任を負う主体を置かないままに、自家用車のドライバーのみが運送責任を負う形態を前提としており、このような形態の旅客運送を有償で行うことは、安全の確保、利用者の保護等の観点から問題があり、極めて慎重な検討が必要である」という文書を記載している。同白書では、続いて、「自家用車を用いたライドシェアについては、ドイツ、フランス、英国（ロンドン市）、韓国等において禁止されている」ことを指摘した後、「日本において社会的に受容される合法な旅客運送サービスにおいて、ＩＣＴの活用による利便性や生産性の向上を図ることは重要であると考えており、タクシーにおけるスマートフォンの配車アプリの活用による『運賃事前確定サービス』や『相乗りサービス』等の新たなサービスの実現に向けた実証実験に必要な経費を二〇一七年度予算案に盛り込むことと

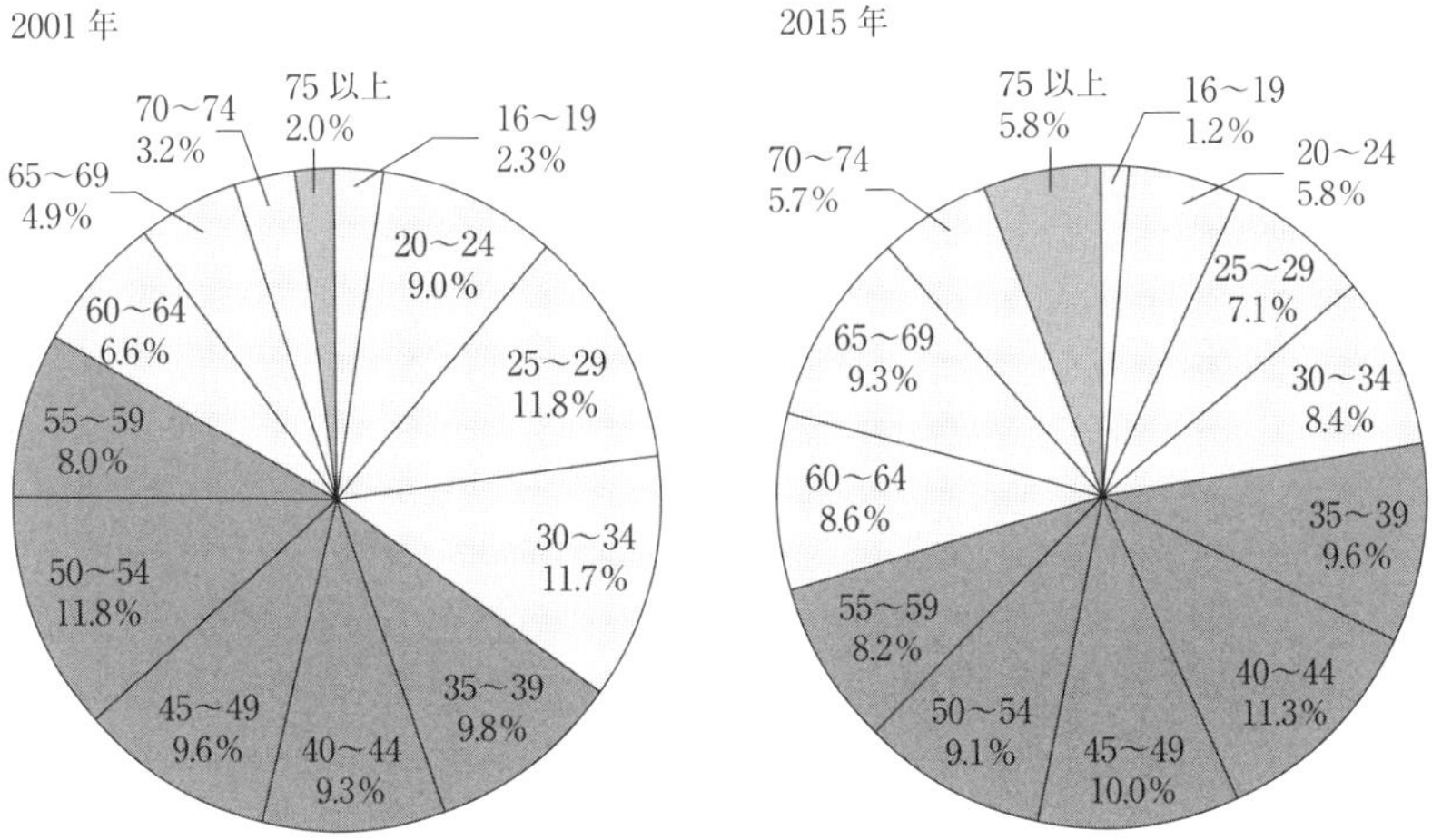

出所：『交通安全白書』各年版より作成.

図6-1　運転免許保有者の年代別シェア

していると、タクシー業界の改善のためのツールとして、その有効性を認識しているように思われる。

ここで、ライドシェアの可否について性急に結論を出すことはできないが、積極的に導入している国々と禁止されている国々における人口構成やタクシー事業のあり方等、ライドシェアの背景にあるものについて客観的な比較が必要であると思われる。

本節では、新経済連盟の挙げたメリットの⑥について、すなわち、人口減少を伴いながら少子高齢化が進んでいると思われる交通空白地域において、ライドシェアにより公共交通はどこまで代替可能なのであるかを若干検討したい。

図6-1によって、二〇〇一年度と二〇一五年の運転免許保有者の年代別シェアを確認すると、三五歳から五九歳でほぼ免許保有者の半数を占める状態は変化がないものの、三五歳以下のシェアの減少を六〇歳以上のシェアが増加することによって補っていることがわかる。特に、七五歳以上のシェアはこの間約三倍に達していることが見て取れる。

次に図6-2によってそれぞれの年代における免許保有率の推移を確認しよう。

これを見ると、全年齢における免許保有率はいまだに上昇

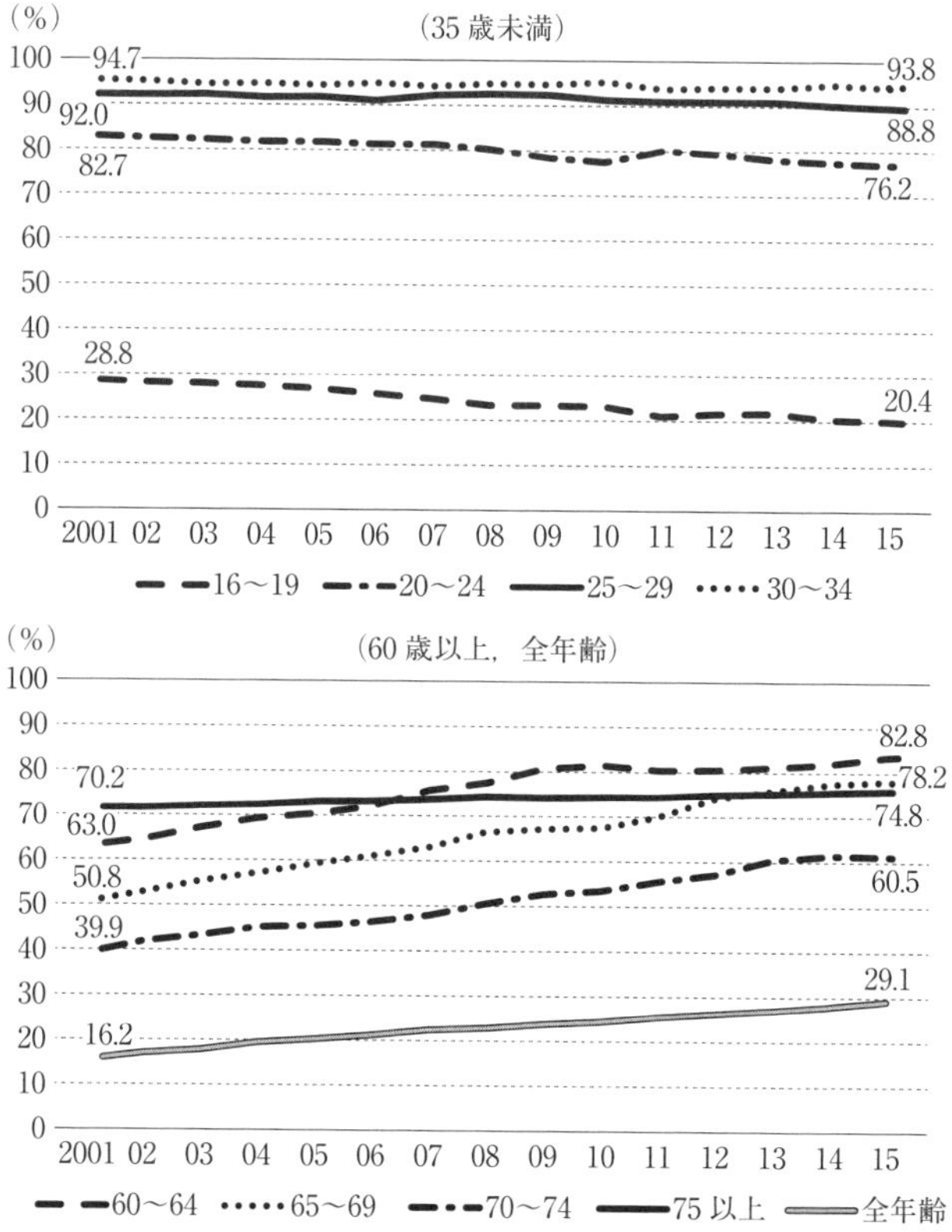

出所：『交通安全白書』各年版より作成.

図 6-2　年代別運転免許保有率の推移

していることが確認できる一方で、若年層における保有率の低下と高齢者における保有率の増大が顕著に見受けられ、全年齢における保有率の上昇は、若年期に高いシェアで免許を保有した者が高齢者となったことにより引き起こされているとわかる。二〇〇一年度と比較して二〇一五年度には、六五歳以上の年齢層における免許保有率がいずれも二〇ポイント以上上昇しているのである。

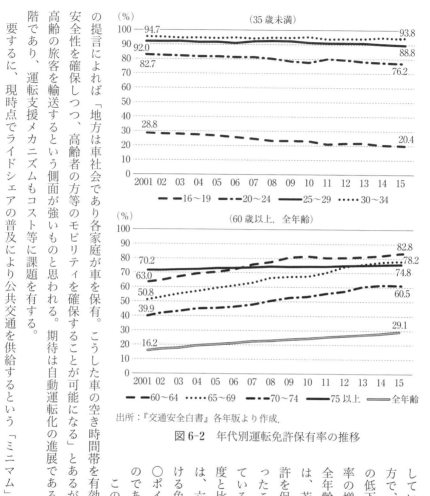

この結果から、新経済連盟の提言によれば「地方は車社会であり各家庭が車を保有。こうした車の空き時間帯を有効活用することにより、安全性を確保しつつ、高齢者の方等のモビリティを確保することが可能になる」とあるが、高齢のドライバーが高齢の旅客を輸送するという側面が強いものと思われる。期待は自動運転化の進展であるが、自動運転は実験段階であり、運転支援メカニズムもコスト等に課題を有する。

要するに、現時点でライドシェアの普及により公共交通を供給するという「ミニマム」が代替されるのは難しく、実現してもごく一部の地域であると思われる。

ここでは、交通に関するミニマムについて、さまざまな規定が試みられていること、また、日本では、交通は市場により供給されるものであるという認識が根強い中、ライドシェア等の新たな手法も導入されつつあるが、現状においては、それらが交通に関するミニマムを保障しうるものにはなっていないことを確認しておく。

したがって、政策的に交通が確保されることが必要となってくる。次節以降で触れるように、交通に関するミニマムが保障されていることが、教育や医療などといった他のミニマムの保障にも重要に関わってくること等から、日本においても交通政策基本法が成立・施行されるようになったものと思われる。次節では、交通政策基本法が成立する過程を中心に見据えながら、検討を進めていきたい。

二　交通政策基本法の制定過程とナショナル・ミニマム

公共交通をめぐるナショナル・ミニマムを検討する際の重要な論点は「交通権」や「移動権」等についてである[11]。嶋田暁文は、「移動権」の法的性質を、第一に、「移動権」を国家の政治的目標ないし政治的・道徳的義務を規定する「プログラム規定」とする理解、第二に、「移動権」を裁判上の請求権としての具体的な権利とする理解、第三に、両者の中間的な位置づけ（『移動権』に法規範性は認めるが、行為規範にとどまる）と整理したうえで、「『移動権＝抽象的権利』として理解される可能性が最も高いと思われる」としている[12]。

森稔樹は、この整理の第二の理解を出発点として「移動の権利」、「交通権」について、和歌山線格差運賃返還請求事件や北総鉄道訴訟などを検討しながら分析を試みて、法律学的には、これらの権利について否定的な見解に達せざるを得ないことに言及している[13]。

香川正俊は、同じくこの整理の第二の理解について、「請求権としての性格を持つには、一般に『基本法』自体に具体的な権利規定としての裁判規範性を持たせるか、もしくは『移動権』に関する内容を具体的に定めた個別法がなければならない」と指摘している。[14]

ここで、現在の交通政策基本法が成立するまでの過程を、交通や移動に関する権利についての規定ぶりを中心に振り返っておきたい。

この法律は、もともとは二〇〇二年の第一五四回国会に細川律夫らによって、議員立法の「交通基本法」として提案されたことに端を発する。

ここでは、法律の目的（第一条）に「交通が、国民の諸活動の基礎であるとともに、環境に多大な影響を及ぼすおそれがあることにかんがみ、移動に関する権利を明確にし、及び交通についての基本理念を定め、（以下略）」とし、「移動に関する権利」を明確に謳っている。

移動に関する権利については、続く第二条において、「すべて国民は、健康で文化的な最低限度の生活を営むために必要な移動を保障される権利を有する」とした上で、同条第二項では「何人も、公共の福祉に反しない限り、移動の自由を有する」と規定している。

これらは、抽象的な権利としての規定であろう。実際、この法案は、国民の権利をどの主体がどう保障するかを規定していない。この法案は、審議未了のまま国会が閉会した。

交通基本法は、細川律夫らによって第一六五回国会に再び提案された。この法律の第一条は、第一五四回国会に提出されたものと比較すると、若干の文言の差はあるものの、移動の権利を明確にするという点は維持されている。[15]また、続く第二条において定める移動に関する権利についての規定は変更されていない。

この法案は、二〇〇九年の衆議院解散を受けて廃案となった。その後の政権交代を経て、二〇一一年の第一七七回国会において、今度は内閣提出法案として交通基本法が提案されることとなった。しかし、このとき与党議員となった細川律夫らが以前に提案した議員立法とは異なり、移動の権利に関しては、規定そのものを行わない法案となっている。

当時の民主党が、選挙戦に際して掲げた民主党政策集「ＩＮＤＥＸ２００９」には交通基本法についての記述があり、そこには、「『交通基本法』を制定し、『移動の権利』を保障し、新時代にふさわしい総合交通体系を確立します」と述べられている。

民主党政権における法案の検討に重要な役割を演じたのは、国土交通省において二〇〇九年一一月一三日から開催された「交通基本法検討会」である。同検討会では、権利の保障やそのあり方について議論がなされ、それを受けて国土交通省が二〇一〇年三月三〇日に発表した「交通基本法の制定と関連施策の充実に向けて—中間整理—～人々が交わり、心の通う社会をめざして～」にも、「交通基本法の根幹に据えるべきは『移動権』だと思います。まず、私たちひとりひとりが健康で文化的な最低限度の生活を営むために必要な移動権を保障されるようにしていくことが、交通基本法の原点であるべきです」と、移動権の保障が謳われている。同年六月二二日に同省が発表した「交通基本法の制定と関連施策の充実に向けた基本的な考え方（案）」においても、同じ表現で移動権の保障の重要性を指摘している。

しかし、その後国土交通省の審議会のもとに設置された「交通基本法案検討小委員会」では、「交通基本法案に文字どおり『移動権』若しくは『移動権の保障』と規定することは、現時点では時期尚早であると考えられる」と結論づけている。

同小委員会が二〇一一年二月に取りまとめた報告書「交通基本法案の立案における基本的な論点について」によると、①法制論、②行政論、③社会実態論の三つの観点から移動権やその保障に関しての問題点が指摘されている。さらに、従前の交通基本法案に関連するパブリックコメントや実施したアンケート結果によれば、移動権についてはさらに検討が必要であるとする意見が過半数を占めたことなどを踏まえ、「時期尚早」と結論づけている。

ただし、この報告書においては、「移動権を文字どおり権利として規定するのは時期尚早だとしても、『移動権』について論じること自体が交通というものを考えるための良いきっかけとなっており、また、それが求められる背景には移動に関する差し迫った問題がある」ともしており、「すべての人々の移動に係るユニバーサルデザイン化の推進の重要性について規定すべきである」と、「移動権」に近い内容を盛り込むことには積極的であった。

この交通基本法案は、提出間もない二〇一一年三月一一日発災の東日本大震災の影響もあり継続審査となり第一七七回国会で審議未了となった。政権再交代を経た二〇一三年六月の第一八三回国会に民主党（当時）の三日月大造らによって議員立法として提案された。

民主党政権時代に閣法として提出された交通基本法案と、政権再交代後に提出されたそれとを比較すると、目的を定めた第一条は共通であるものの、第二条の一部には微妙な違いが見受けられる。すなわち、後者では、「国民の健康で文化的な最低限度の生活を営むために必要な移動その他国民等（国民その他の者をいう。以下同じ。）が日常生活及び社会生活を営むに当たり必要な移動、物資の円滑な流通その他の国民等の交通に対する基本的な需要が適切に充足されなければならない。」とされている。

結局、この議員立法も第一八三回国会、第一八四回国会では審議されることはなく、二〇一三年の第一八五回国会において、内閣提出の交通政策基本法と一括して審議されるに至る。このような経緯をたどり、結局、議員立法の交通基本法案は撤回され、内閣提出の交通政策基本法が可決、成立することとなる。

森稔樹は、このような経過について、「事情の詳細は明らかではないが、自由民主党・公明党連立政権も交通基本法案の重要性を認識していたものと思われ、最初から案を作成し直すのではなく、第三次交通基本法案（第一八三回国会提案法案―引用者）を利用することなどについて与野党間での調整が行われ、実質的な一本化がなされたものと考えられる」としている。また、第二条に関して、交通基本法案には「ここには『移動の権利』の痕跡が残っている」とする一方、交通政策基本法については、「高齢者、障害者、妊産婦等のものが『日常生活及び社会生活を営むに当たり必要な移動』に『最大限配慮すること』が求められることになるであろう」とその異同を指摘している[16]。

これらの経過から、交通に関する基本的な法律の必要性は認識されつつ、東日本大震災、政権交代等により実質的な立法過程が停滞する中で、移動の権利についても十分に議論がなされないままより抽象度が高められ、最終的には条文に反映されないこととなったことがうかがわれる。

交通政策基本法における交通に関しての認識は、「交通が、国民の自立した日常生活及び社会生活の確保、活発な地域間交流及び国際交流並びに物資の円滑な流通を実現する機能を有するものであり、国民生活の安定向上及び国民経済の健全な発展を図るために欠くことのできないもの」、「交通に対する基本的な需要が適切に充足されることが重要である」（以上、第二条）、「交通が、国民の日常生活及び社会生活の基盤であること、国民の社会経済活動への積極的な参加に際して重要な役割を担っていること及び経済活動の基盤であること」（第三条）などとされ、交通に関する施策は、「交通が、豊かな国民生活の実現に寄与するとともに、我が国の産業、観光等の国際競争力の強化及び地域経済の活性化その他地域の活力の向上に寄与するものとなるよう、その機能の確保及び向上が図られることを旨として」（第三条）としているほか、「交通による環境への負荷の低減を図ること」（第四条）、各交通手段の適切な役割分担と有機的かつ効率的な連携（第五条）、交通以外の施策等との連携、協働（第六条）、等をそれぞれ定めている（第二条から第六条までが「基本理念」）。

交通政策基本法において国は、基本理念にのっとり、「交通に関する施策を総合的に作成し、及び実施する責務」（第八条）を、地方公共団体は、基本理念にのっとり、「国との適切な役割分担を踏まえて、その地方公共団体の区域の自然的経済的社会的諸条件に応じた施策を策定し、及び実施する責務」（第九条）をそれぞれ定めている。以降の条文では、交通関連事業者及び交通施設管理者の責務（第一〇条）、国民等の役割（第一一条）等が定められている。

さらに、交通に関する基本的施策として、政府が交通政策基本計画を策定する（第一五条）、国は、交通手段の確保その他必要な施策（第一六条）、自動車、鉄道車両、船舶及び航空機、旅客施設、道路並びに駐車場に係る構造及び設備の改善の推進その他必要な施策（第一七条）、定時性の確保、速達性の向上、快適性の確保、乗継ぎの円滑化その他交通結節機能の高度化、輸送の合理化その他の交通の利便性の向上、円滑化及び効率化のために必要な施策をそれぞれ講ずる（第一八条）ことなどが規定されている。

それに対して、地方自治体の施策としての条文は、「地方公共団体は、その地方公共団体の区域の自然的経済的社会的諸条件に応じた交通に関する施策を、まちづくりその他の観点を踏まえながら、当該施策相互間の連携及びこれと関連する施策との連携を図りつつ、総合的かつ計画的に実施するものとする」（第三二条）のみである。

交通政策基本法の施行後に行われた地域公共交通の活性化及び再生に関する法律の改正（二〇一四年）では、地域公共交通網形成計画を事業者等と協議、地方自治体が協議会を開催して策定することができるとされている。この地域公共交通網形成計画は、「持続可能な地域公共交通網の形成に資する地域公共交通の活性化及び再生を推進するための計画」である。[17]第三二次地方制度調査会第四回専門小委員会資料によると、二〇一八年八月末までに、四二七件の地域公共交通網形成計画が策定され、二四件の地域公共交通再編実施計画が国土交通大臣より認定されている。地域公共交通再編実施計画とは、地域公共交通網形成計画実現のための実施計画の一つであり、そこに、地域公共交通特定事業のうち「地域公共交通再編事業」に関する事項を記載した場合、同事業の実施計画として定められる。[18]これも、地方自治体が事業者等の同意のもとに作成する。

地域公共交通網形成計画は、国が策定する地域公共交通の活性化及び再生に関する基本方針に基づいて作成されるものである。この「基本方針」には、①住民、来訪者の移動手段の確保、②地域社会全体の価値向上、③安全・安心で質の高い運送サービスの提供等という「持続可能な地域公共交通網の形成に資する地域公共交通の活性化及び再生の目標」が掲げられているが、「ミニマム」の水準を具体的に示すものとはなっていない。

この点、そもそも、人口や地理的条件の異なる各地において具体的な基準を示すことが困難であるという背景も当然あり得るが、ここで重要なのは、同基本方針のいう「ともすれば民間事業者の事業運営に任せきりであった従来の枠組みから脱却」するという視点であろう。すなわち、ここから、まずは、各地域において展開された施策を「ミニマム」として積み上げ、全国的なレベルでの「ミニマム」に至る可能性があると思われる。

したがって、交通政策における「ミニマム」は、まず、地方レベルでの政策展開が重要となる。地域によっては、独自の「公共交通条例」等を定めて施策の展開を図るなど先駆的な取組も散見されるが、先に触れた地域公共交通網計画や地域公共交通再編実施計画の策定・認定数をみても十分とはいえない[19]。これらの計画策定に向けた支援等をより積極的に展開することは、政府が「ミニマム」として実施すべきことではないかと思われる。

三　公共交通をめぐる財政支援の現状

交通政策基本法においては、第一三条に「政府は、交通に関する施策を実施するため必要な法制上又は財政上の措置その他の措置を講じなければならない。」と規定しているが、同法施行以降において、新たな財政上の措置が講じられた形跡はない。

また、交通をめぐる財政関係は、国や地方自治体といった政府部門と事業を運営する主体との間で複雑に絡み合い、総括的に把握するのが難しいという課題もある。地方自治体によって、地方公営企業として交通事業を運営しているもの、コミュニティバス等を民間事業者に委託し、一般財源から補助しているもの、事業者に出資をして経営に参画しているものなど、事業者との関係も複雑である。

表 6-1　地方バス路線維持費国庫補助金
（地域間幹線系統確保維持費国庫補助金）交付実績の推移

（千円）

	2001 年度	2002 年度	2003 年度	2004 年度	2005 年度
運行費（生活交通路線維持費補助金）	2,811,065	6,500,200	6,659,166	6,399,684	6,459,550
車両購入費（生活交通路線維持費補助金）	1,668,580	818,237	629,517	779,720	689,787
その他	167,576		12,133	84,868	52,972
合　計	4,647,221	7,318,437	7,300,816	7,264,272	7,202,309
	2006 年度	2007 年度	2008 年度	2009 年度	2010 年度
運行費（生活交通路線維持費補助金）	6,672,235	6,575,841	6,796,189	6,326,243	6,304,551
車両購入費（生活交通路線維持費補助金）	746,781	1,095,511	1,125,637	1,376,903	36,927
その他	11,873	10,148	81,616	204,823	93,943
合　計	7,430,889	7,681,500	8,003,442	7,907,969	6,435,421
	2011 年度	2012 年度	2013 年度	2014 年度	2015 年度
運行費（生活交通路線維持費補助金）	7,150,099	7,225,923	8,054,936	8,031,901	8,180,501
車両購入費（生活交通路線維持費補助金）	325,944	550,956	832,382	904,049	1,109,405
その他	128,920				
合　計	7,604,963	7,776,879	8,887,318	8,935,950	9,289,906

出所：日本バス協会『日本のバス事業』2016 年版より作成.

ここでは、バス事業を中心にこれまでの国の財政支援を簡単に整理した上で、今後必要となる財政的支援や地方自治体の体制について若干の検討を加えたい。表6-1は、地方バス路線維持費国庫補助金（地域間幹線系統確保維持費国庫補助金）交付実績の推移である。

表中の「その他」は、年度により異なるが、特別指定生活路線運行費補助金、車両購入費、生活交通再生路線補助金、路線合理化促進費である。

この補助金は、複数市町村にまたがる系統であること、一日当たりの計画運行回数が三回以上のもの等の要件があり、これをもって全ての事業についてカバーされているものではない。たとえば、地域内フィーダー系統補助などのメニューも用意されているためこの金額の推移をもって政策に対する評価を行うのは難しい。国庫補助とはいえ、原則は都道府県の補助に歩調を合わせたというのが実情と思われる。また、補助の対象者は、「一般乗合旅客自動車運送事業者又は地域公共交通活性化再生法に基づく協議会」とされている。「地域公共交通確保維持改善事業費補助金交付要綱」

によれば、この協議会は、①「関係する都道府県又は市区町村」、②「関係する交通事業者又は交通施設管理者等」、③「地方運輸局等又は地方航空局」、④「その他地域の生活交通の実状、その確保・維持・改善の取組に精通する者等協議会が必要と認める者」であり、④については、「例えば、道路管理者、利用者の代表、労働組合の代表などがこれに該当する」とされている。

現状では、運行費に関する情報等の多くは事業者のもとにあり、事業者の積極的な情報開示と協議会の構成員がその情報を客観的に評価する能力が求められる。そのためには、地方自治体の側における組織の整備、人材の確保が急務であるように思われる。自治労「自治体公共交通施策に関する調査報告 二〇一七年一月実施」によれば、都道府県は回答を回収した二五団体すべてにおいて、市区町村は、回答のあった五四八団体中五三五団体において、公共交通を担当する部署が存在しているとの回答を得ている[20]。しかし、部署名から交通に関する業務を主に担当していないと思われるものが含まれ、人数も、市区町村においては公共交通を担当している者について「一人」との回答が最も多く（四五・四％）町村に限れば六一・九％に達しており、さらなる充実が求められよう。

国から地方自治体への財政支援には、国庫支出金のほか地方交付税によるものがある。交通（生活交通）のための経費は、特別交付税により財源が措置されてきたが、二〇〇一年度から都道府県分について、一部普通交付税による措置も設けられている。

総務省の報道資料によりさかのぼって、特別交付税の交付決定額の推移をみると、表6-2のようになっている。特別交付税の内訳は、統計の整備が十分とはいえず、多くを総務省の報道資料に頼ることとなる。内訳の項目と、合計との乖離が大きいのもそのためであるが、特別交付税合計の推移に対して、地域公共交通の確保の項目が順調に伸びていることが確認できる。しかし、これらの特別交付税が、どの自治体においてどのくらい活用されているかについては、各自治体の決算などによるしかない。たとえば、二〇〇九年度の総務省報道資料によ

表6-2　特別交付税交付決定額の推移

（億円）

	2010年度	2011年度	2012年度	2013年度	2014年度	2015年度	2016年度
台風・地震等の災害	89	302	200	223	341	344	1,280
除排雪	361	478	448	426	441	308	402
公立病院等における医療提供体制の確保	892	1,031	1,048	1,054	1,071	1,110	899
消防・救急	198	200	208	201	219	231	212
公営企業の経営基盤強化	381	393	410	421	413	409	423
地域公共交通の確保	466	478	505	538	575	597	601
合　　計	10,318	15,197	10,473	10,237	10,131	10,053	10,530

出所：日本バス協会『日本のバス事業』，『地方財政』における各年度の「特別交付税について」より作成.

れば、項目として「地域公共交通の確保」は挙げられていないが、翌年の二〇一〇年度のそこには、「地域交通の確保」として四六六億円という交付額が示され、前年度も同額が交付されていることが確認できる。表6-2により確認できる額の増加が、算定項目が増えたことによりもたらされたものか、同じ項目に対して措置される金額が増えたのか等についても更に検証が必要であると思われる。

特別交付税に関する省令第四条をみると、「地方バス路線の運行維持に要する経費のうち特別交付税の算定の基礎とすべきものとして総務大臣が調査した額に〇・八を乗じて得た額から、当該年度の基準財政需要額のうち当該道府県が地方バス路線の運行維持に要する経費に相当する額として総務大臣が算定した額を控除した額（当該額が負数となるときは、零とする。）とする」とされ、同省令第五条（市町村に係る三月分の算定方法）においては、「地方バス路線の運行維持に要する経費のうち、特別交付税の算定に基礎とすべきものとして総務大臣が調査した額に〇・八を乗じた額とする。」としている。[21]

ここから、道府県において「地域公共交通の確保」という特別交付税のうち、「地方バス路線の運行維持」については、何らかの形によって基準財政需要額に組み入れられ、普通交付税による算定の対象となっていることがわかる。

この普通交付税措置が創設されたのは、二〇〇一年度である。これに併せて、特別交付税による措置も変更されている。端的にいうと、二〇〇〇年度までは、道府県が当該年度において負担した額に〇・八を乗じたもの（国の補助を受けたもの、受けないものは〇・六、ただし、例外あり）となっていたものが、二〇〇一年度には、〇・八に統一され、その額から「当該年度の基準財政需要額のうち当該道府県が地方バス路線の運行維持に要する経費に相当する額として総務大臣が算定した額を控除した額（当該額が負数となるときは、零とする。）」とされている。算定率は一見充実しても、基準財政需要額として算定されたものが控除されるため、実際に措置される特別交付税の額自身は増えない可能性も考えられる。

『地方交付税制度解説（単位費用篇）』により、「標準団体行政経費積算内容」を確認すると、二〇〇一年度において、その他の行政費、企画振興費の細目企画調整費・細節企画調整費に生活交通確保対策（補助・単独）として五七三〇万四千円計上されたのを皮切りに、二〇〇六年度までほぼ同額が計上されている。[22]二〇〇七年度からは、包括算定経費の導入に伴い、『地方交付税制度解説（単位費用篇）』ではこのような細節にわたる比較ができなくなっている。

比較可能なものとして残されたのは、「単位費用算定基礎」における企画調整費であり、それは、二〇〇六年度の二億七三八四万一千円に対し、二〇〇七年度には、二億八千一〇〇万円となっているが、この数値では、生活交通確保対策がどのように算定されたかを検証することは困難である。

二〇〇七年度における包括算定経費（人口）の「単位費用算定基礎」は、二一〇億円であるが、二〇〇六年度における企画振興費（三二億円）、その他諸費（一一〇億円）（以上、経常経費）、河川費（二三億円）、高等学校費（一六億円）、特殊教育諸学校費（五億円）、社会福祉費（三億円）、高齢者保健福祉費（四億円）、農業行政費（三三億円）、林野費（三九億円）、その他諸費（四七億円）（以上、投資的経費）の合計三一三億円となっている。[23]したがって、単なる「統合」ではなく「見直し」を実施した結果、算定額を切り下げる方向に作用している可能性も残されるのである。

特別交付税の算定にあたって、基準財政需要額に算入された額を控除する仕組みになっていることそのものにも違和感はあるが、こうして基準財政需要額にどのくらいの額が全体として参入されているかなどの情報は、公共交通における「ミニマム」の水準を検討するにあたっても不可欠であると思われる[24]。

本節においては、地方のバス事業を中心にして、国の財政措置を概観した。しかし、その中心は、補助金であり、地方交付税措置は、特別交付税が一部存在しているものの、普通交付税は、それを補完しているに過ぎない。普通交付税がほとんどを占める地方交付税が「地方公共団体間の財源の不均衡を調整し、どの地域に住む国民にも一定の行政サービスを提供できるよう、財源を保障するためのもの」であることに鑑みれば、現時点でも、交通における「ミニマム」が十分に確保されているとはいえないことが確認できよう[25]。

これは、日本においては、交通についてかなり市場化が進んでおり、政策の対象となってこなかったことやモータリゼーションがそのことに拍車をかけたことなどさまざまな理由が考えられるが、一方で、最近の報道や統計等を挙げるまでもなく、交通の市場が小さくなり、それでいて、自ら運転するのが困難な人が人口に占める比率が高まる中で政策的に「ミニマム」を保障する必要性が高まっていることも論を俟たないと思われる。

交通政策基本法第一三条のいう交通に関する施策を実施するため必要な財政上の措置をどのように講じていくかについては現時点では未知数であり、今後の大きな課題であると思われる[26]。

四　むすびに代えて

本章において、日本の公共交通に対する政策は、交通政策基本法という新しい法律は作られたものの、移動の権利の保障という面において議論が不十分なままであり、規制緩和により参入・退出に対する規制が緩められる中、財政的な措置も従来の補助金の延長線にとどまっている現状が明らかになった。

「フランス国内交通基本法」（ＬＯＴＩ）七条三で交通運営に関わる資金は原則として利用者が負担することが明記され、場合によっては、国、地方公共団体あるいは直接・間接にサービスの利益を受ける受益者が負担するとされ、運賃は利用が多くなるように決定ないし認可されるとしているという。[27] また、フランスには Versement Transport（交通負担金・交通税などと訳される、本章ではＶＴと呼ぶ）財源も存在している。

南聡一郎によると、ＶＴは、「都市自治体が域内の事業所（企業および公的機関・学校や病院などの公益法人）に対して、従業員の給与を課税ベースとして都市公共交通の財源を課税する地方税制度」であって、「事実上の法定目的税であり、定められた条件の範囲内で、自治体が自らの裁量で徴税するか否か、および税率の決定を行うことができる」もので、その使途は、「都市公共交通の建設費（資本費）ならびに運営費の財源に充てることができ、また公共交通と自転車の連携強化に関連する事業費にも充てることができる」という。[28]

財源の規模も大きく料金収入を上回る収入を確保していることから、まさに、公共交通の基幹的な財源であるといえる。日本の地方税制度に照らすと、事業所税の従業者割に近い制度であろう。事業所税もその使途に道路、都市高速鉄道、駐車場その他の交通施設の整備事業が挙げられている。

当然、この事業所税の課税団体を拡大し、税率を引き上げるなどして交通に関する「ミニマム」のための財源に充てるのも有力な方法のひとつであると思われる。しかし、より重要なのは、交通に関する施策が「ミニマム」として保障すべき対象であるという認識を国も地方自治体も共有することであり、この認識の共有から、地方自治体における交通政策を担当する部署の設置、人員の充実にもつながるものと思われる。

このことから考えると、日本においては、まず、普通交付税の個別算定経費において、都道府県、市町村ともにその基準財政需要額の算定項目として交通に関する項目を設けることが必要であると思われる。

単位費用・測定単位・補正係数の設定など具体的な制度設計は今後の課題としたいが、補助金だけでなく、交通に関する一般財源が確保されることになれば、その地域にふさわしい交通のあり方がより具体的に検討されることにつながると思われる。すなわち補助金であれば、従前から運営されている交通モードが軸となるが、一般財源として確保されればあらゆる交通モードを並列的に考えることができると思われるのである。自治体によっては、バス事業者への補助を選択するものもあれば、他の自治体では、タクシー料金を補助することも可能となる。最も重要なのは、路線や事業者の存続ではなく、利用者の円滑な移動が確保されることである。

また、公共交通の充実には「クロスセクターベネフィット」があるとされている。これは、「ある部門で取られた（しばしば出費を伴う）行動が、他部門に利益をもたらす（しばしば節約となる）」という意味であるという。[29] このクロスセクターベネフィットを発揮するためにも、福祉や教育といった他の重要な政策分野と同様に交通に関する政策が全国的に検討されることが必要であると思われるのである。

なお、これは、VTを模したような地方税制の導入を否定するものではない。地方がミニマム水準を超えて施策を展開しようとする場合に、独自の財源調達を実施している事例は現に存在している。たとえば、現在三七府県と一市において導入されている、いわゆる「森林環境税」がそれである。金澤史男は、これらの税制を導入する際、環境に関する費用負担の原則として「応益的共同負担」という考え方を提起している。[30]

これらの税制を用いる場合、ミニマムの水準を把握することが税率の決定などの面においては重要となるが、本来、ミニマムとして実施されているべき施策についても賄うことになると税率が過大となる可能性があり、また、どのような施策によってミニマムを超えた水準を実現するかが明確でないと課税そのものが目的化してしまう。

住民にとって、どのような交通モードをどのような主体によって供給し、また、どの程度の負担でそれを利用できるのが望ましいかを人口や社会構造の変化から導き出すためには、使途を特定した補助金による財源保障では限界があり、やはり、日本においては、地方交付税制度により一般財源を保障することが出発点となると思われる。

注

(1) 板谷和也「日本の都市・地域公共交通に関わる各組織の役割と今後の方向性」日本都市センター『人口減少時代における地域公共交通のあり方―都市自治体の未来を見据えて―』二〇一五年。

(2) 細田繁雄「交通におけるナショナル・ミニマム問題」『運輸と経済』一九七一年一一月号。

(3) 織田憲吾「中小民鉄の現状と赤字線対策」『運輸と経済』一九七一年一一月号、井本正人「日本の過疎バスと移動のナショナルミニマムの地域的保障」『立命館経営学』第四七巻第四号、二〇〇八年。

(4) 松本勇「離島航空路線維持に関する諸問題―長崎県上五島・小値賀空港廃港問題を中心として―」『長崎県立大学論集』第四一巻第三号、二〇〇七年。

(5) 藤井彌太郎「交通事業の公共性」藤井彌太郎監修、中条潮・太田和博編『自由化時代の交通政策 現代交通政策Ⅱ』東京大学出版会、二〇〇一年。

(6) 寺田一薫・中村彰宏「序：公正の概念とユニバーサルサービス」寺田・中村『通信と交通のユニバーサルサービス』勁草書房、二〇一三年。

(7) 同財団の調査結果によれば、二〇一七年三月時点での会員数のうち、タイムズ24（株）の会員が七八万三二八二人を占めている。同社は過疎地における事業も実施はしているが、都市部を中心とするコインパーキングでの事業展開が大半を占めていると思われる。

(8) 島根県雲南市の波多コミュニティ協議会では、認可地縁団体として市の認可を受けることとしたという（『季刊地域』二九号、二〇一七年参照）。

(9) この定義には、「有償」であることが強調されているが、「運転者も同乗者も同じ起終点トリップをなすNon-profitなシステム」とする定義もある（中村文彦「外国論文紹介 北米のライドシェアリングの未来」『運輸政策研究』Vol. 15 No. 2、二〇一二年）。

(10) 二〇一六年一一月三〇日提出の提言（経済産業大臣、国土交通大臣等宛）「ライドシェア実現に向けて」参照。

(11) 交通権学会によると、「交通権」とは、「『国民の交通する権利』であり、日本国憲法の第二二条（居住・移転および職業選択の自由）、第二五条（生存権）、第一三条（幸福追求権）など関連する人権を集合した新しい人権」であるとしている（「交通権憲章」（一九九八年版）同学会ウェブサイト参照）。

(12) 嶋田暁文「交通基本法のあり方と地方分権―「移動権」を実質化するために何が求められるのか―」『運輸と経済』二〇一〇年八月号。嶋田はここで浅井俊隆「わが国における『交通権』の位置づけについて―交通権の請求権的側面」『運輸と経済』二〇〇五年三月号を参照し、「『フランス国内交通基本法』(LOTI)においても、交通権は抽象的権利として把握されている」としている。また、板谷和也も同論文を参照して「フランスの交通権は具体的権利として認められたものではないと考えるべきであろう」としている(板谷和也「フランス国内交通基本法LOTIの概要とわが国への示唆」『運輸と経済』二〇一〇年八月号。

(13) 森稔樹「交通政策基本法の制定過程と『交通権』〜交通法研究序説〜」『大東法学』第二六巻第二号、二〇一七年。

(14) 香川正俊『地域公共交通の活性化・再生と公共交通条例』日本評論社、二〇一七年。香川は、交通政策基本法が個別法へ委任していないことも指摘しながら、「『移動権』を認める条文を追加するには、国民的な要求と運動の高揚が必須条件となろう」としている。

(15) 具体的には、「この法律は、交通が、(人の移動及び貨物流通を担うものとして)国民の諸活動の基礎である……以下略」と、カッコで囲んだ文言が付け加わっている。

(16) 前掲の森論文参照。森は、これ以外に、エネルギー政策の変更、東日本大震災の経験に由来する規定の詳細化(国土強靭化法の影響)等の異同も挙げている。

(17) 市町村にあっては単独で又は共同して、都道府県にあっては当該都道府県の区域内の市町村と共同して作成する。文中の引用は、同法第五条。

(18) 国土交通省「地域公共交通網形成計画及び地域公共交通再編実施計画作成のための手引き」第三版(二〇一六年三月)参照。

(19) 公共交通条例をめぐっては、香川正俊の前掲書、内海麻里「地域公共交通における条例の意義と課題」(日本都市センターの前掲書所収)に詳しい。

(20) 調査票は、四五都道府県、一二八二市区町村に配布。日本都市センター『都市自治体による持続可能なモビリティ政策―まちづくり・公共交通・ICT―』二〇一八年所収のアンケートも参照されたい。

(21) 地方財務協会『平成二九年度地方交付税制度解説(補正係数・基準財政収入額篇)』。

(22) 二〇〇三年度から二〇〇六年度までの算定額は、五七三〇万円である。

(23) 平成一八年度『地方交付税制度解説(単位費用篇)』参照(億円単位に四捨五入した)。

(24) 周知の通り、基準財政需要額に算定されるだけでは普通交付税の交付は保障されていない。その基準財政需要額算定額を「要する経費」から一律に控除するということは、この経費に限っては普通交付税として措置することを認めたこととほぼ同じ意味となり、いわゆる「補助金化」した交付税の一例といえるのではないだろうか。

(25) 引用部分は総務省ウェブサイトによる。

(26) この点、板谷和也は、「交通政策基本法には費用負担や財源について記述した部分がない」とし、「これこそが政策の実効性を担保する最も重要な論点であり、今後の踏み込んだ議論が待たれるところである」と指摘している(板谷和也「交通政策基本法に求められる財源確保と人材育成」『運輸と経済』二〇一四年六月号)。また、松中亮治は、交通基本法は、具体的な財政措置に言及しておらず、「交通財源に対する基本的な考え方や方針についても明確に示されているとは言えず、交通施策を実施するために必要となる財源の確保方策については、未だ不透明な部分が多いと言わざるをえない」と指摘している(松中亮治「交通政策基本法下における交通財源のあり方」『運輸と経済』二〇一五年六月号)。

(27) 前掲、板谷和也の『運輸と経済』二〇一四年六月号所収論文参照。

(28) 南聡一郎「フランス交通負担金の制度史と政策的含意」『財政と公共政策』五二、二〇一二年。また、川勝健志によると、「自治体等の公共部門も雇用者としての性格から、民間の事業者と同様に課税される点が一つの特徴であるが、公益財団や非営利団体及び社会組織として認定されている団体については税が免除される」という(川勝健志「持続可能な都市交通と地方環境税」『運輸と経済』二〇一二年五月号)。

(29) クロスセクターベネフィットについては、アンドリュー・フォークス、フィリップ・オクスレー、ブライアン・ヘイザー(関口陽一、関口みのり訳)『移動の制約の解消が社会を変える　誰もが利用しやすい公共交通がもたらすクロスセクターベネフィット』近代文芸社、二〇〇四年、西村和記、土井勉、喜多秀行「社会全体の支出抑制効果から見る公共交通が生み出す価値―クロスセクターベネフィットの視点から―」『土木学会論文集D3(土木計画学)』七〇巻五号、二〇一四年などを参照のこと。引用は前者、訳者まえがき。

(30) 応益的共同負担原則については、神奈川県監修『参加型税制　かながわの挑戦』第一法規、二〇〇四年、其田茂樹「地方分権一括法と法定外税・超過課税の活用　応益的共同負担の観点から」諸富徹・沼尾波子編『水と森の財政学』日本経済評論社、二〇一二年を参照のこと。この「森林環境税」をめぐっては、住民税の均等割を課税標準とする国税の導入が予定されている。これは、ミニマムの拡充というメリットが考えられる反面、課税標準の選定等には議論の余地が大きいと思われる。

第七章　森林政策におけるナショナル・ミニマムの変遷

石崎涼子

森林は日本の国土の大部分を覆っているが、多くの人々にとっては遠く見えにくい存在かもしれない。日本の国土の約七割は森林である。この割合は世界的にみても非常に高く、森林面積の割合からいくと日本は世界有数の森林国である。だが、一般にその森林は人口の少ない山間部に偏在している。都市地域に住む人々にとっては、森林はおろか植物や昆虫、土なども身近に触れる機会さえほとんどなくなっているかもしれない。

森林は、財政支出の規模をみても、決して存在感のある分野ではない。森林政策に対する支出の割合は、国の一般会計歳出総額の〇・五%[1]、最も支出規模が大きい都道府県においても歳出総額の一・五%程度[2]を占めるに過ぎない。

そんな小規模な政策分野が近年、財政分野の方々からも関心を集めるようになった。きっかけは、二〇〇三年以降、都道府県レベルで導入が広がった森林環境税である。森林環境税の規模は、森林政策という小規模な政策分野における財政支出のなかでも、ほんの一部を占めるに過ぎない場合がほとんどである。例えば、全国に先駆けて森林環境税を導入した高知県の場合、森林環境税の創設後も森林分野に対する財政支出の額（林業費）は減り続けている。森林環境税の税収から得られる施策財源は、急激に進む財政縮小のなかで特定施策の財源縮小を多少なりとも緩やかに抑える「若干の手当」に過ぎないのが実態である。だが、そんな森林環境税が「参加型税制」と称され脚光を浴びつつ導入されてから十数年を経て、現在では「一体どんな成果が上がったのか、まさか永遠に続くのか」と「溜息とともに多くの疑問が呈されている」ともされている。(3) そんななかで、二〇一九年度からは国税の森林環境税と森林環境譲与税が創設される。支出規模の小ささに対してアンバランスとも思えるような注目度の高さと期待感の変動が昨今の森林分野を特色づけている。

だが、森林を巡る人々の期待の変動は、今に始まったことではない。戦後、高度成長期の頃から現在までの半世紀ほどを振り返ってみると、森林に対する人々の眼差しは驚くほどダイナミックに変化している。一方で、その対象たる森林はというと五十年から百年、数百年のスパンで形成されている。戦後、荒廃地の復旧や木材という有用資源の確保を目指して、人々の手で一本一本植えられ育てられてきた木々が成長を続け、ようやく利用可能な時期に入ったかというところである。このように時間をかけて静かに成長する森林とダイナミックに変化する人々の期待のなかで、森林を対象とした公共政策はどのように変化してきたのだろうか。そこにどのような人々の認識や価値観が映し出されてきたのか。本章ではその軌跡を追うことで、日本において公共政策に映し出されるナショナル・ミニマムの変遷の一側面を明らかにしていきたい。

一 森林・林業政策をみる視点

(1) 森林政策とナショナル・ミニマム

かつて貧困で生活に窮した人々を救済する「山上がり」という仕組みをもつムラがあったという。(4) 借金などで生活が立ち行かなくなった村人は「山上がり」を宣言して、山に入って暮らす。山に上がれば、住処を建てる材料があり、木の実や山菜、小動物などの食糧も得られた。森林は、まさに最低限の生活を保障する物的基盤を提供する場であったのである。この仕組みは戦後にもみられたというので、決して遠い大昔の話というわけではない。

現在は、国や地方自治体の公共政策として、このムラの仕組みのように森林という場を直接的に生活保障の手段として用いるような政策は採られていない。仮に「山上がり」の仕組みを復活させたとしても、森林の豊かな資源を活用する能力や技術を失った私達現代人は生存することができない可能性が高いだろう。だが森林は、今なお様々な形で人びとの生存権の保障と関わっている。例えば、流域住民の生活を脅かしうるリスクを軽減するために、森林の造成や整備を通じた水土保全が行われている。また近年は、二酸化炭素吸収機能の発揮や向上も地球規模での環境リスクへの対処としても森林が重要な政策対象の一つとして注目されている。保健休養や癒しの場としての森林の確保や整備、活用も、今日のストレス社会において重要性を高めている[5]。その一方で、実際に森林整備などを担う林業労働については、他産業と比較して賃金が低いうえ、労働災害の発生率が全産業平均の一五倍（死傷年千人率三十）と極めて高いといった課題が今なお解消されずに残されている。

また、現在の森林に関わる問題の一つに森林所有者や境界の不明問題がある。森林などの不動産の所在や面積、所有者などに関する情報を記載した公の帳簿として登記簿があるが、平成二八年度に国土交通省が実施した調査によると、登記簿上で所在が確認できなかった林地（筆）は二六％、戸籍や住民票等による追跡調査を通じても土地所有者の所在が判明しなかった林地も〇・六％あり、いずれも宅地や農地に比べて多いことが明らかとされている。これらは地籍調査が実施された地区を対象に行われた調査であるが、山林の場合、調査開始から半世紀を経て、いまなお地籍調査の進捗率は四五％（国有林は除く）にとどまっている。森林所有者がわかっていても、所有地の境界が明確ではないために利用することができないといった話も各地で耳にする。これらの問題は個々の森林所有者の個人的な問題と考えることもできるかもしれない。だが、国土に関する基礎的な情報の把握という意味では、ナショナルな問題と捉えることもできるのではないだろうか。

(2) 森林からもたらされる「恵み」

公共政策の対象としての森林を特徴づけるのは、次の二点であろう。一つは、性格や質、影響範囲が異なる多様な機能をもつこと。どの機能にどの程度注目するかによって、政策対象としての森林の見え方は異なってくる。また二点目として、日本においては、森林の問題が山村地域の問題として論じられることが多いという点もあげられる。

まず、一点目の森林から人々にもたらされる様々な「恵み」について概観しよう。国連の提唱により実施されたミレニアム生態系評価では、森林などの生態系が人々にもたらす恵みを「生態系サービス」と呼び、生態系と人々の暮らしの繋がりから「供給サービス」、「調整サービス」、「文化的サービス」、「基盤サービス」の四つに分類している(6)。第一の「供給サービス」には、木材やキノコなどの林産物の供給の他、医薬品や新素材などに利用されうる遺伝資源、さらには自然界からの「ヒント」や「知恵」の供給も含まれる。また、第二の「調整サービス」には、洪水や気温の調整、水の調整と浄化、土砂流出の緩和、病害虫の個体数調整などが含まれる。「文化的サービス」には、森林レクリエーションや精神的、教育的な恩恵が含まれる。最後の「基盤サービス」には、林木の生長やバイオマスの増大、物質の循環、土壌の生成などが相当し、前の三つのサービスの源となる。

木材生産は、そこに存在する樹木の量を少なくとも短期的には減少させる行為であるが、それが森林生態系に与える影響や、そこから生じる「生態系サービス」の変化は、どのような森林でどのような生産を行うかに左右される。木材生産機能と他の諸機能は、同時に発揮できる場合もあれば、木材生産により他の諸機能が損なわれる場合もある。

日本では、森林のもつ様々な機能は、木材などの林産物の生産機能とそれ以外の機能とに区別され、後者は公益的機能と呼ばれる。日本における森林政策の変遷は、この公益的機能と木材生産機能がどのように捉えられ、それが公共政策にどう結びついていくかの変遷でもある。木材生産機能と公益的機能という区分は、利益が個人にもたらされるものなのか、それとも社会全体ないしは多数の人々にもたらされるものか、あるいは、市場で適切に評価されるのか、それとも外部経済効果を生じるかで区別したものである。先にみた「生態系サービス」の分類が様々な性質や可能性を視野に入れたものであるのに対して、受益者の多寡ないしは経済性の有無という限られた側面から切り取った分類ともいえるだろう。

(3) 森林と地域

森林が持つ諸機能のうち水土保全は、それぞれの流域内に影響を及ぼす課題である。これに対して、木材などの林産物を生産する機能、心身を癒す安らぎの場としての森林や教育の場としての森林などは、直接的には受益者が個別に享受するものといえる。だが、木材生産を通じた地域経済の維持や発展への寄与、教育を通じた社会の安定への寄与といった影響や効果を念頭に入れた場合、単純に受益者の個別の問題には止まらない課題となり得る。また、大気の浄化や騒音の緩和といった生活環境の改善は、主には隣接する区域の人々に影響を与える。一方、二酸化炭素吸収による地球温暖化防止や生物多様性の確保、遺伝資源の保全といった視点でみるとその効果は地球規模のものとなる。地球規模の環境問題へ対処することが各国の責任にあると捉えると、これらの課題は国レベルで対処すべき課題となる。こうした様々な範囲に影響を及ぼす諸機能は、それぞれ個別に考えて、機能別に地域レベルで必要な対策を講じてゆけば良いと考える人もいるかもしれない。だが、森林における一つの行為や不作為が様々な機能に影響を及ぼすものであるため、単純に機能別に切り分けて考えるのは困難である。

日本における森林政策を考える上で重要なのは、こうした多様な側面をもつ森林が地理的に偏在している点である。人口は都市部に集中しているが、森林は人口の減少と超高齢化に直面する山村地域に偏在している。例えば、都道府県別にみると、日本の森林の半分は森林面積が多い上位九道県にあるが、その九道県の人口は日本の人口の一五％に過ぎない。都道府県別にみた森林面積あたりの人口は、最高の東京都と下位五道県の間には一二〇～一六〇倍の差がある。市町村別にみた偏在は更に顕著となる。人口が五～六〇〇人ほどで数万ヘクタールの森林を抱える村がある一方で、森林がほとんど無い都市も多数ある。こうした森林の偏在は、森林に対する政策の費用負担の問題だけではなく、森林に対する意識や認識にも影響を及ぼしている。多くの人々にとって森林はもはや直接、日常的に利用する場ではなく、生活空間の遠くにあり、仮に意識するとしても観念的に捉えられがちな場となっているのである。

(4) 法制度にみる森林政策の位置づけ

実際に森林の問題は国レベルでどのように捉えられてきたのだろうか。

日本における森林政策に関わる基本的な法律は二つある。一つは、森林法である。明治二〇年代に頻発した水害を受けて明治三〇年に制定されたのが最初であるが、現行法は戦後に制定された森林法が幾度もの改正を経て現在に至ったものである。この法律では、公益の観点から指定された森林に一定の制限を加える保安林制度や、長期的な視点に立った計画的かつ適切な森林の取扱いを推進するための森林計画制度といった森林政策の骨格となる制度について規定されている。

森林法の上位に立つ宣言法[7]として、政策の基本方針を示す法律が森林・林業基本法である。同法は、一九六四年に制定された林業基本法の改正によって二〇〇一年に制定されたものであるが、旧法と現行法では、法律の名称だけでなく、法律に示された政策の基本方針も変化している。一九六四年に制定された林業基本法は、林業とその担い手の国民経済における重要性を前提とする点、主たる目的は経済的な観点から設定され、とりわけ担い手の地位向上が重視されている点、政策の視点として、林業の不利の補正、他産業との格差是正の視点があり、森林目途が林業の生産性の向上に絞られている点に特徴がみられる。一方、二〇〇一年の森林・林業基本法では、森林のもつ公益的機能と木材生産機能が並び立つ目的として掲げられている。旧法と比べると、公益性の重視がより前面に打ち出されており、経済的観点から捉えられていた林業が、森林のもつ諸機能、すなわち公益性と経済性の両面から位置づけられている点が異なっている。

明治以降の森林政策の重点は主として国土保全に置かれていた。とりわけ戦後は戦中・戦後の乱伐によって荒廃した森林の復旧が緊急の課題となり、森林資源の増大を図る政策に重点が置かれた。これらの政策は、森林資源や国土保全に関する事項を定めた森林法を基軸として展開しており資源政策と呼ばれた。この資源政策を経済政策へと転換したとされるのが、一九六四年に制定された林業基本法である。同法は林業政策の目標として産業としての林業の発展と林業従事者の所得向上を掲げたものであり、森林資源という「物」に対する政策から林業経営や林業従事者を対象とした「人」を対象とした政策への転換とされた[8]。

この林業基本法の制定は、農業分野での政策展開によって契機を与えられたものである。一九六一年の農業基本法制定に結実する「主流の問題意識」があり、林業は「同じく第一次産業の系列としてこの機会に問題を洗っておく意義が認められたものに他ならな」かったという[9]。当時、農業基本法が農業政策の目標として掲げたのは、農業と他産業との生産性格差の是正と、農業従事者と他産業従事者の所得均衡であった。前者が達成されれば後者もその帰結として半ば自動的に実現されると考えられていた。当時は、高度経済成長のなかで農業と工業等の他産業との間の生産性や所得、生活水準の格差が拡がり問題視されていた。農業が持つ自然的経済的社会的制約による不利を補正し、他産業との間の格差を是正することによって、国民経済の均衡ある発展を期そうとする当時の政策方針が農業基本法に現れており、こうした方針がそのまま林業基本法にも映し出されたのである。

農業基本法には前文がある。これをみると、当時、農業や農業従事者そのものが如何に国にとって重要なものと位置づけられていたかが伝わってくる。とりわけ農業従事者については、「幾多の困苦に堪えつつ」農業の担い手としての務めを果たし、「国家社会及び地域社会の重要な形成者として国民の勤勉な能力と創造的精神の源泉たる使命を全うしてきた」存在であり、「民主的で文化的な国家の建設にとつてきわめて重要な意義を持ち続けると確信する」と記されている。単なる経済関係では捉えきれない精神的、文化的な意義や敬意、深い想いが込められている。林業基本法にこうした前文はないが、実態として小規模林業経営者のほとんどが農業従事者でもあった点を踏まえると、林業従事者の地位向上を目標とする政策の背景にも当時のこうした思想が関わっていたものと考えられる。

農業基本法に対して林業基本法を特徴づけるのは、政策目標として第一に掲げられた「林業総生産の増大」である。今から振り返ると林業基本法が制定された一九六〇年代は、日本の木材需給の大きな転換点にあたる。制定前の一九五〇年代、戦後復興期から高度成長期を迎えるなかで木材需要の伸びに対する供給不足が続き、木材価格が独歩高の傾向をみせていた。木材価格の高騰は一九六〇年代に入ってさらに加速し、国有林の増伐や外材の輸入増加、民有林の増伐などの木材価格安定対策が重要な政治問題に発展していた。林業基本法はこうした状況の中で制定されており、だからこそ木材を生産する産業として、林業の発展には強い期待がよせられたのである。ところが、この時期から旺盛な木材需要をカバーするために輸入された外材が急増し、日本の用材自給率が低下の一途をたどることとなる。木材需要が落ち着いた一九七〇年代後半には自給率が三割程度にまで落ち込んだ。木材自給率の低下はさらに続き、一九九〇年代末から二〇〇〇年代前半には二割にも及ばないという事態へと至る。一方で、公害問題の発生、自然保護運動の高揚などもあり、林業基本法制定から程なくして森林の公益的機能重視の要請が強まった。

林業基本法の理念の根底にあった木材生産の増大に対する強い要請は、皮肉にも林業基本法制定の前後を境に急速に弱まっていったのである。

二　森林に対する政策理念の変遷

(1) 公益的機能重視論の登場と広がり

森林政策に対する公益的機能重視の要請は、経済的機能を最重要視した林業基本法の制定から十年も経たないうちに強まった。木材需給切迫時には木材増伐を要請してきた経済界は、早くも一九七一年に日本の森林はいまや森林のもつ公益的機能の高度発揮が求められているとして、公益的機能を重視した政策への転換を求めるレポートを発表した[10]。

林業基本法に基いて、施策の方向付け等について政府へ助言等を行う諮問機関として林政審議会が設置されている。この林政審議会が一九八六年に発表した報告(以下「八六年報告」)では、現在の主要課題が「森林に対する国民の多様な要請に応えるとともに、二一世紀に期待される『国産材時代』の到来を現実のものと」することだとし、公益的機能の高度発揮とともに多様な木材需要に対応しうる森林の育成も重要視していた。

一九九〇年代に入ると、森林のもつ公益的機能と経済的機能の区別が随所でなされるようになっていく。これを先導したのが国有林改革であった。一九九〇年に示された林政審議会報告では、「木材生産と公益的機能の調和的な発揮を出発点とする仕組みではもはや対応が困難になった[11]」との認識のうえに、国有林を公益的機能の発揮を重視する森林と経済的機能を重視する森林とに分ける方針を打ち出した。国有林研究を続ける塩谷は、それまでも、原生的な森林生態系の保存を目的とする森林などのように機能間の調和が困難な森林については独立した機能の発揮を求めるとする主張はあったものの、木材生産機能が他の公益的な機能と排他的な関係にあるかのように区分する機能分類は純粋に自然保護や国土保全の観点から導かれたものとは言い難く、「戦後林政のコペルニクス的転換」だと論じている[12]。こうした国有林の機能分類と同時に打ち出されたのが国有林野事業の累積債務対策であった。累積債務処理は林野・土地等の処分等によって、公益的機能発揮等の費用は一般会計からの繰り入れや国民参加の費用負担等によって経営改善を図るとする一方で、林業経営等の事業部門は独立採算性のもとで経営合理化によって改善を図るものとされた。

次いで示された一九九七年の報告（以下「九七年報告」）は、さらに国有林対策としての性格を強く帯びている。同報告は民有林と国有林の位置づけの違いを明示する。国有林については、今後「とりわけ公益的機能の発揮という役割を担っていくことが必要」としたのに対して、「民有林の経営は、言うまでもなく、公共の利益に反しない範囲において、森林所有者の意思に基づき行われるのが基本であ」り、「森林所有者は、基本的に木材の生産等による経済的な利益の追求を志向していること、林業自体が環境調和的な産業であること等から、林業生産活動を通じて健全な森林の整備を進め、公益的機能の確保を図っていくことが重要である」として、そのためには林業等の産業活性化が重要だとした。八六年報告以来林政のキーワードとなってきた「国産材時代」という語は姿を消し、林政の目標としては公益的機能に絞られたのが九七年報告の大きな特徴である。

だが同時に、これまでもっぱら森林のもつ経済的機能を実現するものとして捉えられてきた「木材」に新たな視点が加えられた。第一に、九七年報告では、「木材の特性」として断熱や湿度調整等の優れた性能や人が触れる素材として健康に良い影響を与える点の他、木材利用によってわが国で育まれてきた「木の文化」が継承される点、地球環境に対する負荷の小さい素材である点が挙げられている。森林政策の第一義的な目的が公益的機能の確保に絞られる一方で、その「公益的機能」の中身は拡がった。従来もっぱら経済的機能のなかで捉えられてきた「木材」にも多面的な価値が認識され、国産材の利用が単なる経済問題ではなく環境問題として、あるいは文化的な問題のなかにも位置づけられていった。

九七年報告で従来と大きく異なる捉え方が示されたのは、山村振興についてである。同報告は、「従来の山村対策には、平地に比べて不利な生産条件、都市に比べて遅れた生活条件を恩恵的に補完するという考え方があるように見受けられる」（傍点は著者による）としたうえで、今後、山村のもつ公益的機能を積極的に評価して施策を講じることが「国民全体にとって極めて緊急かつ重要な政策課題となっていることを認識する必要がある」と指摘している。山村対策が国ないしは都市からの「恩恵」として捉える思考には、農業基本法にみられた農民への敬意なども微塵も感じられない。そんな考え方が広がるなかで、山村から生み出されるものとして森林のもつ公益的機能が位置づけられ、強調されるようになっていった。

(2) 林業基本法の見直し

林政審議会は二〇〇〇年の報告（以下「〇〇年報告」）において「林業総生産の増大という政策の基本的な理念」「を維持しつつ施策の重点を変化させるだけでは、国民の理解を得ることが困難である」とし、森林の多様な機能の発揮への政策転換の必要性を唱えた。そして、林業生産活動を通じた森林整備は効率的であるとしたうえで、林業の政策的な位置づけを「これまでの木材生産を担う産業から、森林の整備と森林資源の持続的利用を担う産業」へと転換し、その発展を図るべきとした。この報告が二〇〇一年の森林・林業基本法の制定へと繋がっていったのである。

〇〇年報告の特徴の一つが、新たな林政の具体的方向として唱えられた「重視すべき機能に応じたゾーニングの実施」である。九〇年報告後、様々な議論を呼びながらも国有林に対して実施された機能区分を、木材生産から多様な機能の発揮へという政策転換を具体的に示すものとして、民有林に対しても適用すべきという主張が示されたのである。

また、山村の活性化については、森林管理や森林整備を行う産業たる林業の振興のために不可欠であるとの考え方が示されている。山村の活性化は山村に住む人々のために必要なのではなく、森林が持つ公益的機能といった形で都市などへも便益をもたらすが故に必要だとして位置づけられている。かつての林業基本法の制定当時にあった産業間格差の是正という視点は姿を消し、山村に対する眼差しも国民に便益をもたらすものとしての捉え方に変化している。かつての基本法が林業のための、またその従事者のための法律としての性格を強くもっていたのに対して、新たな基本法は都市住民を主とした「国民」に対する法律という性格が前面に出ている。政策が第一義とするのは、林業と「国民」とを結ぶ森林のもつ機能となった。かつて、林業基本法制定によって、森林・林業政策は「物」に対する政策から「人」に対する政策へと転換したとされたが、森林・林業基本法においては、その「人」の中身が大きく変化したのである。

(3) 森林政策へ向けられた新たな視線

二〇〇〇年代に入ってから、都道府県レベルにおいて、森林のもつ公益的機能を積極的に評価する新たな施策が打ち出されるようになる。二〇〇一年には長野県知事による「脱ダム」宣言、和歌山県知事と三重県知事による「緑の雇用事業」の提唱などを通じて、環境に負荷を与えるコンクリートを多用した土木建築事業に対する環境保全型の公共事業として森林整備が位置づけられていった[13]。他方、環境保全の観点から森林の位置づけを地方独自課税という手段とともに打ち出した地方自治体の制度が、いわゆる森林環境税である。二〇〇〇年の地方分権一括法施行を機に検討が進められ、導入が広がった地方独自課税の一つである。森林環境税として徴収される税金は、その自治体における森林政策に関わる支出と比べても数パーセントとわずかである場合がほとんどだが、森林環境税に関する検討や実施の過程で森林に対する住民の関心を高めるとともに、政策への住民参加を促進する「参加型税制」としての意義をもつものとして注目されてきた。これらの都道府県レベルで広がった新たな森林関連政策は、広大な森林を有する地方圏の自治体がリードする形で始まり、知事などの自治体トップの方針や判断に強く左右されながら展開してきた点に特色をもつ。

(4) 産業としての林業への再注目

一方、二〇〇〇年代後半に入ると、国レベルにおいて経済活動としての林業に光を当てた政策の展開が目立つようになる。二〇〇九年には農林水産省が「森林・林業再生プラン」(以下、「再生プラン」)を示し、翌年にはその具体的施策を「森林・林業に向けた改革の姿」（以下一〇年報告）として示した。再生プランは、二〇〇九年九月に与党となって間もない民主党が立てた緊急雇用対策を受けて策定されたものである。二〇一〇年に打ち出された「新成長戦略」のなかでは成長を支える三つの分野の一つ、環境・エネルギー分野における三つの国家戦略プロジェクトの一つに位置づけられ、「従来の林業政策にはみられないほど、高い政策的ステイタスが与えられた」ものとされる(14)。再生プランの策定に強い影響を与えたとされるのが、二〇〇三年に経済同友会が示したレポートを担当したエコノミストであり、同氏の主張は、ドイツなどの欧州先進国において林業が産業として活力をもつことを引き合いに、戦後植栽した人工林資源が成熟期を迎えつつある日本林業には、「五〇年に一度のビジネスチャンス」が到来しているとするものであった。先述の林政審議会による九七年報告や〇〇年報告が木材生産機能の重視から多様な機能の重視への転換を指摘したのに対して、再生プランは、環境保全的な産業として木材の生産を主とした林業を積極的に位置づけ、産業としての強化を前面に打ち出している点、それが地域間格差是正の主たる手段の一つとも位置づけられている点に特徴を持っている。

二〇一一年の東日本大震災以降、議論が活発化した自然エネルギー利用の促進、二〇一二年に開始された再生可能エネルギーの固定価格買取制度（ＦＩＴ）は、木材のエネルギー利用への注目を更に高めている。それまで、半世紀近くにわたる木材生産の縮小とともに関心が薄れつつあった日本林業が、新たな位置づけと期待を得て、多様な分野の人々から関心を集めるようになったのが二〇〇〇年代以降といえる。林業基本法が森林・林業基本法へと改められた時期は、またしても時代の転換期にあたったのかもしれない。

三　森林・林業政策の展開過程と財政

(1)　森林政策の目標とその実現を支える制度

林業基本法およびこれを改正した森林・林業基本法において示された政策の基本方針は、森林のもつ経済的機能と公益的機能の間で重心をシフトさせてきた。政策の目標として林業総生産の増大や林業従事者の地位向上を掲げた林業基本法では、政府は森林資源に関する基本計画及び林産物の需給に関する長期の見通しを立てることとされた。前者では森林資源の整備の目標、後者では長期的な林産物の需要と供給の見通しが示されてきた。これらは国の施策の指針となり、また個々の林業経営等の参考になるものとされてきた。一方、二〇〇一年の森林・林業基本法では、森林・林業基本計画において、森林の有する多面的機能の発揮ならびに林産物の供給および利用に関する目標を定めるものとされた。同計画で示される具体的な目標値は、前者に関しては、今後の森林タイプ別の面積、総蓄積、総成長量であり、後者に関しては、五年後、十年後の木材供給量と用途別の木材利用量である。これらの目標値は、政府のみならず関係者全員の努力目標として示されたものである。これらが政府の示す森林政策の目標といえる。

定められた目標を具体化する手段の柱が森林法に定められた森林計画制度である。森林計画制度においては、森林・林業基本計画に即して、農林水産大臣が全国森林計画を立て、それに即して都道府県知事が地域森林計画を立て、それに適合した市町村森林整備計画を市町村が立てる旨、そして森林所有者等には地域森林計画と市町村森林整備計画への遵守義務がある旨が定められている。森林法を有する国は様々あるが、日本の森林法の場合、例えばどのような伐採が禁止されるのかといった森林の施業（造林、保育、伐採などの行為）に関する具体的なルールはほとんど示されていない点に特色がある。一方で、森林所有者等に森林の施業や保護などについて規範

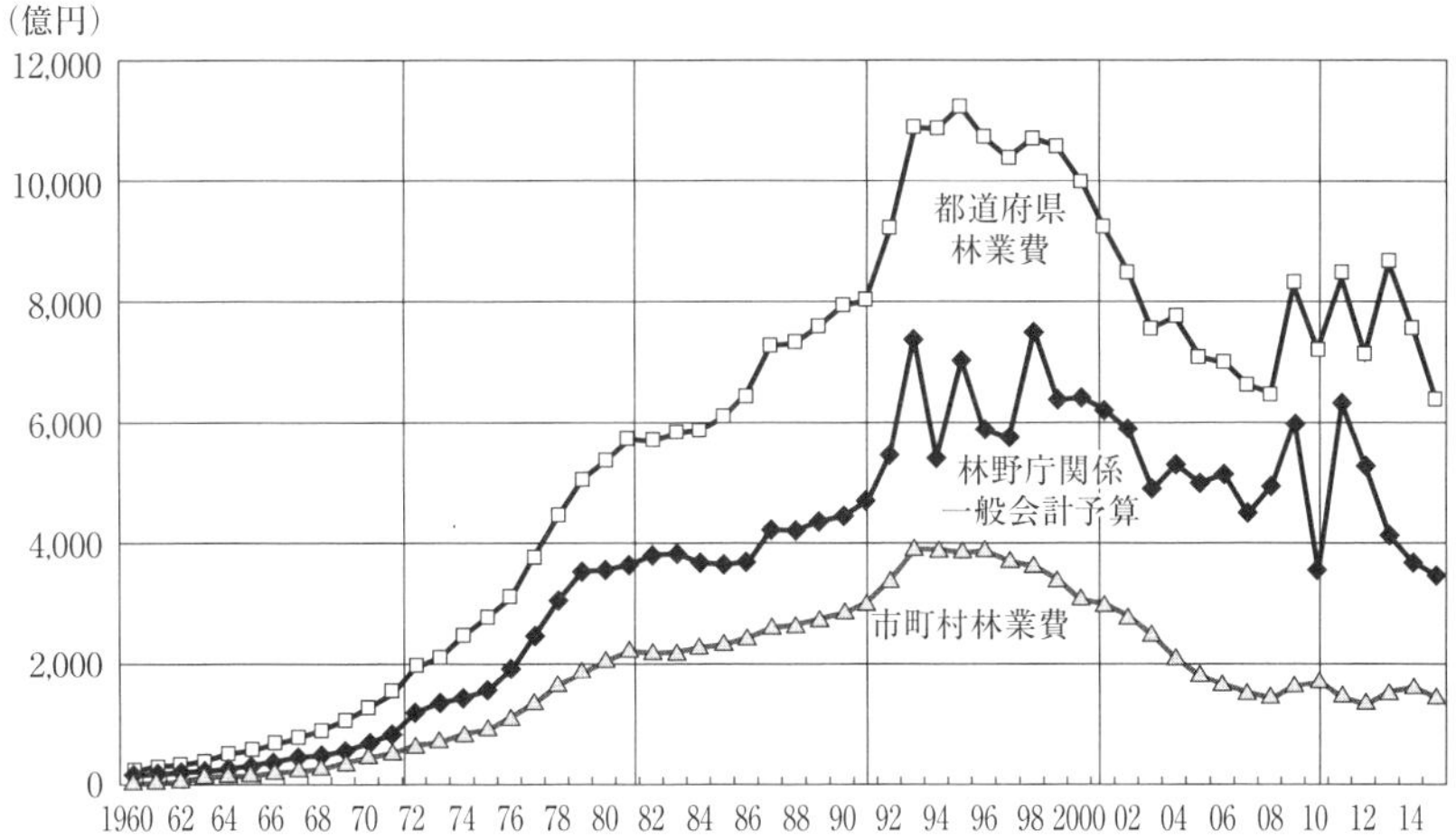

出典：林野庁編『森林・林業統計要覧』および総務省『地方財政統計年報』より算出.

図 7-1　森林・林業関係の財政支出の推移（1960-2015 年度）

的な行為を示すのが市町村森林整備計画等である。だが、これらの規定による遵守義務は「宣言的なもの」であり、「一義的には、森林所有者等の自発的な活動に委ねられるもの」とされる[15]。後にみるように、森林政策においては造林や林道などの補助事業が主たる政策手段として活用されてきたが、これらの補助事業は、森林所有者等の自発的な意思を重視した法律上の施業コントロールを補足する形で、森林所有者等による望ましい森林施業を促すという側面も持つのである。

(2)　森林・林業関係の財政支出

図7-1は、森林・林業関係の財政支出の推移を示したものである。これをみると一九九〇年代初頭まで、時期による緩急はあるものの基本的には増加傾向にある。その後、二〇〇〇年代に入ってから二〇〇七、〇八年度あたりまで急激に減少し、その後は上下を繰り返している。

森林・林業政策に対する財政支出の特徴の一つは、公共事業が占める割合の高さにある。林野庁関係の一般会計歳出においては、主要経費別分類における公共事業関係費が一九六〇年代前半は九〇%ほど、その後も一九九〇年代まで長期にわたって八五%前後と大部分を占めてきた。森林政策に関わ

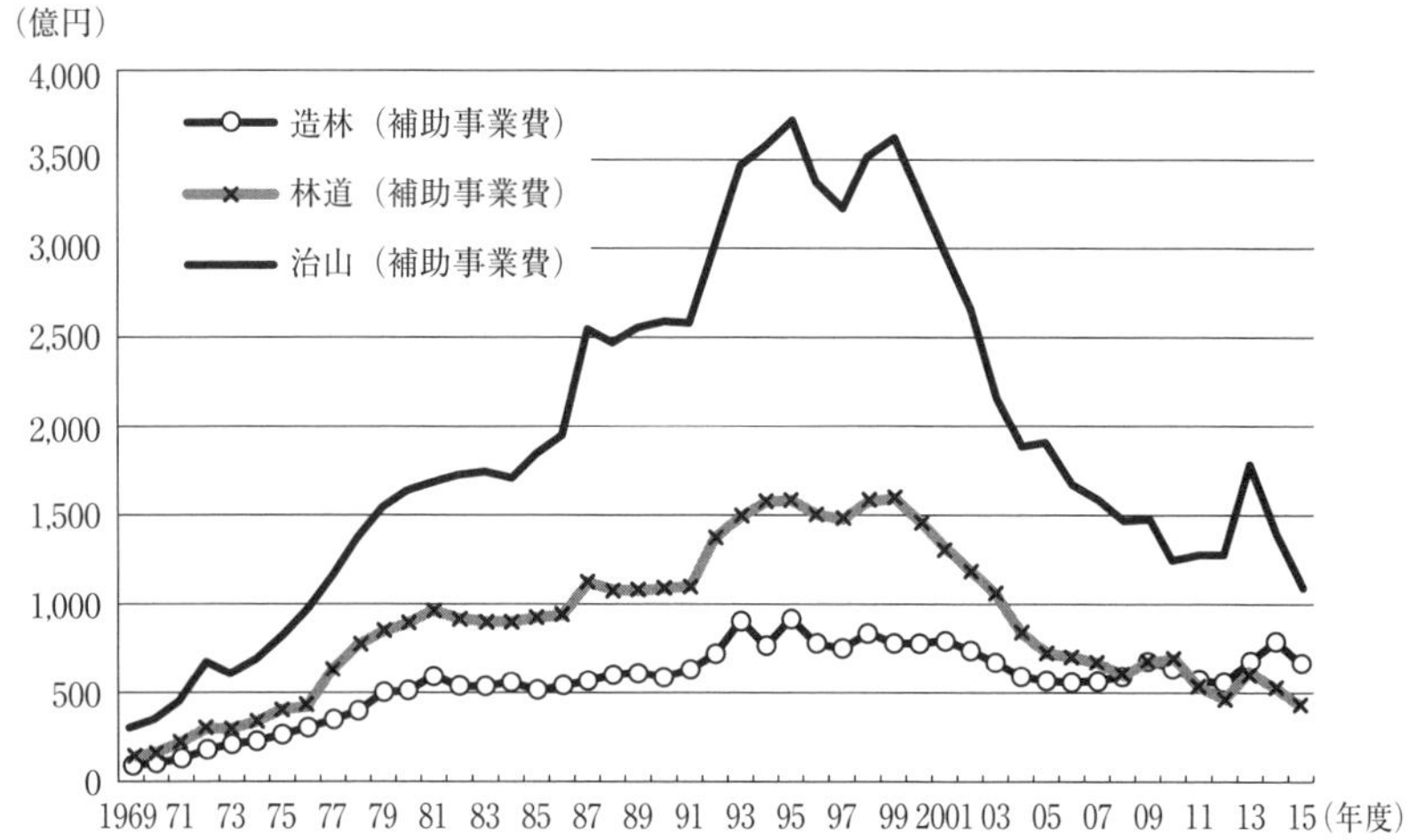

出典：地方財政調査研究会編『都道府県決算状況調』日本加除出版より作成.

図 7-2　都道府県林業費における補助事業費の推移（1969-2015 年度）

る財政支出のうち公共事業関係費に含まれるのは、山地災害の防止などのために行われる治山事業と森林の造成や育林などの造林事業、林道の開設や改良などの林道事業の三種である。これら林野公共事業を主体とした財政支出は、国の公共投資政策の影響を強く受けながら変動してきた。

日本の森林は、所有形態別にみると森林面積の約三割は国が保有する国有林、約一割は地方自治体が保有する公有林、残りの約六割は個人や会社などが所有する私有林となっている。このうち国有林を除く公有林および私有林に対する財政支出の多くは、都道府県を経由して、もしくは都道府県から直接支出されている。この都道府県段階でみた林野公共事業のうち国庫補助を受けて行われる補助事業費の推移を示したのが図7-2、国庫補助を受けずに実施される単独事業費の推移を示したのが図7-3である。

公共事業の拡大過程は、公共財としての素材的必要性に加え、高度成長の終焉後は有効需要の創出という対内的景気政策手段としても用いられるようになり、さらに貿易黒字削減といった対外経済政策手段としても枢要な位置づけを与えられるようになるという財政の「三重化」により進んできた[16]。

この間、林野庁関係一般会計予算の概ね八五％を占めてきた

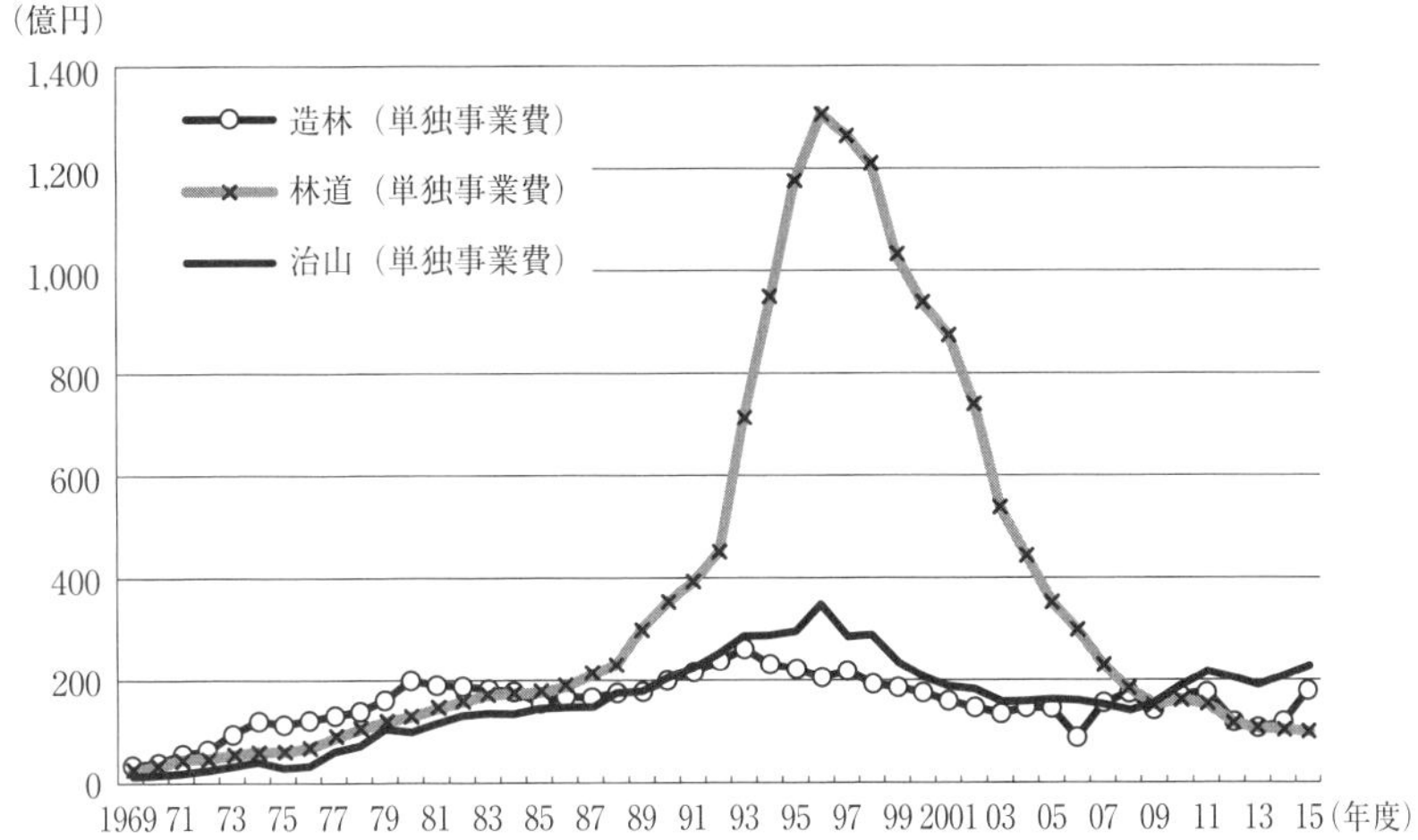

出典：地方財政調査研究会編『都道府県決算状況調』日本加除出版より作成.

図 7-3　都道府県林業費における単独事業費の推移（1969-2015 年度）

林野公共事業は、造林、林道、治山の三種の事業間の事業費割合をほぼ一定に保ちながら推移した。図7-2から三つの事業の推移を注意深くみると、一九八〇年代の半ばに、造林と林道の事業費がほぼ横ばいであったにもかかわらず治山の事業費が増えた年度があるが、これは国庫補助事業の補助率（補助事業費に占める国庫支出金の割合）が減ったことによるものであり、三つの事業の国庫支出金の額の割合自体はほとんど変化していない。これらの国庫補助事業においては、森林の持つ公益的機能の重視といった森林政策の方向性や産業基盤投資から生活基盤投資へのシフトといった公共投資政策の方向性の変化への対応は、三つの事業それぞれのなかで展開していった。例えば、森林のレクリエーション利用が重視された時期には、治山事業において保健休養関係の施設整備等を行う一方で、林道事業においては観光バスでも通れるような高規格の道を整備するといった形である。国庫補助事業においては公共事業の拡大過程を通じて三つの事業のバランスがほぼ保たれてきたのに対して、国庫補助を受けずに実施される地方単独事業においては、時期により特定の事業が増加するといった動きがみられる（図7-3）。とりわけ目立つのが一九九〇年代をピークとした林道事業の大幅な増加である。これは主に山村地域の定住環境を改善するための林道整備であり、公共投資政策が生活基盤投資を重視するなかで増加し始め、一九九三年度に当時の自治省、国土庁と林野庁が創設した地方交付税と地方債を活用した地方単独事業の支援策「ふるさと林道緊急整備事業」により大規模に展開するようになったものである。

一方、林業関係一般会計予算のうち三つの公共事業以外の残る一五％の予算は、非公共事業と呼ばれている。その中身は、公共事業とは対照的に、時期により構成が大きく変化している。一九六〇年代前半までは森林計画に関わる経費と研究機関運営に関わる経費、森林所有者等への林業技術や知識の普及・指導などを行うための経費で七割ほどを占めていたが、一九六四年の林業基本法制定後は同法が掲げた林業の構造改善を実現するための林業構造改善事業が四〜五割を占めるようになり、一九八〇年代には間伐に関わる事業がシェアを拡大したものの、一九九〇年代に入ってからは国有林野事業特別会計への繰入金が増え、九〇年代半ばには非公共事業の三割ほど、二〇〇三年度には五割を占めるに至っている。

二〇〇〇年代に入り財政支出の縮小が目立つようになると、国庫補助事業における三つの事業間のバランスにも変化が生じた（図7-2）。造林の事業費の減少が他の二事業より緩やかに進み、相対的な割合を増加させたのである。造林事業費は、二〇〇七年度以降にはわずかながら増加傾向もみせている。一方、地方単独事業費においては、一九九〇年代に大幅に増加した林道の事業費が二〇〇〇年代に入ってから大幅に減少した。二〇一五年度現在では、国庫補助事業、地方単独事業いずれにおいても林道の事業費が三つの林野公共事業のなかで最も少なくなっている。

(3) 地方圏の自治体と森林政策

ここで、ドラスティックに変動した地方単独事業費における林道費に再び注目したい。事業費の急激な上昇そのものは、公共投資を急激に拡大させた国の政策を映し出したものといえる。だが気になるのは、その事業の対象である。先述の通り、事業の整備対象は山村地域の定住環境を改善するための林道であり、直接的に森林へのアクセス改善を意図した道ではない。むしろ山村住民のための生活道と考えられる。産業基盤ではなく、生活基盤に対する公共投資拡大を目指した当時の国の公共投資政策の方針に合致しており、その点では納得のいく事業といえる。ただ、これが山村住民の生活の保障のための施策としてではなく、森林政策として行われているのである。この「ふるさと林道緊急整備事業」は、一九九一年の末に自治省、国土庁と林野庁により設置された「森林・山村対策検討会」の議論を受けて導入されている。この省庁レベルの動きに若干先駆ける形で、同年秋には和歌山県本宮町長が「森林交付税構想」を提唱している。森林保全の観点から森林面積に応じた地方交付税を交付することで山村の財源確保を図ることを目指した構想であり、山村を抱える多数の市町村が参画する森林交付税創設運動へと展開していった。この運動の初期に導入された「ふるさと林道緊急整備事業」等の「森林・山村対策」は、この運動への理解を反映した国レベルの変化の一つとして評価されている(17)。だが、公共事業縮小期に入り、真っ先に縮小されたのもこの事業であった。二〇〇〇年代に入り、森林交付税創設運動は、都道府県レベルでの森林環境税創設が広がるなかで、森林環境税創設運動へと展開した。その趣意書には、公共事業や地方交付税の削減などが行われるなかで、森林、山村地域の市町村に残された税財源は、「森林の持つ公益的機能に対する新税の創設」しか想定できないと記されている(18)。

では、二〇〇〇年代以降、地方圏の県の主導で展開した森林環境税や「緑の雇用事業」による森林整備施策の影響は、地方圏の自治体にとって、どの程度のものだったのだろうか。例えば、森林環境税を最初に導入した高知県の林業費をみると、税導入後も継続して減少している。二〇〇八年度の高知県の林業費は、税導入前年となる二〇〇二年度の林業費の六割ほどまで縮小している。森林面積に対して人口が多い一部の都市圏の自治体を除き、多くの地方圏の自治体においては、森林環境税の導入は、森林政策における「追加的」な財源と捉えられるほどの規模ではなく、急激に進む財源縮小を多少なりとも緩やかに抑える「若干の手当」に過ぎないのが実態であった。[19] では、なぜ広大な森林を抱える一方で人口が少ない地方圏の自治体は、そんな「若干の手当」に過ぎない額の森林環境税を、むしろ先陣を切る形で導入したのだろうか。全国に先駆けて森林環境税を導入した地方圏の自治体の知事らの発言をみると、税制度の創設と普及を通じて、森林保全の重要性を全国へ向けて発信し、中長期的には国レベルの財源保障の充実を期待する想いが含まれている。一九九〇年代末から二〇〇〇年代半ばにかけては、国・地方を通じた財政再建が喫緊の課題となるなかで、地方分権改革が財政面でも進められ、小規模自治体をターゲットとした地方交付税の交付額削減や財政面での地方の「自立」を強調する三位一体改革が進められていた。前節で述べたように、山村対策が国ないしは都市からの「恩恵」として捉える考え方があると林政審議会の報告に記されたのは一九九七年であるが、その「恩恵」を縮小させるべく具体的な動きが生じたのが一九九〇年代末から二〇〇〇年代半ばであった。森林という、支出額の規模こそ小さいが都市住民にも概ね好感をもたれやすいテーマがシンボリックに取り上げられ、環境保全という観点からみた森林地域の重要性、そして広大な森林地域を有する地方圏の自治体が持つ人口だけでは語りつくせない重要性を主張しようとしたものと考えることができるのではないだろうか。

四　森林政策におけるナショナル・ミニマムの変遷が語ること

本章では、この半世紀強にわたって、国による森林政策がどのような論理のうえに組み立てられてきたのかという政策論理の変遷をみてきた。他産業に対する林業の不利の補正やその従事者の地位向上といった相対的に劣勢な条件にある産業や労働者の支援、格差の是正という論理が次第に弱まり、都市住民を中心とする多くの人びとが便益を受ける公益的機能を高めるための手段としての林業の捉え直しが起こった。そこへ環境保全型の産業としての林業の再評価が加わって現在に至る。地域間や産業間の格差是正という思想は、政策の文言としてほとんど表に出されなくなった一方で、環境保全の結果としての地域活性化や公益的機能発揮のための林業支援といった認識が広がっている。生存権が保障されるべき対象は、特定の属性をもつ具体的な人々から、不特定の多数、なかでも都市住民といった多数派へとシフトしてきたのである。

森林に関わる生存権の保障に関わる諸々の施策は、現在、環境保全型の産業としての林業の重視を柱として実現が目指されている。地方に偏在する森林を対象とする林業が環境保全型の産業として重視される昨今の状況は、多くの住民が住む都市と過疎に悩む地方という構図を強調することなく、かといって一九六〇年代の議論にみられるような精神的、文化的な意義などの共有を必要とすることなく、地方の活性化を国家的な政策課題の結果として生まれうるものとして位置づけることに成功しているようにみえる。だが一方で、冒頭で紹介したように、環境保全政策として特別な予算が確保されてきた森林環境税に対しては、溜息と疑問が呈され始めているという。目に見える成果は何か、終わりはいつなのか、と。おそらくこれらの疑問は、森林環境税を用いた施策に限ったものではなく、とりわけ財政縮小期に入ってから、あらゆる施策や政策に投げかけられている問いでもあるだろう。そこで問われるのは、目に見える成果、その裏返しで設定される目に見える目標とは何か、である。林業基本法や森林・林業基本法に定められた計画において示された、森林の区分ごとの面積や木材供給量といった「目標」の達成状況は芳しくない。だが、それはどこまで「問題」なのだろうか。そもそも民間の個人や会社が経営する森林の区分を政府が強制的に変えさせることはできないし、木材供給量という市場経済を通じて実現されるものの量を政府が恣意的に変動させようとしても困難である。その結果に政府がどこまで責任をもつべきかは、政府の領域と民間の境域をどう捉えるかに関わる問題となる。本来まず問われるべきことは、「目に見える目標と成果」というよりも、むしろ森林分野において政府が責任を持つべき領域とは何か、それはどうあるべきか、人口の少ない地域に住む人々の生活をいかに支えうるかといった、より根本的な問いなのではないだろうか。

注

（1）平成二五年度の一般会計歳出決算総額に占める林野庁歳出額の割合（財務省『平成二五年度一般会計歳入歳出決算』および同『平成二五年度決算参照』による）。

（2）地方財務協会『地方財政統計年報』各年版による平成二三〜二七年度における都道府県歳出総額に占める林業費の割合の平均値。

（3）青木宗明「『森林・水源環境税』の幻滅から迫られる『環境税』の再定義」日本地方財政学会編『地方財政の四半世紀を問い直す』勁草書房、二〇一八年、二六〜二七頁。

（4）内山節『日本人はなぜキツネにだまされなくなったのか』講談社、二〇〇七年、七二〜七六頁。

（5）石崎涼子「世論調査からみた森林と木材に対する人々の関心（一）：森林をみる眼」『山林』一六〇七、二〇一八年、五八〜六六頁、石崎涼子「世論調査からみた森林と木材に対する人々の関心（三）：森との距離」『山林』一六〇九、二〇一八年、五八〜六六頁。

（6）香坂玲「森林の多面的な機能―生態系サービスとは何か―」日本森林学会監『教養としての森林学』文永堂出版、二〇一四年、七七〜八五頁。

（7）森林・林業基本政策研究会編『〔逐条解説〕森林・林業基本法解説』大成出版社、二〇〇二年、二六〜三三頁。

（8）塩谷勉『林政学』地球社、一九七三年。

（9）手束平三郎「戦後林政史の回顧と検証―林業基本法の制定を巡って―」『林業経済』六〇〇、一九九八年、二九〜三二頁。

（10）経済同友会『21世紀グリーンプランへの構え』、一九七一年。

（11）林野庁経営企画課「国有林や経営規定の改正について」『森林計画研究会会報』三四〇・三四一合併号、一九九一年、四六頁。

（12）塩谷弘康「国有林野法制度の歴史的展開」黒木三郎・山口孝・橋本玲子・笠原義人編『新国有林論　森林環境問題を問う』大月書店、一九九三年、六六頁。

（13）石崎涼子「都道府県の森林環境政策にみる公私分担」金澤史男編『公私分担と公共政策』日本経済評論社、二〇〇八年、二六七〜二八六頁。

（14）餅田治之「森林・林業再生プラン」遠藤日雄編『改訂　現代森林政策学』日本林業調査会、二〇一二年、七一〜八一頁。

（15）森林・林業基本政策研究会編『解説　森林法』大成出版社、二〇一三年、七七〜七八、一一八〜一一九頁。

(16) 金澤史男「公共事業分析の課題と改革の視点」金澤史男編『現代の公共事業』日本経済評論社、二〇〇二年、一〜二二頁。
(17) 重栖隆『木の国熊野からの発信』中公新書、一九九七年、一五八〜一五九頁。
(18) 石崎涼子「都道府県による森林整備施策と公共投資」。
(19) 石崎涼子「森林政策における政府間財政関係」諸富徹・沼尾波子編『水と森の財政学』日本経済評論社、二〇一二年、一七〜四二頁。

補章　周辺地域におけるナショナル・ミニマムとローカル・ミニマム

―韓国・忠清南道《チュンチョンナムド》における石炭火力発電所立地地域の事例を手がかりに―

李　玟　静

一　課題

漸進的な地方自治の発展は地方分権の実現を通じた行政の自律性および責任性の具現から現れるものである。地方分権は地域の自己負担や選択によって行政の役割と規模を決定することであり、このために必要な財源をどう調達するかに関する問題と直結するといえる。したがって、確固たる財政的基盤が必須要素である。

しかし、今日、地方財政は地方分権を進める過程で要求されるレベルと多くのギャップを見せている状況であり、住民の要求する行政サービスの供給と地方政府の担当する事務とを比較しても、地方財政の役割はたいへん限られているのが実情である。地方財政力を高めるとともに、地方財政の安定的な運営の成される基盤造成が課題である。

日本でナショナル・ミニマムとは、憲法第二十五条(1)に基づき、すべての国民に対して保障する「健康で文化的な最低限度の生活水準」と定義されている。これまで所得や資産等の経済的指標のみで語られてきた「最低限度の生活水準」は徐々に拡大され、社会的指標がますます重要視されてきている。ここから、国民生活をより多面的・複合的に捉えながらナショナル・ミニマムを考えていく傾向を読み取ることができる。

韓国では、憲法第三十四条（人間らしい生活を営む権利）[2]、第三十一条（教育権）、第三十五条（環境権）[3]、第三十六条（健康権）[4]等が、人間のもっとも基本的な権利であり、国家の積極的配慮と給付を通じて保障されるべき社会的受給権とされている。これらに加え、第十条（幸福追求権）[5]等は、人間の権利として、および、生活保障のための国家行政の規範として重要な役割をもつとされる。また、これら自体が国家の福祉理念を宣言するだけでなく、社会福祉関係法律の存立根拠としての意味を持つ。すなわち、これらの法文から、ナショナル・ミニマムの根拠を見つけることができる。

日本では、ナショナル・ミニマムは国が規定し、それに関する権限や財源を国が確保した上で、それを超える行政水準――いわゆる、上乗せや横出し――を自治体が補完するという形が経済学的に望ましいという意見から[6]、ナショナル・ミニマム的公共サービスにおいて日本は自治体の負担がすでに際立って大きいという指摘まで[7]、ナショナル・ミニマムの水準およびその決定主体を巡る多様な議論がされてきている。しかし、その水準に関して、中央から離れた周辺地域（Periphery）に行けば、ＮＩＭＢＹ施設（Not In My Back Yard、忌避施設）の立地を受容せざるを得なかった歴史的経緯を持つ地域が存在し、こういった地域では現在の全国規模の必要最低限で供給されるミニマムの水準を超える行政水準を要する。すなわち、ナショナル・ミニマムの行政水準を補完するローカル・ミニマム的視点の必要性に気づく。ナショナル・ミニマムは、全国的（ナショナル）に必要性（公共性あるいは外部不経済）[8]があり、全国規模で必要最低限（ミニマム）の水準で供給される財を意味するため[9]、地域の特性を反映させるには限界をもつからである。言い方を換えれば、地域（ローカル）におけるミニマムをいかに保障するかによって、地域の維持可能性が関わってくると言える。とりわけ、色々な側面で劣悪な状況に置かれている周辺地域（Periphery）にとっては、ミニマムをいかに設定するかが地域の存続課題になる。

本章では韓国・忠清南道《チュンチョンナムド》（「道」は広域自治体。以下、忠南《チュンナム》）の石炭火力発電所（以下、発電所）立地地域四カ所を取り上げ、これらの地域で起きている現状をナショナル・ミニマムとローカル・ミニマム保障の視点から述べる。ナショナル・ミニマムでカバーしきれない部分をローカルがいかに主導的に補うかという問題意識から出発し、中央政府の政策によって犠牲を強いられているこれら地域の事例からローカル・ミニマムの必要性を導き出し、ナショナル・ミニマムとローカル・ミニマムとの相互補完を考える。

二　予備的考察

(1)　韓国におけるナショナル・ミニマムの議論

韓国において「基礎生活保障」という用語が広まるキッカケになったのは、一九九九年「国民基礎生活保障法」を制定していく過程であった。その前までは「基礎生活保障」という用語の代わりに「国民生活最低水準」という用語が使われた[10]。後者が前者に変化していくなか、「国民福祉基本線」という用語が登場する。これは、新政治国民会議という政党が一九九七年大統領選挙のマニフェストの一つとして「国民福祉基本線」の保障を提示した内容であり、これは、「ある社会が公的制度を通じて個別社会の構成員に経済・社会的発展水準に相応しく提供する諸社会福祉の水準」と定義されており、これはまた、最低水準(Minimum Level)の福祉を保障する「国民福祉最低線」と、最低水準以上の適正水準(Adequate Level)の福祉を提供する「国民福祉適正線」に類型化された[11]。

パク・ヌンフ[12]はこのような用語の変遷過程を、国民生活最低水準(National Minimum)が国民福祉基本線(National Welfare Standards)へと変容され、これがまた基礎生活保障(Basic Livelihood Security)へ変遷してきたとまとめている。

一九九七年ＩＭＦ(国際通貨基金)の救済金融に象徴される韓国の経済危機は、未曾有の失業や貧困問題を浮き彫りにし、当時、参与連帯などのＮＧＯを中心に結成された国民基礎生活保障法制定のための推進連帯会議の立法活動、および、セーフティネット強化のためのキム・テジュン政府の努力によって「国民基礎生活保障法」が制定された。以後、同法は二〇〇〇年代にあった大小の経済危機のたびに貧困階層の保護および国民生活の安定に役立ったと評価されている。(13)同法は就労可能者にも現金給付を提供する近代的形態の公共扶助制度を備え、同法の制定によって韓国も社会権の保障された福祉国家の道を歩むようになったという評価を受けられるキッカケになった。(14)

基礎生活保障制度が多様な歴史的コンテキストで理解されるのは、何より、給付水準が所得認定額を含めて最低生計費以上にならねばならないと明示したことで、ナショナル・ミニマムを確立したところにある。しかし、果たして、同制度を通じて貧困階層が最低水準の生活を保障されたかについては学界でも様々な意見で議論されている。(15)基礎生活保障制度に対する主な論点は以下のようである。

第一、最低生計費の適正性に対する論点がある。最低生計費が人間らしい生活の最低基準を保障するには非現実的と言わざるを得ないほど低く、社会全般の所得水準を反映していないと指摘されてきた。(16)第二、いわゆる「非受給貧困階層」と呼ばれる、デッドゾーン問題である。イ・テジン他の研究によると、(17)基礎生活保障制度から排除された貧困階層の規模が、韓国人口の七・五％に当たる約四百万人と推定されており、その原因は、扶養義務者の基準と財産の所得換算方式による厳しい受給者選定基準にある。第三、受給権者の所得認定額算定に関する問題である。例えば、財産の所得換算制は所得創出の難しい財産、とりわけ、住居用住宅を所得と換算しており、これは、最低生活保障の原則に適合しないだけでなく、衡平性を阻害する論理的矛盾をはらんでいる。(18)

他方で、現代においてナショナル・ミニマム論は、地方分権を阻害する最も大きな要因と批判する意見もある。(19)先進諸国が第二次世界大戦後、福祉国家の建設に力を入れた、その理論的基盤になったのがナショナル・ミニマム思想であるが、福祉国家の基礎的機能である所得再分配を行うためには、原則的に、財政構造は中央集権型でなければならないためである。[20] すなわち、ナショナル・ミニマムの実現を目指した福祉国家を実現するためには、行財政をより中央集権的に強化し、全国一律的な行政を実施するのが効率的という判断である。結果、地方政府は中央政府の定めたナショナル・ミニマムという全国一律的基準によって与えられた業務を代行する役割しかなく、地域の特性や住民の個性および創発的取り組みを見せられる機会は限られる。

このように中央政府による福祉国家の建設は、地方政府が中央政府の定める福祉目標の実施機関へと引き下げられる意味を内包していること、行政の画一化によって住民の要求に合わない行政が行われて厚生損失が発生しうること、行政サービスの質および効率の低下が起こりうることなどが指摘される。[21] 先進諸国で社会資本（Social Overhead Capital 以下、ＳＯＣ）の整備をナショナル・ミニマムと規定し、それを行政に反映してきたのは大きな意義を持っているが、一方では、地域住民の生活において、画一的な低水準・高統制の行財政システムを構築したとの解釈もある。

以上のような批判を踏まえ、新しい地方分権的な思想としてローカル・ミニマムが提起され、それを自治体の住民が必要とする最低限の生活条件と定義する主張も登場した。[22] 地方分権は一部自治体の努力だけで成し遂げられることではない。これは、すべての自治体の、すべての住民の協力・協働があってようやく獲得できる、すなわち、内発的発展のための必要最低限の基本条件である。この基本的条件という意味合いでの「ミニマム」であり、それ以上は基本条件を活かし各自治体が住民の個性や創発的取り組みをもって向上させていかねばならない。つまり、ローカル・ミニマムはそれぞれの地域がそれぞれの水準や条件を持つと理解できる。

(2) 「周辺地域」[23] の指定——外部不経済の内部化

韓国において「周辺地域」とは、施設容量の一万キロワットを越える発電所の発電機から半径五キロメートル以内の陸地および島嶼地域に属する邑面洞《ウプミョントン》[24] 地域を指す。

表 S-1　火力発電所の周辺地域に対する支援事業

種類		対象	施行主体*	法令根拠
基本支援事業	所得増大事業 公共・社会福祉事業 住民福祉支援事業 企業誘致支援事業	「周辺地域」	自治体長	「発周地法」第 10 条および同法施行令第 19 条
	育英事業 電気料金補助事業 その他支援事業		発電事業者	
特別支援事業		「周辺地域」の属する自治体管轄地域	自治体長	「発周地法」第 10 条および同法施行令第 22 条
その他支援事業	火力発電所周辺の環境保全および監視のための支援事業	「周辺地域」	自治体長	「発周地法」第 10 条および同法施行令第 25 条

注：＊自治体長と発電事業者の協議で決まる事業は，発電事業者が施行できる．

「発電所周辺地域支援に関する法律」（一九八九年制定、以下、発周地法）で定めている「周辺地域」指定の目的は、支援金を交付し、支援事業の効率的推進や電力事業の国民理解増進を通じた電源開発促進と発電所の円滑な運営を通じての地域発展である。支援金の用途は、表S-1の事業を行うことで「周辺地域」の住民が人間らしい生活を送る、ひいては地域の発展基盤を作る、ローカル・ミニマムを保障するための一種の措置である。一方では、周辺地域の住民に対し、新規発電所の建設や火力発電の関連政策に対する受容性（Acceptance）を高め、NIMBY施設である発電所の膠着化や新規建設を図る意図も窺える。[25]

「基本支援事業」は発電所の建設から稼働する期間中、周辺地域に毎年支援される事業であり、住民が共同利用できることを条件に、農林水産業施設、商工業施設、観光産業施設の設置・運営等、地域発展や住民所得増大のために行う事業へ支援される。「特別支援事業」は発電所の建設初期（電源開発事業の実施計画承認告示日より運転開始日まで）に大規模の支援事業を行うことで、発電所建設の促進、住民陳情への対応などの目的を持ち、発電所建設費（敷地購入費は除く）の一・五％（有煙炭百万キロワット以上の発電所を自発的に誘致する場合は〇・五％）が加算され支援される。特別支援事業は発電所の立地した市郡全体を支援範囲とするため、文化施設・スポーツ施設建設のような地域住民による陳情事業に当てられる傾向がある。「その他支援事業」のうち、発電所の「周辺地域」に該当する細部事業は、支援事業の管理・研究・評価・広報事業および発電所周辺の環境保全・監視活動支援等がある。

「発周地法」では「周辺地域」(および施設の立地している市郡)に対する支援財源を二つと定めている。一つは周辺地域に対する「電力産業基盤基金」[26]であり、もう一つは発電所の立地市郡への地方税である「地域資源施設税」[27]である(図S-1を参照)。支援金額は発電所の種類・規模・発電量・「周辺地域」の与件などを考慮し、大統領令によって定められる。[28]

ところで、外部不経済の内部化を図る本制度は、様々な問題や葛藤を孕んでいる。

一九九〇年から二〇〇九年まで、全国的に約一・八兆ウォン(約一八〇〇億円)という莫大な周辺地域支援金が交付されてきたが、当該地域の財政事情を勘案すると巨額な金額にもかかわらず、「周辺地域」住民の満足度は低く、使途の不明瞭さに対する指摘も多いため、制度改善の要求が絶えない。

支援事業に対する低い満足度は、住民や自治体の支援事業に対する認識不足による側面もあるが、根本的には支援金に対する認識差にあると言わざるを得ない。住民は発電所の建設・運営に対する補償金(あるいは賠償金)と認識している一方、国や自治体は地域事業のための一種の補助金として認識しているのである。

なお、国会の予算および決算審議過程でも支援事業費の過度な繰越、評価基準の強化等が絶えず指摘されている。事業の施行過程で地方議会の予算議決遅延、住民間の葛藤等により、二〇一〇年の場合、決算基準で約二千億ウォン(約二〇〇億円)が繰越されるなど、毎年、巨額の繰越が行われている。現行法上、一年以上の未執行の場合に回収できるようになってはいるものの、事業計画を再び立てれば再交付しなければならないため、事業の未執行をコントロールするのは難しい。

支援事業の効果に対する懐疑的意見も多く、外部機関が支援事業の効果を管理・評価できるシステム構築の必

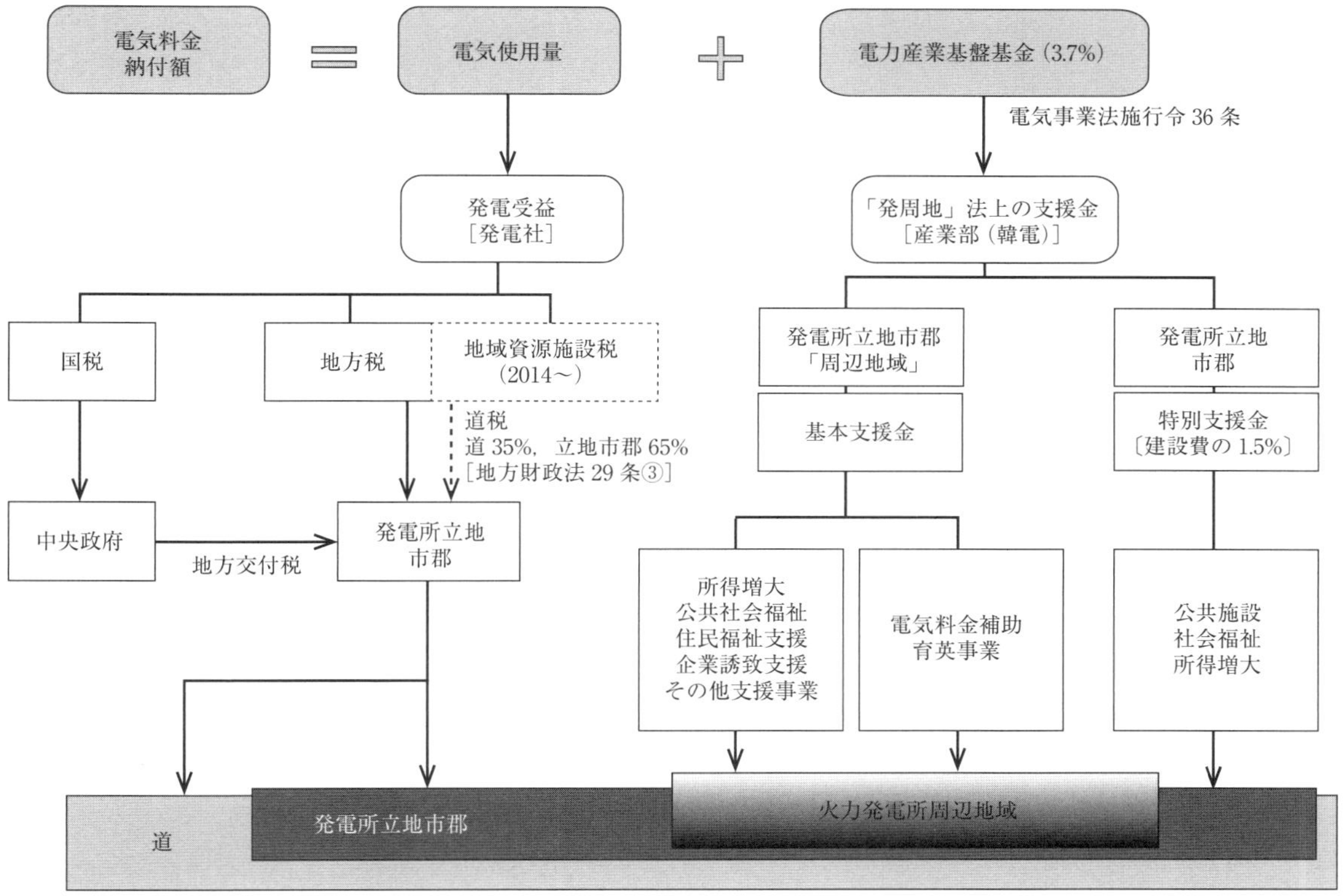

出所：筆者作成.

図 S-1　周辺地域における支援金および地方税の流れ

要性が言われているが、決算報告書と施行実績書の報告ほどで終わり、成果に対する客観的な評価は行われずにいる。財政状況の極めてよくない発電所立地市郡において、支援金は毎年交付される貴重な財源であるにもかかわらず、無分別に運用され、必要な所に行き渡らない悪循環が生じている。

「周辺地域」の支援事業に関する研究はそれほど多くない。支援事業の主体である「発電社－自治体－住民」という三者間の信頼構築、審議会機能の強化、基本支援事業費限度の調整といった代案を提示した研究がある程度である[29]。

他方で、発電所および「周辺地域」を巡る葛藤問題も大きい。

発電所は、CO_2排出・汚染物排出・微細粉塵による住民健康への影響、発電温排水による海洋生態系への影響、共有水面埋立てによる干潟・漁場への被害、景観的損失、送電線・送電塔の設置による地価下落・住民生活不便等々の外部不経済をもたらし、多くの社会的費用を伴うと言われている[30]。発電所の建設・増設は国家的電力共給計画の下で計画されるが、「電源開発促進法」のもと、立地地域を選定する過程で、国が選択した地点の地域は法で定められる要件を満たせば事業を進められるため、地域の意見は反映される余地も力もなく[31]、事業推進のプロセスから排除されてきた。特に、発電所は、冷却水の調達のため、海に面している漁村や過疎地域が選ばれたわけであるが、国と発電事業者は選定地域に巨額の支援金を交付し、住民の懐柔や陳情による事業などに対応してきた経緯を持っている。支援金を巡って地域の意見は多く分裂され、住民間の葛藤を引き起こしている。住民インタビューから、自治体・地方議会↕住民、発電社↕住民、政府↕住民、「周辺地域」の住民間、「周辺地域」内外の住民間、といった多様な葛藤構造が存在することが窺える。

発電所の立地している自治体としては、劣悪な財政状態および産業的環境を考えると、「周辺地域」の支援金という外形的補償を受けられるのは拒否しがたいであろうと想像に難くない。しかし、葛藤による高い社会的費用を支払わされているのも現状である。

こういった葛藤問題をテーマとしたチェ・ビョンハクの研究は興味深い。チェは、忠南地域の発電所立地地域四カ所を取り上げ、葛藤の行為主体によって「構造的葛藤・複合的葛藤・関係上葛藤」と三つに類型化し、葛藤への対応認識によって「競争型・協力型・順応型・回避型」と四つに類型化した。立地地域四カ所を分析した結果に基づき、現在の法律および制度の改善を通じて優先支援対象の指定等を通じて内部的葛藤要因を解消する努力、発電事業者と地域住民とで定例的コミュニケーションの場を設置する試み、発電社と自治体間の協約書に(ある意味での)担保を設定、民間環境監視団制度の運営等を提案している。(30)

三　事例分析——「電力生産基地」忠南および発電所立地地域の問題

(1)　忠南地域の概要

忠清南道は韓国のほぼ中央に位置し、京畿道《キョンギ》や大田《テジョン》広域市、世宗《セジョン》特別自治市と隣接している、人口約二一一・七万人(二〇一七年基準)規模の広域自治体である。一九九〇年代の首都圏規制によるサムスン、ヒュンダイ等の工場移転の反射利益を受け、一九九〇年代後半から製造業が急成長した。毎年のGRDP成長率は八%前後を推移し、国内首位を誇っている(規模では二〇一六年基準、一一七兆七四九億ウォン。一七広域自治体のうち、三位)。しかし、道の財政状況はそれほど芳しくなく、二〇一七年の財政自立度は三九・三%(全国平均は五三・七%)で全国平均を下回っている(一七広域自治体のうち、一二位)。

忠南は、韓国で代表的な電力生産基地として有名である。忠南における発電所の発電設備容量は二万四一五三メガワットで全国対比二〇・七%(全国一位)、発電量は一〇三万四九五二ギガワットアワーで全国対比二四・三%(全国一位)、とりわけ、石炭火力発電においては全国火力発電量の四九・〇%を占めており、発電量の六〇%以上を首都圏に供給するなど、「電力生産基地」の役割を果たされている(二〇一七年基準)。

表 S-2　火力発電所立地地域の概要

	唐津《タンジン》市	保寧《ポリョン》市	泰安《テアン》郡	舒川《ソチョン》郡
最初稼動	1999.6	1984.9 (1·2 号機一時閉鎖)	1995.6	1983.11 (2017.8 永久閉鎖)
稼動基数・ 発電容量（MW）	8 基・4000MW (9, 10 建設中)	8 基・4000MW (新保寧 1, 2 建設中)	8 基・4000MW (9, 10 建設中)	(2016.7 新舒川 1 号着工)
年間支援金額 (基本支援金のみ) ※2011-13 平均	120 億ウォン (62 億ウォン)	76 億ウォン (47 億ウォン)	72 億ウォン (56 億ウォン)	7 億ウォン
立地市郡の人口 ※2017 年基準	167,439 人	103,198 人	63,932 人	55,175 人
(「周辺地域」) ※2017 年末基準	(8,194 人)	(16,643 人)	(7,389 人)	(4,920 人)
高齢化率 ※2017 年末基準	17.0%	22.9%	27.4%	32.5%
2017 年度予算 (財政自立度)	7,276 億ウォン (37.6%)	5,285 億ウォン (21.3%)	3,877 億ウォン (19.6%)	3,906 億ウォン (12.6%)

資料：各市郡 HP および韓国電力生産基盤センターの内部資料.

生産された電力は主に首都圏に供給され、そのために設置された送電・変電設備は地域住民に対して生活不便、社会経済的不利益、環境被害を与えている。前述したように発電所は、温室ガス排出・汚染物排出・微細粉塵による住民健康への影響、発電温排水による海生態系への影響、共有水面埋立てによる干潟・漁場への被害、景観的損失、送電線・送電塔の設置による地価下落・住民生活不便等の外部不経済をもたらし、様々な葛藤が浮き彫りになっている。中央政府は「経済成長」という名分を前面に出し、電力問題に限っては、地方の犠牲を担保にして大都市の便利さや豊かさを支えてきた。国のための犠牲を地方に強いてきたといわざるを得ない。

二〇一八年現在、忠南には保寧《ポリョン》（六基）・舒川《ソチョン》（新一号機建設中）・唐津《タンジン》（八基）・泰安《テアン》（八基）で、総二二基が稼働中である。[32] 今後、七基の大規模発電タービンが新設される計画が立てられており、「電力生産基地」の位相が一層強まることが予想できる。

⑵　支援金運用および施策から見えるローカル・ミニマムの必要性

発電所の立地する各市郡は「発電所周辺地域支援事業特別会計設置条例」に基づき特別会計を設置して支援金を管理している。しかし、当該市郡さえも形式的管理機能に過ぎず、実状はお金の出納係に留まる。発電所のように中央政府の電力供給計画によってコントロールされる施設の場合、国が建設・運営等の計画を立て、施設の立地地域を一方的に決め付けて進めた歴史的経緯がある。支援事業および支援金の運用が、「中央政府－住民」の直接やりとり方式で行われる法制度を持っているのも、その所以である。「周辺地域」の支援金運用はその法制度に従って行われ、立地市郡は「周辺地域」住民と中央政府（産業通商資源部）との狭間で「形式的」な行政機関として、住民が申請する事業計画を中央政府にただフォーワードしたり、中央政府から下りた支援金を出納する役に留まるのである。

しかし、「周辺地域」住民のほとんどは高齢者で、もっぱら自給用に業を営む小規模の農漁業従事者である。そのうえ、毎年「周辺地域」に交付される巨額の支援金をいかに活用できるかについて、教育などが行われたこともない。一生を自給的な小規模農漁業に従事してきた住民が、急に、村営ペンションや村営直売場などの共同事業を行い、所得増大を図るのは無理があると言わざるを得ない。しかし、とりあえず使わなければ損だということで、比較的に精巧な計画が要らず、かつ、一過性である、農機購入、土地購入、稚魚購入などを所得増大事業として申請するのも、そのゆえである。

支援金はいかに運営されているのか。韓国電力基盤センターから忠南における二〇一一年より二〇一三年まで三年間のデータを入手し、事業運営の内訳を分析した。「①所得増大、②公共・社会福祉、③住民福祉・企業誘致支援、④電気料金補助・育英、⑤その他（特別支援事業を含む）」で基本フレームおよび各項目を設定し、発電所立地市郡四地域の基本支援事業および特別支援事業を分析した。表S-3はその結果である。

「発周地法」に基づき、韓国電力公社の電力基盤センター主管で四地域を合わせて約三六〇億ウォン（約三六

表 S-3　基本支援事業の特別会計（まとめ）

市郡	区分	項目				
		所得増大	公共・社会福祉	住民福祉・企業誘致支援	電気料金補助/育英	その他/特別支援事業
唐津市	支援金額（3年間平均）	39億ウォン	3億ウォン	0ウォン	0ウォン/19億ウォン	0.2億ウォン
	割合（%）	63.5%	5.2%	0.0%	0.0%/31.1%	0.2%
保寧市	支援金額（3年間平均）	11億ウォン	12億ウォン	0	9億ウォン/8億ウォン	7億ウォン
	割合（%）	24.4%	25.0%	0.0%	18.4%/17.1%	15.0%
泰安郡	支援金額（3年間平均）	14億ウォン	17億ウォン	3.7億ウォン	4億ウォン/15億ウォン	2億ウォン
	割合（%）	25.4%	30.7%	6.6%	7.3%/26.5%	3.4%
舒川郡	支援金額（3年間平均）	0.7億ウォン	4.1億ウォン	0.9億ウォン	（電気料金補助なし）1.7億ウォン	1.1億ウォン
	割合（%）	8.9%	53.5%	1.2%	21.9%	14.5%

億円）が交付されたが、そのうち六五％が基本支援金として「周辺地域」に支援され、三五％が特別支援金として立地地域の市郡に支援されている。分析結果を見ると、基本支援金について「周辺地域」主管の事業は、①所得増大事業（三六・五％）、②公共・社会福祉事業（三〇・四％）、③住民福祉・企業誘致支援事業（〇・二％）がそれぞれ支援されており、④各発電社主管の事業は電気料金補助事業（八・二％）・育英事業（二四・七％）が施行されているとまとめられる。

分析内容は以下のように整理できる。

第一、もっとも活発に運用されている事業は所得増大事業であり、とりわけ、農水産業施設（農機購入、土地購入など）が主な内容である。一方、もっとも実績の悪い分野は住民福祉支援・企業誘致支援分野である。

第二、公共・社会福祉分野でもっとも高い割合を占めている項目は、道路施設費、上下水道施設費、福祉会館建設費である。「福祉」という名称が付いていても事業の中身はほとんど福祉関連施設の改築・補修、機材購入、道路整備などのハコモノ的一過性の事業およびSOC整備に近い事業である。

第三、電気料金補助や健康診断の場合、住民に対する直接支援として高い満足度を見せているが、実施中の地域は少ない。近年、「周辺地域」住民の健康問題が取り上げられているなか[33]、健康診断を自主的に行っている地域は保寧市が唯一で、二〇一三年度から実施している。指針では環境監視、健康診断に関する事業を行うことができるが、住民はそういった事業を国のやるべきことと考えており、支援金で行うことに反対している。

財政自立度の大変低いこれら地域にとって同支援金は貴重な財源であることに違いないが、前述したように、その使途の大きな割合が一過性事業、ＳＯＣ関連事業に偏っており、地域経済や住民福祉分野、健康診断、また、近年浮上している環境問題対策にはほとんど当てられていないのが現状である。支援金は使い方次第で、地域における早急な問題解決に対応できるし、地域の内発的発展を導く基盤造成の可能性を持っているにもかかわらず、今の使い方は多様な葛藤構造、すなわち、行政↕住民、発電会社↕住民、中央政府↕住民、「周辺地域」住民↕隣接地域住民の間で葛藤や反目を来たすばかりである。

忠南は石炭火力発電所由来の微細粉塵や温室ガスの主犯に取り上げられ[34]、その責任を問いただされる状況に追い込まれている。CAPSS（Clean Air Policy Support System）資料によると、忠南における公共発電施設が排出するNO_X、SO_X、TSP、PM10、PM2.5などの量が全国排出量の四〇％以上を占めるという。しかし、この裏側には、忠南の発電所に適用されるゆるい排出許容基準[35]、不足している大気汚染測定所等々の問題が存在しており、国家基準や制度に頼るだけでは地域の存立危機、ひいては国家的被害まで来すことを懸念しなければならない。

「首都圏大気汚染の元凶」と非難されている忠南に、大気汚染測定所は一〇カ所（全国対比三・一％）、PM2.5（超微細粉塵）を測定できる測定所は三カ所（全国対比一・六％）に過ぎない。国家施設という名分で発電所を建設する一方で、立地地域を顧みる措置をとっているとは言いにくい。国の基準はどこにあるのか。ナショナル・ミニマムだけで地域の持続可能性を守ることはできるのかを考えなければならない。

図S-2は、現在や一五年後の韓国における石炭火力発電所の分布を表したのである。唐津市の場合、すでに

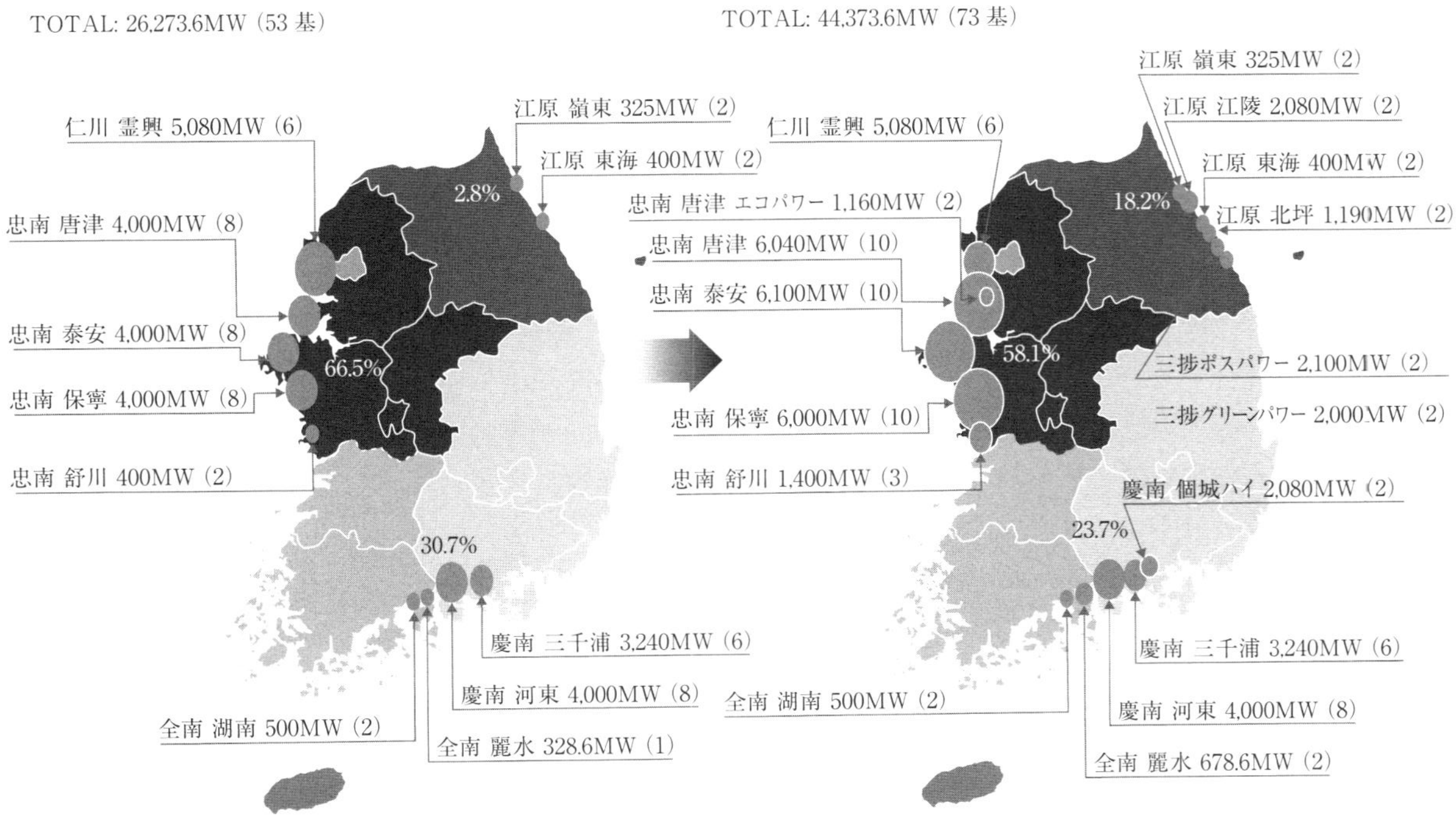

資料：韓国電力統計情報システム，韓国グリーンピース「殺人免許」.

図 S-2　韓国における石炭火力発電所の現在（2016 年）と未来（2030 年）

世界最大級の石炭火力発電所クラスターになっているが、今の国家電力供給計画のままだと、二〇三〇年の忠南は九基の発電所および八三〇〇メガワットの生産増加が見込まれる。しかし、この国家計画による忠南および立地地域の社会的費用は誰が支払うのか。ナショナル・ミニマムの基準で、立地地域住民の「安全で健康で人間らしい生活」は守ってもらえるのか。より強い基準のローカル・ミニマムの必要性、今の「周辺地域」支援金の使い方を改める必要性がここにある。国の支援のなかで、地域の特性による要求など、一貫した支援ではカバーしきれない部分を地方政府がローカル・ミニマム保障の意味で持つべきである。[36]

つまり、本事例のように、国の政策のために犠牲を強いられてきた「周辺地域」の歴史的経緯による特性のゆえ、ナショナル・ミニマムからはみ出る行政サービスを必要とする「周辺地域」に、国は支援金の形でそれをカバーする方法を取る。しかし、現在の方法は、「お金をあげればその後は知らない」という姿勢としか見受けられない。前述したように、現在の支援は、国と「周辺地域」住民がダイレクトにやりとりをする仕組みになっており、基礎自治体は出納役に留まり、広域自治体はその仕組みに入る余地もない。すなわち、ローカル・ミニマムを遂行する主体である地方政府の機能を最小限に留めている。「周辺地域」の住民はもちろん、隣接住民も全て管轄する広域自治体としては、住民間葛藤の対応、支援金使用の問題摘発への対応、発電所に由来する環境問題への対応で頭を抱えているのが現状である。図S-1のように、地域資源施設税（地方税、道税・目的税）が一部の媒介になれるが、より根本的な問題は、地方政府の関与を排除している今の支援金の交付構造にある。

住民と身近で接し、住民の力量を高められる方法を一緒に話し合える地方政府が支援金活用に対して一切、関与できない今の交付方法は、地方政府と「周辺地域」住民の間に反目をもたらすばかりで、地方政府がその使途を聞くだけで過敏に反応されるほどである。支援金の活用次第で住民の健康維持・環境保全・新しい地域の発展や持続可能性を考えられるにもかかわらず、制度上の限界のため、地方政府は声を出せずにいるのである。発電所の規模によるが、毎年、巨額の支援金を交付される「周辺地域」住民は、使途への介入をされず、村や事業の長期プランもないまま、無計画に使ってきている。
一方では、周辺地域住民のヒアリングから、住民の間でさえ情報伝達が正確にされていない状況が確認できた。また、自分たちの問題や「周辺地域」に必要な政策について何かを感じていながらも、その対策をいかに立てればいいか分からず、途方に暮れる様子を見受けることができた。

「審議地域委員会でどうやって事業を決定しているか、気になる。住民の意見がちゃんと届いているのか、反映できなかったらその理由は何かを聞きたい」(唐津市K里の住民A氏)
「関連資料を役所に置いたと言われるけど、見にいく時間もなければ、資料を読んだって納得するかも疑問だ」(唐津市K里の住民B氏)
「支援金は我らの命と取替えられた補償金なのに、監査が出たり、使途に規制をしたりして干渉されるのは理解できない。しかも、支援金を使う時は何の助言もないのに、使った後は監査やなんやで、ケチばかり付ける今のやり方では、我々が何をやっても信頼してくれないだろう」(泰安郡I面の里長C氏)
「物件・建物等のあるどころでないと支援金を使った事業を提案しにくい限界もある」(泰安郡I面のD氏)
「この地域の高い高齢化状況を考えて、住民福祉にうんと力を入れた事業を提案したいという意見が多いけど、審議地域委員会にちゃんと届いているか、そこで議論はされているのか、疑問だ」(泰安郡I面のE氏)

発電所の影響や外部不経済の範囲が立地市郡を越えるかに関し、その範囲を設定しにくいところがあり、これらの地域問題をナショナル・ミニマムの水準でカバーするには限界があると考えられる。したがって、ローカル・ミニマムという観点を取り入れ、地域の特殊なニーズに合うミニマムを設定する必要がある。しかし、ローカル・ミニマムに地方政府が主体的に関与できる隙間もなく、国は支援金交付で責任を回避し、受け取る住民は関連教育も受けず無計画に支援金を使うなど、地域の内発的発展はおろか、ローカル・ミニマムの段階にも進められていないのが同事例である。

近年、石炭火力発電所は、温排水・温室ガス・微細粉塵など、環境への深刻な悪影響が続々と報道されている。韓国における石炭火力発電設備容量の約五〇％が立地している忠南四つの立地市郡の住民は、発電所によって脅かされる「安全で健康で人間らしい生活」のためのナショナル・ミニマム、ひいては、より強いローカル・ミニマム保障の意味で支援金を交付されているが、その支援金は適切に使われず、いろんな問題を生んでいる。それに対して助言や教育、議論の場を提供できるのが地方政府の役割であるが、今の構造は地方政府の関与を許さない。まして、今の状態は、ナショナル・ミニマムの意味さえ色あせさせている。しかし、それぞれの「周辺地域」の事情に合わせて、一貫した支援金政策（ナショナル・ミニマム）を地域ごとの政策（ローカル・ミニマム）に発展させ、きめ細かいところまで行き渡るような媒介役を地方政府が担うべきである。

四　おわりに

本章では韓国首都圏の電力供給を強いられてきた忠南における火力発電所立地地域の現状を理解した上で、なお、これらの四地域（唐津、保寧、泰安、舒川）の「周辺地域」に交付される支援金の特別会計分析および地域住民インタビューを通じて浮き彫りになった問題点を指摘し、そこから、このような周辺地域（Periphery）ではその特殊状況ゆえ、ナショナル・ミニマムだけではカバーし切れない社会的費用をローカル・ミニマムという概念で考えてみようと試みた。

住民インタビューから、「周辺地域」住民は発電所による社会的費用に対する中央政府・発電会社の理解不足が問題視されており、現在の支援金の使途に対して、また、その発展的使途について悩んでいることが窺えた。

しかし、「周辺地域」を巡る敏感な事案――社会的費用や法理的福利、「周辺地域」と「周辺外地域」との葛藤など――について、今のように国が住民に放任して任すのでは、問題は解けない。関連して住民教育を受けたこともなく、事業責任者の存在も曖昧である現状では、一定の期間を地方政府が積極的に関与して住民力量を上げなければならない。

ナショナル・ミニマム視点からよりローカルな観点に立つと、これら地域の住民が「健康で幸福に生きる」ために必要な条件は、他の地域より一層厳しい基準で考慮しなければいけないことに気づく。つまり、同地域のローカル・ミニマムはナショナル・ミニマムの基準より多様で厳格な基準が必要になる。

しかし、町村単位が単独で当該地域のローカル・ミニマムを提唱するのはなかなか難しい。この地域を発展させていくためには、地方政府が、協議の場の提供・住民教育・事業計画樹立の支援などのサポートを通じて住民力量を高めながら、住民と一緒に地域の最適（Optimum）なサービス水準を決めていくというプロセス・制度的装置が必要である。同事例の場合、類似した状況の地域（たとえば、発電所立地自治体）との地域連携などを通じてローカル・ミニマムの水準を調整するのも意味があろう。

今、韓国で推進されている地方分権も、地域自主的なローカル・ミニマム設定とつながっている。ローカル・ミニマムは、自治体と住民の協力・協働があってようやく議論でき、地域の内発的発展につながる基本条件である。この基本条件という意味合いでの「ミニマム」であり、そこからは各自治体が住民の個性や創発的取り組みをもって向上させていかねばならない。繰り返しになるが、ローカル・ミニマムはそれぞれの地域がそれぞれの水準や条件をもつ。

注

（1）日本国憲法第二十五条　すべての国民は健康で文化的な最低限度の生活を営む権利を有する。

（2）大韓民国憲法第三十四条①すべての国民は人間らしい生活を営む権利を有する。②国家は社会保障・社会福祉の増進に努める義務を有する。（以下、省略）

（3）第三十五条　全ての国民は健康で快適な環境で生活を営む権利を持ち、国家や国民は環境保全のために努めなければならない。

（4）第三十六条　③すべての国民は保健に関して国家の保護を受ける。（他、省略）

（5）第十条　すべての国民は人間としての尊厳と価値を持ち、幸福を追求する権利を有す。

（6）土居丈朗「道州制の財政学的検討」、日本政治学会二〇〇七年度研究大会報告論文、二〇〇七年を参照。

（7）金澤史男「日本型財政システムの形成と地方交付税改革論」『都市問題』第九四巻一号、二〇〇三年、を参照。

（8）「ローカル・ミニマム（Local Minimum）」は、理論的には定立していない用語であるが、ナショナル・ミニマム（National Minimum）あるいはシビル・ミニマム（Civil Minimum）の概念からヒントを得てイ・チャンギュンが提唱した概念である（注19を参照）。韓国では近年、「大丘《テグ》ミニマム」の提唱など、ナショナル・ミニマムに地域の実情を反映させた試みが芽生えている。

（9）前掲、土居論文を参照。

（10）韓国・国民福祉企画団「生活の質の世界化のための国民福祉の基本構想」、一九九五年。

（11）ビョン・チェカン他「韓国の社会保障と国民福祉基本線」、韓国保健社会研究院、一九九八年、を参照。

（12）パク・ヌンフ「二十一世紀基礎保障発展方案」、韓国社会保障学会発表資料、二〇〇〇年、を参照。

（13）キム・ミゴン「国民基礎生活保障制度施行五年を振り返って」『今月の焦点二〇〇五』、二〇〇五年、および、パク・ヌンフ「国民基礎生活保障制度十年の成果」『今月の焦点二〇一〇』、保健福祉フォーラム、二〇一〇年。

（14）イ・テジン他『国民基礎生活保障制度十年史』保健福祉部・韓国保健社会研究院、および、ムン・ジニョン「国民基礎生活保障制度制定の意義および課題」『福祉動向』、二〇一三年。

（15）前掲のキム・ミゴンやパク・ヌンフ、および、ヨ・ユジン他『国民基礎生活保障制度の財産所得換算制改善方案研究』、韓国保健社会研究院政策報告書、二〇〇九年。ホ・ソン「国民基礎生活保障法制定十年！限界と課題」『市民と世界』、二〇〇九年。

（16）前掲のヨ・ユジン他やホ・ソンを参照。イ・サンイル「代案的最低生計費の計測や最低所得基準の構成に関する探索的考察」『動向と展望』、二〇一一年。

（17）イ・テジン他『貧困政策制度改善方案研究』韓国保健社会研究院、二〇一二年。

(18) ホ・ソン「国民基礎生活保障制度施行五年の評価」『福祉動向』、二〇〇五年。
(19) イ・チャンギュン「財政調整におけるローカル・ミニマム論の試み」『地方行政研究』第一六巻第二号、二〇〇二年。
(20) 林建久『福祉国家の財政学』有斐閣ブックス、一九九二年。
(21) 前掲、イ・チャンギュンを参照。
(22) 同右。
(23) 言葉が重なるが、この「周辺地域」とは「発電所周辺地域」を指す。
(24) 韓国の基礎自治団体の行政区域。基礎自治団体（市・郡・区）のなかで郡には邑・面を、市・区には洞を設ける。
(25) 事業選定の優先順位を見ると、この意図が窺える。
①電源設備の建設立地確保に関わる事業
②発電所建設による移住者及び生活基盤を喪失したと認められる地域住民への支援事業
③所得増大および雇用増進事業
④「周辺地域」住民の陳情・宿願事業
⑤育英事業
(26) 電気事業法第四十八条によって、電力産業の持続的発展および電力産業の基盤造成に必要な財源確保のために政府が設置した基金。
(27) 地域の均衡開発・水質改善・水資源保護などに必要な財源を確保したり、消防施設・汚物処理施設・水利施設および公共施設に必要な費用を充当するために賦課する税。道税・目的税。
(28) 支援金額＝前々年度発電量（kWh）×発電源別支援金単価（ウォン/kWh）＋設備容量（MW）×発電源別設備容量単価（万ウォン/MW）
右の計算式によって、二〇一四年度、石炭発電源（発電所二一カ所）に支給された支援金は、約四四七億ウォン（約四五億円）。
(29) クォン・オテク『発電所建設による周辺地域支援事業に関する研究』漢陽大学行政大学院、学位論文、二〇〇四年、および、キム・ワンゼ『発電所周辺地域支援事業の成果改善コンサルティング課題に関する研究』培材大学大学院、二〇一二年。
(30) チェ・ビョンハク「忠清南道における火力発電所周辺地域の葛藤管理に関する研究」『韓国ガバナンス学会報』第二〇巻三号、韓国ガバナンス学会、二〇一三年。

(31) 地方政府の長が発電所建設に反対できる唯一な手段は、建設許可申請の返却である。唐津市は石炭火力発電所の追加建設および変電所の追加建設に反対の立場（線路地中化を要求）を取っている。これに、韓国電力公社は市の建築許可返却処分に取消請求の行政訴訟を起こし、勝訴した（二〇一六年四月）。これに対し、市は控訴したが、韓国電力公社はこれとは別に、市長と担当公務員に対し事業の遅延を理由に損害賠償請求訴訟を起した。

(32) 文在寅《ムンジェイン》政府になって、PM10およびPM2.5による大気問題から、建設三十年以上経つ石炭火力発電所を閉鎖する措置が行われた。

(33) たとえば、「火力発電所周辺住民、ストレス危険群」、東亜日報二〇一四年七月一七日。「唐津・泰安発電所周辺住民の健康、赤信号」、世界日報二〇一四年七月二〇日。

(34) 「超微細粉塵はとりわけ西海岸に立地している石炭火力発電所近くで多く発生している。仁川〜泰安、唐津〜舒川の海岸を飛びながら大気質を観測すると、超微細粉塵の主成分のひとつであるSO_4をつくるSO_2の値が一〇〜六六ppbレベルにまで上がった。同時間、ソウルは一〜三ppbレベルに過ぎなかった……」（東亜日報、二〇一六年六月二〇日記事）。

(35) 仁川・霊興《ヨンフン》発電所（二〇〇八年建設）の基準より忠南の発電所（一九九六年以前建設）の基準は五〜九・三倍低い。SO_x：（仁川）二〇ppm、（忠南）一〇〇ppm、NO_x：（仁川）一五ppm、（忠南）一四〇ppmなど。

(36) 研究によると、忠南における発電所の環境汚染物質による社会的費用は八五〇〇億ウォン、温室ガスの社会的費用は二兆七二〇〇億ウォンに達するという。イ・イニ『忠南の発電関連施設による環境および経済的被害分析―火力発電所を中心に』忠南研究院、二〇一三年を参照。

終章　完全雇用体制の復活に向けて

―完全雇用論の原点・ベヴァリッジから学ぶ―

岡本英男

二〇〇七年のアメリカにおけるサブプライムローンのデフォルトによって引き起こされた金融危機が一九三〇年代以降最悪のグローバルな不況を生み出した、という事実が新自由主義的経済政策とそれを支えた新古典派経済学に与えたインパクトはきわめて大きかった。自由市場の自己調整作用に強い信頼を置く主流派の経済理論と金融理論は危機を理解する能力がなかっただけでなく、危機の創出に彼ら主流派経済学者とその信奉者が演じた役割によっても信用を喪失した。

しかしながら、このような現実にもかかわらず、かつてのような「効率性市場」に対するナイーブな信頼は信用を失ってしまったものの、世界金融危機の直後の二〇〇八年―〇九年の一時期を除けば、ケインズ的コンセンサスへの復帰の熱情が持続し、政策が大きく転換するまでには至らなかった。資本主義経済の受入れ可能なオールタナティブの欠如の下に、正統派経済学の土台となっている仮定が依然として多くの改革の土台を形づくり、特徴づけてきた。ショックは確かに大きかったものの、世界の政治的、経済的、知的エリート層は、民間企業と市場が経済を組織する上で最上の手段であるという信念を簡単に捨て去りはしなかった。金融システムをはじめとした経済システムを修理し改善すべきだという合意は存在するが、いかなる意味においてもラジカルな再建計画は提起されてこなかった。[1] これが、二〇〇八年以降の現状であった。

しかし、二〇一六年六月のイギリスのEU離脱、そしてそれに続く一一月のドナルド・トランプの大統領選勝利は、新自由主義と経済のグローバル化以外にオールタナティブはないと自信をもっていた世界の政治的、経済的、知的エリート層を驚愕させた。イギリスのEU離脱、そしてトランプの勝利はいずれも、過去二〇〜三〇年間続いてきたグローバル化と技術革新がほんの一握りの富裕者にのみ利益をもたらし大部分の中間層と労働者階級にほとんど利益をもたらさなかった結果に対する広範な人々の不満を表明するものであったからである。

ここでわれわれが強い関心を抱くのは、格差拡大の進行のなかで有権者の多くが格差是正や再分配に比較的積極的なヒラリー・クリントンではなく、むしろ格差是正をそれほど熱心に訴えてこなかったトランプになぜ投票したのか、という問題である。この問題を考える場合、ロバート・シラーの次の発言は一つのヒントになる。


トランプの勝利を導いたものは、彼の支持者たちが抱く経済的無力感（a sense of economic powerlessness）、すなわち力（power）を喪失するのではないかという恐れであった。……彼らは施しのようなものを受けるのではなく自分たちの経済的力（economic power）を取り戻したいと望んでいる。彼らは自分たちの経済的生活をコントロールすることを希求しているのである。[2]

トランプに票を投じた人たちの大多数は国家による再分配政策よりも自分たちの経済的力を取り戻したいと考えている、というシラーの診断は正しいと思う。しかし、シラーも指摘しているように、支持者を満足させるようなかたちで労働者の経済的力を増大させる方法を見つけることは決して容易なことではない。[3]
われわれは、労働者の経済的力を回復させ、近年の格差拡大傾向を逆転する最も有効な方法はいかに困難であれ完全雇用状態への復帰以外にないと考えており、現在の新しい経済状況のなかでいかに完全雇用を達成し持続させうるかを研究課題としている。その場合、たとえ回り道だとしても、そもそも完全雇用とは何かを改めて問うこと、すなわち完全雇用政策論の原点を振り返ることが重要である(4)。

本章で、ケインズ理論を吸収するなかで自己の失業理論を完成させたベヴァリッジの『自由社会における完全雇用』の核心を取り出し、ベヴァリッジ完全雇用論がもつ画期的意義を明らかにし、彼の議論から学ぼうとするのは、以上のような問題意識からである。そして、本章の「むすびに代えて」において、ベヴァリッジの系譜に連なる論者たちの完全雇用論の特徴とその意義に触れ、現在においても完全雇用政策は経済学的にも十分可能であるのみならず、ベヴァリッジが強く主張した公共部門の拡大に基づく完全雇用政策こそ経済と社会の安定化を図るうえで最も有効な政策であると述べる。

一　完全雇用論の原点としてのベヴァリッジ『自由社会における完全雇用』

(1)　ベヴァリッジ報告と五つの巨悪

後世の人びとによってしばしば「福祉国家の父」と称されるウィリアム・ベヴァリッジは、『ベヴァリッジ報告　社会保険および関連サービス』の著者として有名である(5)。しかし、このベヴァリッジ報告は、当時彼が考えていた、より大規模でより野心的な計画の氷山の一角でしかなかった。ベヴァリッジ報告では、取り組むべき社会政策の目標として、五つの巨悪、窮乏（Want)、疾病（Disease)、無為（Idle)、無知（Ignorance)、環境破壊(Squalor）があげられていた(6)。

これらの巨悪に対して、ベヴァリッジは次のような対策を考えた。窮乏は社会保険、家族手当、最低賃金制度によって廃止される。疾病は無料医療サービス、良好な住宅の供給、衛生と栄養によって予防・治癒される。無知は学校卒業年齢の引き上げ、大学への門戸の拡大、成人教育の発展によって克服される。また、「巨大都市の無秩序な成長、長時間の通勤による生命と人間的エネルギーの日々の消耗、劣悪な住環境と不衛生」といった「環境破壊」に対しては、「地方政府の再編、輸送と公共事業の想像力に富んだ中央集権的方向づけ」、そして「産業立地と土地利用に対する厳格なコントロール」によって対処しうると考えた(7)。

ベヴァリッジは戦後イギリスを再建するうえで、これらの五つの巨悪のなかでも「無為」＝失業に対する取り組み、すなわち「生産的雇用の維持」が最優先されるべきだと考えた。というのは、ベヴァリッジ報告にも記しているように、満足な社会保険の体系は雇用の維持と大量失業の防止とを前提にしているからである(8)。そこで、ベヴァリッジは、社会保険と関連サービスの報告書を書き終えるやいなや、最も重要な報告であると彼自身考えた「雇用の安定、すなわち大量失業の回避」に取り組むことになった。そして、取り組むにあたっては、ケインズの影響下にあった若手経済学者の協力を仰いだ(9)。

以下、ベヴァリッジが以前の報告『社会保険および関連サービス』の続編であり、かつそれ以上に重要な報告であると考えた『自由社会における完全雇用』において最も強調したかった点を明らかにしていこう。

(2) 完全雇用の人間主義的概念

ベヴァリッジは、完全雇用を以下のように定義する。

完全雇用はときどき「未補充の欠員数が失業者数よりもかなりの程度下回っていないような状態、つまり失業はいつでも人が一つの仕事を失って次の仕事を見つけるまでの間の正常なラグに起因するような状態である」と定義される。この『報告』では完全雇用は二つの点でそれ以上のことを意味している。それはつねに失業者数よりも多くの欠員のままの仕事があることを意味し、少しでも仕事が少なければそうではない。公平な賃金が支払われ、また失業者がそれに就くものと期待しても無理のない種類の、そして無理のない場所に存在する仕事があるということを意味している。その結果、一つの仕事を失ってから次の仕事を見つけるまでの通常のラグは非常に短いものとなる、ことを意味する[10]。

以上の、失業者よりもつねに多くの欠員のままの仕事がなければならない、という完全雇用の定義は、労働市場はつねに買い手市場ではなく、売り手市場であるべきだということを意味する。ベヴァリッジがこのように考える理由は、「労働を売ることの困難は、労働を買うことの困難」に比べてまったく次元を異にするほど大きく、しかも売れない場合の社会的害悪がきわめて大きいと考えるからである。「必要とする労働を買うことの困難な人は、不便に悩むか、あるいは利潤の減少に苦しむ。自己の労働を売ることのできない人は、事実上、彼は無用であると告げられたことになる。前者の困難は、困惑もしくは損失の原因となる。後者は一身上の破滅である。失業期間中、たとえ保険その他によって十分な所得が提供されたとしても、この相違は残る。たとえ所得があっても無為は人を腐らせる。不用であるという感情は、人を意気消沈させる[11]。」

「無為（idleness）」こそ人を意気消沈させ、社会に蝕む害悪であるという視点は、初期の主著である『失業――産業の問題』（一九〇九年）の中ですでに表明されていたが[12]、この「仕事の経済的役割と並んで社会的役割」を重視する「完全雇用の人間主義的概念」が本報告の出発点であり、しかも基調となっている。

(3)　完全雇用のための新しい予算

ベヴァリッジは、失業は三つの異なった原因をもっているので、失業対策は三つの方向に沿ってとられなければならない、と主張する。すなわち、つねに十分な総支出を維持すること、産業の配置を管理すること、労働の組織された移動を確保すること、この三つの対策がなされねばならない。これらのうちの第一のものが主要な対策であり、その他は副次的なもので、仕上げの政策である[13]。

この主要な対策である、十分な総支出を維持するうえで具体的には何がなされなければならないか。以下では、ここに焦点を合わせて、ベヴァリッジの主張を見ていくことにしよう。

雇用は支出に依存しており、総支出が雇用の可能な全労働を需要するほど十分でないかぎりは、完全雇用は達成できない。それでは、この十分な総支出を確保する究極の責任はどこにあるのだろうか。それに対してベヴァリッジは次のように答える。

この『報告』の中心的命題は、英国において利用可能な全マンパワーを雇用するに十分な総支出を常に確保する責任は、正式に英国の国民によって国家に帰せられねばならないということである。そのことこそ、まず第一に国家が完全雇用政策を採用することの意味なのである(14)。

それでは、国家はいかなる手段でもって、十分な総支出を確保するのか。ベヴァリッジが出した回答は、従来の予算原理とはまったく異なる「新しい型の予算」である。これを彼は「国家財政の革命」であると呼ぶ。では、この革命とは何か。ベヴァリッジは以下のように述べる。

完全雇用のために必要な「予算」の型は、平時の「予算」と比較して新しいものである。しかし、戦時に生じるその型と比較するならば、それはまったく新しいものではない。他の分野におけるように予算政策の分野においても、戦時に得られた経験は平時に利用されなければならない。この新しい予算政策の本質は、その「予算」が利用可能なマンパワーに関連して編成され、貨幣に関連して編成されるものではないということである(15)。マンパワーが基準となることが「国家財政の革命」の意味であった。彼は続けて、「新しい予算」の組み方について述べる。

国家財政大臣は、毎年一つの基本的決定をしなければならなくなる。完全雇用を仮定し、また彼が計画している課税のもとで、民間がその年にどれだけ消費や民間投資に費やすと予想されるかを推計して後に、彼はこの推計された私的支出と合わせて、その国の全マンパワーを雇用するために十分な、すなわち完全雇用の仮定を実現するのに十分な公的支出をその年に計画しなければならない。この基本的な決定は、過去の国家予算を支配してきた二つの主要な原則、すなわち第一に、国家の支出は不可避的な必要に応じるために必要な最小限度に抑制されねばならないということ、第二に、毎年の国家の収入と支出は均衡しなければならないということとの絶交を意味するものである。これらの原則はいずれも、古典派経済理論によって行われていた完全雇用の前提の副産物であった。しかし、ひとたび私的需要の不足する可能性が認められるにいたるならば、それが完全雇用を目的とするかぎり、さもなくば失業して浪費されるにいたる労働やその他の生産資源を利用するために、国家が課税によって市民から取り上げる以上に、必要に応じて国家は支出する準備をしなければならない[16]。

新しい予算の公式に関係する主要な要素には、民間消費支出(C)、国内の民間投資支出(I)、対外収支差額(B)、歳入勘定——つまり、租税またはその他の公的歳入によって賄われる公的支出(R)、借入勘定——つまり、借入によって賄われる公的支出(L)、および社会の産出能力、すなわち、マンパワーが完全に雇用されるときの産出推計価値(M)の六つがある。このうちの最初の五つの要素、すなわちC、I、B、R、Lはともに総支出Oを形成する。雇用水準はこのOに依存し、Oが基準Mに等しいときに完全雇用は達成されるのである。もし、C＋I＋B＋RがそれだけでMを超えるならば、インフレギャップと物価騰貴の傾向が生じるであろう。もし、C＋I＋B＋Rの合計がMよりも少なく、また借入金による支出がなければ、デフレギャップと失業が生じるであろう。

自由社会においては、国家はCおよびIに間接的に作用しうるにすぎない。歳入や借入金から行われる公的支出R、Lは、ともに国家およびその他の公的政府の総支出を形成する[17]。RやLに対して国家は直接に作用しうるが、それはつねに他の要素に及ぼす影響を考慮しなければならない。

このように国家は政府支出以外の要素を考慮にいれて、それらの相互関係ないし反作用に照らして、完全雇用のために何らかの政策が立案されねばならない。その場合、完全雇用に達するルートは、困難の程度を異にするものの、多く存在する。本報告の強みは、ベヴァリッジが若手経済学者ニコラス・カルドアの助けを借りて、そのルートの困難さを数量的に明らかにしたことにある。すなわち、一九三八年度予算の実際の支出と想定される完全雇用支出を例にとって、完全雇用に至る三つの可能なルートを詳細に検証している点にある(18)。

ルートⅠは、課税率をそのまま変更しないで、公的支出を増加する方法であり、ルートⅡは、公的歳入と公的支出を均衡させるに十分な増税によって、公的支出を増加させる方法であり、ルートⅢは、公的支出をそのまま増減しないで、課税率の一般的な引き下げを実行する方法である。ルートⅠは公的支出による方法、ルートⅡは伝統的な均衡財政による方法、ルートⅢは課税の軽減による方法と呼ぶことができる。

ベヴァリッジは、以上の完全雇用に到達するための三つのルートを検討した結果、国家財政の古い原則に代わり、国家財政の新しい原則が必要だと述べる。その原則として以下の三つをあげる(19)。

第一の原則は、総支出はつねに完全雇用のために十分でなければならないということである。これはそのほかのあらゆる原則に優り、またもしそれらがその原則と相いれないときには、それらをしりぞける無上命令なのである。第二の原則は、この絶対的な無上命令を条件として、支出は社会の優先順位にしたがって行われなければならないということである。第三の原則は、第一と第二の原則を条件として、支出のための手段を準備するには、借入によるよりも租税による方が良いということである。

第一の原則は絶対である。人びとをまったく雇用しないよりは穴を掘りそして再びそれらを埋めるために人びとを雇用するほうがましである。強いられた無為は現実の資源の浪費であり、また生命の浪費である。それはいかなるものでもってしても償うことはできないし、どのような財政的理由があろうと、擁護できるようなものではない。第二の原則もまた、決してゆるがせにすることはできない。あらゆる人間活動の目的は雇用ではなく福祉

(welfare) であり、物的な生活水準を引き上げ、また精神的な生活をもっと広げるための機会を生み出すことである。これらの目的のために、社会の一般的な利益のために支出と雇用を賢く方向づけることは、全体としての支出が十分であるということに次いで重要なのである。この二つに比べると、第三の原則は重要性が小さい。財政の問題では、国家はいかなる私人もしくはその団体とも異なった立場にある。国家は貨幣に支配されるというよりむしろそれを支配することができる。

以上、ベヴァリッジ完全雇用論の核心、すなわち、雇用は支出に依存しており、総支出が雇用の可能な全労働を需要するほど十分でないかぎりは、完全雇用は達成できない、この十分な総支出を確保する究極の責任は国家にあり、それは新しい予算でもって達成可能であるという彼の主張を確認してきた。それでは、このようなベヴァリッジ完全雇用論の歴史的意義はどこにあるのだろうか。

二　ベヴァリッジ完全雇用論の歴史的意義

ベヴァリッジ完全雇用論の歴史的意義を明らかにするには、ベヴァリッジがこの『報告』を一九四四年五月一八日に印刷に送ってから一週間後の一九四四年五月二六日に公刊されたイギリス政府による『雇用政策に関する白書』と比較するのが一番有効である。

(1)　一九四四年『雇用政策に関する白書』の画期性

その『白書』の序文は次のように始まっている。

戦後の雇用水準を高くかつ安定した水準に維持することは政府の主たる目的と責任の一つである、と政府は認める。この『白書』では、かかる目的を追求するために提案した政策の概略が述べられる。

財とサービスの対する需要が高い水準で維持されるかぎり、国は大量失業の災いにさらされることはないだろう。しかしこの国においては、国内需要に劣らず対外需要についても考慮せざるをえない。それゆえ政府は、各国間の協力を通じて、すべての国がお互いの利益となる完全雇用政策を追求することを可能とする国際貿易の条件を創出するよう努めている。この目的のために企てられてきた議論については、この『白書』の一章で簡単に言及する。

もし、これらの手段によってわが国の対外貿易の必要な拡大が確保されうるならば、この国における失業の蔓延は国内総支出を維持する政策によって防ぐことができる、と政府は信じている。そのような総支出に影響を及ぼす諸手段については四章と五章において述べられる。[20]

この『白書』に対してベヴァリッジは『自由社会における完全雇用』の「あとがき」のなかで全面的に検討している。[21]

ベヴァリッジはまず、次の二点において『白書』は画期的であったという高い評価を与える。[22]

第一に、この『白書』に結実する雇用問題の調査によって、一般的な経済問題を秩序だって処理するための基礎として経済問題について専門的に研究できる機関が政府組織の内部において必要である、ということを『白書』が実証した。

第二に、過去において雇用の維持のための国家活動の妨げとなっていた大蔵省の経済的誤りが公式に訂正されている。大蔵省の旧来の見解は、戦時中における新たな完全雇用の経験によって、戦争の火中に完全に焼き尽くされてしまった。その意味において、『白書』はその灰燼を儀礼的に撒き散らしたものと見なされる。

第三に、『白書』は、政府は「戦後における高度の安定した雇用水準の維持を、その主要な目的ならびに責任の一つとして」認めることを公表している。これは「総支出を維持する政策」をとることを意味するものであり、大量失業を防止するために行われるべき重大な決定である。

以上のように、『雇用政策に関する白書』は経済ならびに政治史における一里塚であると認める。しかし、政府が責任を果たすために提案された方策は決して十分なものではない、とベヴァリッジは判断する。以下の項で、ベヴァリッジの主張を見ていくことにしよう。

(2) 『雇用政策に関する白書』に対するベヴァリッジの批判

ベヴァリッジは、『白書』の概要について要約し、その不十分性について以下のように批判する。

私的投資の安定化に関する部分には、目立ったことは何も述べられていない。貨幣政策だけでは資本支出の先天的な不安定性を除去するには不充分であろう、ということが認められており、この判断は正しい。『白書』は、民間投資の縮小や膨張を補整するために公的投資を膨張させたり縮小させたりすることに信をおいている。しかし、その場合、それは公的投資の範囲を広げていないし、また地方官庁による投資に関連して中央政府の権力を拡大することをあえて提案していない。この意味において、『白書』の政策は公共事業政策であって、完全雇用政策ではない。(23)

公共事業を別とすれば、そこに提案されている唯一の実際的な方策は、社会保険負担は消費をより安定化する目的で、社会保険料の拠出率を好景気のときに引き上げ、不景気のときには引き下げるというかたちに改変されなければならないというものである。しかし、この提案についても、もしそれが社会保険の負担について妥当するならば、所得税をはじめとした一般の課税についてはもっとよく妥当するはずであり、その対象を社会保険基金に限定する必要はないと主張する。(24)

ベヴァリッジは、『白書』がこのような中途半端な政策しか提起できなかった最大の理由を、大蔵省がいまなお「財政上の禁制（financial Inhibition）」に囚われていることに求める。それについて、彼は次のように述べる。『白書』は今なお正統派の財政思想にあまりにも囚われすぎているし、またあまりにも国債の増加を恐れすぎている。ヒックス教授が正しく指摘するように、『白書』の執筆者たちは、失業は公的な借入なしには妨げないことをよく知っておりながら、彼らはその負債が直接中央政府の負担とならないようにするために狡猾な手段に訴えようとしている。彼らが不況期における社会保険負担額の引き下げと社会保険基金の負債の増加を企画しながら、一般税の減税には賛成していないのはその現れである。また、彼らは国家ではなく地方自治体による付加的な借入を奨励しようとしている。これらは自己欺瞞をともなった過去の大蔵省のとった態度そのものである。[25]とくにベヴァリッジが問題にするのは『白書』のパラグラフ79に書かれた次の一文である。

対内的にも対外的にもどちらにおいても、貨幣の問題の取り扱いは政府の政策が一般的にしっかりしているかどうかの試金石と見なされる。国の債務の過度の増大は信認にすぐに影響を及ぼすことになるだろう。しかし、産業と商業の不振状態に起因する歳入の低下から生じる財政赤字もまたそれに劣らず深刻な問題となるだろう。それゆえ、その問題を管理するにあたっては、とくに戦後の困難な時期においては、政府は国民所得を維持する必要性とともに、健全で企業精神あふれる産業にとって必要な将来に対する信認を維持するように予算均衡政策の必要性についても等しく留意しなければならない。[26]

右の一文に見られる経済政策の考え方は、イギリスのみならず、アメリカその他の国々においても、いくつかの妥協を経て、戦後の経済政策の基調となっていく性格のものであった。[27]ベヴァリッジはこれに対して、猛然と次のような批判を行う。将来における政府の政策は、「貨幣」問題でなく、経済すなわち実際問題についての処理いかんによって判断されるべきである。国民所得の維持と均衡予算の維持のもつ重要さは「同じ」ではない。

前者が基本的なものであり、国家財政の第一の原則である。後者は従属的なものであり、議会の協賛を得た法令に対する地方の規則のようなものである。(28)

以上のように、『白書』の中央政府の財政に関する部分はすべて誤った価値観に基づいており、もはや現実的ないということを強調しながら、次に、『白書』と報告書『自由社会における完全雇用』に書かれていることとの主要な相違は何であろうかと問う。そして、次のような回答を与える。

『白書』の診断はその主要なあるいは唯一の問題として、需要の変動を取り扱っている。それはほとんどもっぱら需要の調整に関係しており、またその拡大については何も提案していない。わたしの『報告』の第二編における失業の事実と理論の分析は、無計画な市場経済の中心的な欠陥として、完全雇用が総力戦のように稀なものであるということとともに、需要が慢性的に不足し、ないし不十分であるということを明らかにしている。診断についてのこの相違は重要である。それはおそらく最も大きな経済的、政治的な論争を引き起こすものであるからである。『白書』は需要の慢性的な不足に関する問題にまったくふれていない。(29)

この診断の相違はかなり大きい。それらは治療のための処方を根本的に異なったものにしている。『白書』の主要な政策は公共事業政策であり、それは私的投資の縮小または拡大を補正するために拡大されたり縮小されたりするようになっている。政府が将来実行したいと考えている産業の配置に関する生ぬるい干渉と社会保険料の負担額の変更を別にすれば、実質的なものは何もない。私的投資を安定化させる政策は何もない。公的支出の範囲は拡大されていない。需要の着実な増加――完全雇用はこれに依存する――をもたらすものは何もない。これに対して、われわれの診断からは、所得の再分配によって、そして共同の利益のために必要なものを社会的に需要することによって、これらの必要に購買力を付与するということが重要な課題となる。(30)

以上のように述べたうえで、さらに、『白書』の処方の有効性について、次の二つの根本的な疑問を呈する。

一、産業全体あるいはその大部分が民間に所有されているかぎり、事業投資は十分に安定化されうるであろうか。

二、もし、それが不可能であるならば、民間投資の変動の相殺を目的とする公的投資を利用することによって、高度のそして安定した雇用水準が維持できるであろうか。

それに対するベヴァリッジの回答は次のとおりである。[31]

『白書』は事実上、第一の疑問に否定的な解答をしている。『白書』には私的投資を安定化するために有効なものは何も含まれていないし、また実際にそうする希望を断念している。それに対して、『白書』は第二の疑問には肯定的な解答を与えている。わたしの『報告』はこの第二の疑問には否定的な解答を与えている。また、第一の疑問に肯定的に答えうる条件を考えている。わたしの『報告』は、「現行投資量を決定する義務を民間の手に委ねることは安全ではない」という、一九三六年にケインズによって述べられた見解を認めている。

ベヴァリッジの『報告』は投資の変動を防止するために、次の四つの提案をしている。

一、社会的または私的な消費需要を拡大するための長期計画を立てること。これは結局において投資を維持することになるだろう。

二、できるだけ国際的な協定によって、またいずれにしても英国の活動によって、原生品の市場と生産を安定化すること。

三、国民投資委員会（National Investment Board）を通じて民間投資を安定化すること。この委員会は規制権限や融資および課税政策を用い、全般的に投資を計画する。

四、直接、投資の安定化を実行しうる範囲を広げるために、公的な事業部門を拡大すること。

四つの方策の第一は不可欠であるにもかかわらず、『白書』には含まれていない。それが省かれていることは『白書』の最も重大な欠陥である。この欠陥は、問題をもっぱら周期的な需要の変動の問題と判断する『白書』の不十分な診断を反映したものである。同時にそれは、財政上の禁制（finacial inhibitions）の結果でもある。予算を均衡化することを重要視することは、ある特定の年ではなくとも長期間において、公的政府（public authorities）による継続的な赤字支出を排斥する。しかし、こういった支出やあるいは消費性向の増加を目的とした大胆な再分配を行うことは、最後の手段として永久的な完全雇用政策には必要不可欠である[32]。

このような違いを述べた後、最後に『白書』と自分の『報告』の政策の相違をまとめ、今後とるべき具体的政策について述べていく[33]。

政府の雇用政策は五か年計画の、または変動を緩和する栓のついた公共事業政策である。それは景気循環を防止する政策であって、完全雇用政策ではない。これに対して、わたしの『報告』の「政策」は、「無為の人々よりも欠員のままの仕事が常に多いこととして定義される完全雇用」のための「政策」である。この「政策」は、まず「欠乏」、「疾病」、「環境破壊」、「無知」という巨大な社会的害悪を緩和するために、さらにわが国の資本設備の改善による生産性向上を図るために、計画的支出の長期プログラムをたて、それを実行するということからなっている。

その直接的な計画には次のようなものがある。

①消費を増加し、またはそれを安定させるような「社会保障」や「児童手当」によって「欠乏」を除去すること。

②あらゆる人々のために、安定した価格で、よい住宅、よい食料、燃料およびその他の必需品を保障し、また無料で国民保健サービスを保障するために、「共同支出」をすること。

③英国の機械設備を若返らせ、また拡大させると同時に、その過程を安定化させるために「国民投資委員会による私的投資の奨励と規制」を行うこと。
④投資を直接安定化できる範囲を広げ、また独占を公の管理下におくようにするために、公的な産業部門を拡大すること。
⑤マンパワーを基準とした、また年々英国の全生産資源を需要するに十分な総支出を保証するように目論まれた「国家予算」を立てること。
⑥国家的な計画により、十分な権力を行使して、輸送を含む「産業配置の統制」を行うこと。
⑦望ましい時には移動を助成する一方、当てのない移動や労働の売り歩きや青少年の職業選択の失敗を防ぐために、「労働移動の組織化」を行うこと。
⑧極力、海外需要を安定化するために、「原生生産物の市場の管理」を行うこと。
⑨完全雇用、国際収支の均衡、経済政策の安定という三つの基本的な多角貿易の条件を容認することを基礎条件として、「国際貿易協定」を締結すること。

以上一目瞭然、ベヴァリッジの計画は野心的で、広い視野に立っていた。しかも内容は具体的であった。そして、このような二つの文書の政策上の相違は、結局は社会哲学の相違を反映したものである。では、どういう社会哲学の違いなのだろうか。

(3) 新しい社会哲学

ベヴァリッジは二つの文書における社会哲学の相違を次のように述べる。

『白書』で政府は、生産手段の私有制を基本的なものとして扱っている。わたしの『報告』はそれを結果によって判断されるべき一つの仕組みとして取り扱っている。『白書』で政府は、貨幣的な安定と予算の均衡によって、実業家に信認を付与する必要のあることを意識している。しかし政府は、もっと重要な、自分たちの労働に対する需要は絶えず途切れることなく存在するだろうという確信をわが国の国民大衆に与える必要性についてはあまり意識していないように見える。この国民大衆の確信、そして政府への信頼こそ、合理的な賃金交渉、失業の恐怖なしに最大限の生産をあげるための労働、資源の完全な利用に関する規制緩和に際して、個人的にもまた集団的にも、かれらの協力をうるうえで極めて重要な意義をもつのである。失業が激化するおそれのあるときにはいつでも公共事業を起こすという約束では、このような確信は与えられないであろう。それは、消費と同様に投資に対しても着実な需要の拡大が保証されてはじめて、そして技術進歩が仕事の転換を必要としても、無為の人々よりも多くの欠員のままの仕事が常にあるということが経験によって証明されてはじめて、与えられるであろう。[34]

ベヴァリッジのこの一文は、ベヴァリッジの時代認識を余すことなく伝えている。二つの総力戦と、その間を挟む一九三〇年代の深刻な不況を経験するなかで、人びとはもはや「古い社会」に住んでいるのではなく、国民大衆を主人公とする「新しい社会」の住人であるという時代認識が明瞭に伝わってくる。[35]この点で、『白書』は古い社会哲学にまだ囚われており、無計画な市場経済の過去の失敗を過小評価し、私企業の権限を犯さざるをえないものとして扱い、いまだ均衡予算の維持を完全雇用と同等の重要性をもつものとして取り扱っている。ベヴァリッジは、時代は制限付きの戦いではなく、失業やその他の社会的害悪に対する総力戦を必要としているということを同時代の誰よりも明瞭に認識していた。

以上の観点から、われわれはロビンズやハイエクのベヴァリッジのこの著書に対する低い評価に対して[36]、小峯の「一九〇九年や一九三〇年の分析・診断を一九四四年では一部として取り込み、より時代に応じた失業論が完成されたとみなすことができる。『自由社会における完全雇用』にはケインズ理論だけはない要素も重要な部分として存在した[37]」という見方に賛成する。

われわれと小峯の違いは、「国家・市場・市民社会の適切な比率は時代によって変わる。ベヴァリッジが追い求めた比率が現代にそのまま通用するとは限らない[38]」と小峯が述べるのに対して、われわれは、ベヴァリッジが追い求めた完全雇用論、そして彼が構想した国家・市場・市民社会の比率は依然として有効であり、むしろ今日では、その精神を蘇らせる必要が高まっていると考える点である。というのは、二〇〇八年世界金融危機以降の世界経済において、日本においてはそれよりも早い一九八〇年代のバブル経済とバブル崩壊以降の「失われた二〇年」において、過大な外部資金に依存した民間主導型の経済システムは不安定であり、ひとたびバブルが崩壊すると超金融緩和政策でもってしても民間投資は復活せず、経済を安定軌道に戻すことは至難の業だということが誰の目にとっても明らかになったからである。

むすびに代えて

トマ・ピケティは『二一世紀の不平等』の序文「平等な社会に向けた現実的なビジョン」のなかで「アトキンソンの改革主義には、進歩的なイギリスの社会改革主義者ウィリアム・ベヴァリッジを思わせるものがある」と書いているが、われわれの考えもまったく同様である。というのは、アトキンソンは近年の格差拡大傾向の逆転を意図してさまざまな提案を提起したが、ベヴァリッジと同様に、その最も有効な方法は完全雇用状態への復帰であると考えていたからである。

さらに振り返れば、「ナショナル・ミニマムという概念はベヴァリッジ計画において根本的な役割を演じている。政府はベヴァリッジの勧告を完全には実行しなかったけれど、基本的な考え方は戦後の立法のなかで体現された[39]。」というアトキンソンの言葉が示すように、彼の研究は初期のころからベヴァリッジの社会保障改革にお

けるナショナル・ミニマムという考え方に強く影響を受け、経済学によってその一層の現代化を目指したものであった。(40)

これらの点で、アトキンソンこそベヴァリッジの構想を現在に生かそうとする人物であるといえるが、完全雇用論に焦点を当てれば、一九九六年ノーベル経済学賞の受賞者ウィリアム・ヴィックリーもベヴァリッジの「人間主義的な完全雇用論」の伝統を引き継ぐ人物であったといえる。(41) この完全雇用の人間主義的概念は仕事の経済的役割と並んで社会的役割を認め、失業がはびこったときに生じる惨事を重視し、社会問題の根源に失業があるという立場である。

さらに、ベヴァリッジ以後の完全雇用論に言及するばあい、「完全雇用と物価安定は現代の経済政策の基本的目標であり、その目標を達成することは国家の責任である」ことを宣言し、その目標達成のために機能的財政アプローチを提示したアバ・ラーナーをはずすことができない。(42) 機能的財政と完全雇用に関するラーナーの著作はそれらが最初に提出された約七〇年前と同様に今日においても完全雇用復活を目指す経済政策の重要な指針となりうる。

このラーナーの機能的財政論を現在に蘇らせる上で最大の貢献をしたのは、ランドール・レイである。(43) 経済学者の多くが完全雇用と物価の安定は両立しないと信じているのに対して、物価の安定を高めるようなしかたで完全雇用を追求することは可能である、とレイは主張する。カギとなる考えは「最後の雇用者(Employer of Last Resort)」プログラムと呼ばれる政府プログラムである。このプログラムは、働く意欲がある人であればだれでも仕事が見つけられるようにすることを、政府が約束するプログラムである。プログラムにおける雇用が不況期に増加し経済拡張期に縮小し、民間セクターの雇用の変動の反対の運動をするので、「最後の雇用者」プログラムは自動安定装置として機能する。すなわち、政府の予算はよりいっそう反景気循環的になるという利点をもつ。したがって、労働者のプールの規模は景気循環と一緒に変動し、民間セクターが成長するときは自動的に収縮するので、「最後の雇用者」プログラムに対する財政支出が無制限に増大することはない(44)。

前に少し述べたように、ベヴァリッジの考えとは似て非なる民間企業の高投資・高利潤政策による完全雇用政策は、金融システムの不安定性を高め、経済パフォーマンスの不安定性を増す性格をもっていることを、この間のバブルとバブル崩壊後の長期停滞を経験する中でわれわれは学んだ(45)。「現行投資量を決定する義務を民間に委ねることは安全ではない」というケインズの見解の正しさを認め、「国民投資委員会を通じて民間投資を安定化させ、さらに直接投資の安定化を実行しうる範囲を広げるために、公的な事業部門を拡大すべし」というベヴァリッジの提案は決して古くはなっていない。いやむしろ、今日ほどこのような政策の実行が強く要請される時代はないといっても過言ではない。

この公的な事業部門の拡大による完全雇用政策は経済の安定化のために要請されるだけではない。「個人が、経済において自分は必要とされている、自分の役割があるということを知っていることは、価値がある。このようにして、完全雇用は人間の尊厳と自分が価値ある存在であるという感情にとって最大の保証となる(46)。」という完全雇用の人間的価値は、ベヴァリッジの時代においても、ラーナーの時代においても、そして今日においても依然として変わらないと思われるからである。そして、格差がますます拡大するなかで種々のポピュリズムが興隆する現在において、この完全雇用体制の復活こそ民主主義の健全な発展にとって最も重要な鍵となると思われるからである。

注
（1）ただし、二〇〇八年世界金融危機以降、日米欧の各国で経済停滞の長期化、流動性の罠による金融緩和策の限界から、より積極的な財政政策が必要であるという議論は増大しつつある。その代表的議論としては、Lawrence H. Summers, "Global Economy: The Case for Expansion," *Financial Times*, October 8, 2015; Lawrence H. Summers, "The Age of Secular Stagnation: What It Is and What to Do About It," *Foreign Affairs*, March/April 2016. がある。また現在、

各国の政策当局に財政政策重視への方向転換に大きな影響を与える可能性をもつものとして、A. Christopher Sims, Fiscal Policy, Monetary Policy and Central Bank Independence, August 26, 2016. がある。

（2） Robert J. Shiller, Donald Trump and the Sense of Power, Project Syndicate: The World's Opinion Page, Nov. 21, 2016.

（3） 格差の拡大傾向に対して経済学者の多くは再分配政策の合理性を唱えるが、現実の歴史においては累進課税による再分配もますます困難となってきているという事実については Kenneth Scheve & David Stasavage, *Taxing the Rich: A History of Fiscal Fairness in the United States and Europe*, Princeton University Press, 2016 を参照せよ。

（4） 本稿と同じ問題意識に立った近著として、Anthony B. Atkinson, *Inequality: What can be done?*, Harvard University Press, 2015（アンソニー・B・アトキンソン著、山形浩生・森本正史訳『二一世紀の不平等』東洋経済新報社）がある。

（5） Sir William Beveridge, *Social Insurance and Allied Services*, London, His Majesty's Stationary Office, 1942（山田雄三監訳『ベヴァリッジ報告　社会保険および関連サービス』至誠堂、一九七五年）。ベヴァリッジの生涯の全容については、Jose Harris, *William Beveridge: A Biography*, Oxford University Press, 1977. と小峯敦『ベヴァリッジの経済思想』昭和堂、二〇〇七年が優れている。

（6） Beveridge, *op. cit.*, p. 6, 邦訳五〜六頁。このベヴァリッジの総合的社会政策構想と類似の発想が田中角栄の「列島改造論」構想にも存在したという点については、拙稿「日本における二つの福祉国家構想―「日本列島改造論」とシビル・ミニマム論―」『経済学論纂（中央大学）』第五六巻第三・四併号、二〇一六年を参照せよ。

（7） Harris, *op. cit.*, pp. 431–432.

（8） Beveridge, *op. cit.*, p. 163, 邦訳二五二頁。『自由社会における完全雇用』のなかでは、前の報告と本報告との関係について、次のように述べられている。

「わたしがここで提供する『報告』は前の『報告』で「社会保障」の前提の一つとしてあげたことを問題にしている点では、その続編である。その前提とは雇用が維持され、大量失業が防止されるということである。しかし、それは続編以上のものである。雇用の維持は、それ自体のために必要とされ、ただたんに「社会保障計画」を、より容易に実施するために必要とされるものではない。」(Sir William Beveridge, *Full Employment in a Free Society*, George Allen & Unwin Ltd, 1944, p. 17（ウィリアム・W・ベヴァリッジ著、井手生訳『自由社会における完全雇用（上・下）』日本大学経済科学研究所、一九五一年、四二頁）。ただし以下、本書の引用は必ずしも邦訳どおりではない。

（9）ベヴァリッジの研究を経済学の側面から補佐するメンバーとして、ケインズの影響を受けたジョーン・ロビンソン、ニコラス・カルドア、E・F・シューマッハーなどがいた。ハリスと小峯そしてウッドによると、なかでもシューマッハーがこの報告書に大きな影響を与えた。Harris, *op. cit.*, p. 435, 前掲小峯、三二四頁、Barbara Wood, *Alia Papa: A Life of Fritz Schumacher*, Jonathan Cape, 1984, pp. 161–167（バーバラ・ウッド著、酒井懋訳『わが父シューマッハー―その思想と生涯―』御茶の水書房、一九八九年、一六六～一七二頁）。

なお、この時期におけるシューマッハーの「完全雇用論」の概要は、E.F. Schumacher, "Public Finance-Its Relation to Full Employment," in *The Economics of Full Employment: Six Studies in Applied Economics at The Oxford University Institute of Statistics*, Basil Blackwell, Oxford, 1944. で知ることができる。

（10）Beveridge, *op. cit.*, 1944, p. 18, 邦訳（上）四三頁。

（11）*Ibid.*, p. 19, 邦訳（上）四四頁。

（12）前掲小峯、一一八～一一九頁。ロビンズは、この初期の著書については、失業についての独創的な研究であり、「開拓的な研究として、有名になるに値した。その研究は、職業安定局の設立につながった」と高い評価を与えている。Lionel Robbins, *Autobiography of an Economist*, London, Macmillan, 1971, p. 136（ライオネル・ロビンズ著、田中秀夫監訳『一経済学者の自伝』ミネルヴァ書房、二〇〇九年、一四七頁）。なお、『自由社会における完全雇用』における最終編である第七編の題名は「完全雇用と社会的良心」であり、一七頁にわたって失業がいかに個人と家族を意気消沈させるかについて多くの事例に基づいて述べられている。Beveridge, *op. cit.*, 1944, pp. 242–258, 邦訳（下）八三～一一〇頁。

（13）Beveridge, *op. cit.*, 1944, p. 29, 邦訳（上）六〇頁。

（14）*Ibid.*, p. 135, 邦訳（上）二二〇頁。

（15）*Ibid.*, pp. 135–136, 邦訳（上）二二〇～二二二頁。

（16）*Ibid.*, p. 136, 邦訳（上）二二二頁。

（17）以上は、*Ibid.*, pp. 136–141, 邦訳（上）二二二～二三〇頁を要約したものである。

（18）以下は、*Ibid.*, pp. 142–146, 邦訳（上）二三〇～二三六頁を要約したものである。

（19）以下は、*Ibid.*, pp. 146–149, 邦訳（上）二三八～二四二頁を要約したものである。

（20）U K Government, *White Paper on Employment Policy, Presented by the Minister of Reconstruction to Parliament by Command of His Majesty*, May 1944. Cmd. 6527, London, His Majesty's Office, p. 3.

（21）この「あとがき」は、*The Economic Journal* 誌の九月号に掲載された論文 "The Government's Economic Policy"

とほぼ同じ内容である。

(22) Beveridge, *op. cit.*, 1944, pp. 259–260, 邦訳（下）一一一～一一三頁。この『白書』の画期的意義は、多くの著書において述べられている。たとえば、E・H・カーは『新しい社会』のなかで、第二次大戦がイギリス福祉国家の進行を飛躍的に促したことを端的に示す象徴的事件としてこの『白書』の公刊をあげている（Carr, Edward Hallett, *The New Society*, London, Macmillan, 1951, p. 48／清水幾太郎訳『新しい社会』岩波新書、七二頁）。また、その公刊は多くの経済学者の注意を引いた。そのなかの一人カレツキは、『白書』の意義について次のように述べる。「『白書』(Cmd 6527)は経済政策の発展において重要な段階を画している。初めて、公的文書が産出と雇用における大きな変動を防ぐ政府の責任を認めた。これは、いままで支配的だった不況は自然であり、健全ですらありうるという信条に対して大きな前進を意味する。しかし、それは完全雇用の完成したプログラムには達してはいない。というのは、たとえ深くて長く続く不況が政府の介入によって克服されたとしても、そのことは失業がほとんど最低限まで削減されるだろうということを意味しないからである」(Kalecki, Michael, "The White Paper on Employment Policy," *Bulletin of the Oxford University Institute of Economics & Statistics*, Vol. 6, Issue 8, 1944a, p. 131)。なお、カレツキはほぼ同時期に公にした、Michael Kalecki, "Three Ways to Full Employment," in *The Economics of Full Employment: Six Studies in Applied Economics at The Oxford University Institute of Statistics*, Basil Blackwell, 1944b, Oxford. において、完全雇用を達成する三つの方法である赤字財政支出、民間投資の刺激、所得再分配についての特徴について理論的に明らかにしている。

(23) Beveridge, *op. cit.*, 1944, pp. 261–263, 邦訳（下）一一四～一一八頁。

(24) *Ibid.*, pp. 263–264, 邦訳（下）一一八～一二〇頁。同様の批判は、カレツキも行っている。とくに、このスキームについてカレツキが問題にするのがその介入の量的側面であり、「付論Ⅱで提起されているような変動保険拠出率のスキームはそれ自体国民所得を安定化する目的にとって明らかに不十分である」と批判している(Kalecki, *op. cit.*, 1944a, p. 134)。

(25) Beveridge, *op. cit.*, 1944, pp. 264–265, 邦訳（下）一二〇～一二一頁。

(26) U K Government, *op. cit.*, p. 26.

(27) 戦後アメリカの経済政策の基調がいくつかの妥協の結果、どのような性格を帯びるようになったかについては、拙稿「福祉国家と資本主義発展段階論」『東京経大学会誌・経済学』第二八五号、二〇一五年、一七三～一七六頁を参照せよ。

(28) Beveridge, *op. cit.*, 1944, p. 265, 邦訳（下）一二一頁。

(29) *Ibid.*, pp. 268–269, 邦訳（下）一二六～一二八頁。

（30） *Ibid.*, pp. 268–269, 邦訳（下）一二八〜一二九頁。

（31） 以下は、*Ibid.*, pp. 270–272, 邦訳（下）一二九〜一三二頁を要約したものである。

（32） カレツキもまた、永続的な完全雇用を確保するうえで、財政赤字と並んで、「高所得層から低所得層への所得の再分配」を重視している。そして、『白書』のなかには「課税のよる再分配」というアイデアはどこにも見られない、と指摘をしている（Kalecki, *op. cit.*, 1944a, p. 135.）。

（33） 以下は、Beveridge, *op. cit.*, 1944, pp. 272–273, 邦訳（下）一三二〜一三四頁を要約したものである。

（34） *Ibid.*, pp. 273–274, 邦訳（下）一三四〜一三五頁。

（35） イギリス社会が二つの総力戦と戦間期の深刻な不況を経験することによって旧社会とは性格を異にする「新しい社会」に移行したことを説得的に明らかにしたものとして、Carr, *op. cit.* がある。また、前掲岡本「福祉国家と資本主義発展段階論」は、この「資本主義の危機の三〇数年間」を経て古典的資本主義は福祉国家資本主義へと段階的に移行したことを明らかにしている。

（36） Robbins, *op. cit.*, p. 136, 邦訳一四七頁。E.A. Hayek, *Hayek on Hayek: An Autobiographical Dialogue*, edited by Stephen Krege, 1994, pp. 83–88（ハイエク著、嶋津格訳『ハイエク、ハイエクを語る』名古屋大学出版会、二〇〇〇年、七八〜八七頁）。

（37） 前掲小峯、三三二頁。

（38） 同右、四二三頁。

（39） Anthony B. Atkinson, *Poverty in Britain and the Reform of Social Security*, Cambridge University Press, 1969, pp. 15–16.

（40） アトキンソンの構想はきわめて息の長いものであった。この一九六九年に出版された著書においてすでにより平等な社会を現実のものとするために、「ベヴァリッジ構想に帰れ」を基本的指針として、ナショナル・ミニマムの維持を目的として、退職年金制度の改革、児童手当制度の改革、最低賃金制度、負の所得税、全国民のための社会的配当制度を提案しているのである（*Ibid.*, pp. 105–195）。このように『二一世紀の不平等』において提案されている普遍主義的な家族手当、失業者のための最低賃金での公的な雇用保証、既存の社会移転を補完するベーシック・インカムなどの政策は約五〇年前から現実味をもった政策として構想されていた。

（41） ヴィックリーの完全雇用論の全体については、拙稿「完全雇用の財政学—ウィリアム・ヴィックリーの完全雇用の経済学の検討—」『東京経大学会誌・経済学』第二九三号、二〇一七年を参照せよ。

(42) ラーナーの機能的財政論の詳細については、拙稿「福祉国家と機能的財政―ラーナーとレイの議論の考察を通じて―」『東京経大学会誌・経済学』第二八三号、二〇一四年、二一七～二三三頁を参照せよ。

(43) レイの議論の詳細については、同右、二三九～二四六頁を参照せよ。

(44) 財政を用いた公的雇用プログラムの利点としては、貧困の削減、慢性的失業と結びついた社会病理の緩和、仕事するなかで培われるスキルの向上、民間セクターの労働条件の向上、さらには経済の安定化への貢献などをあげることができるが、ここでさらに公的雇用戦略は以下のような経路を通じて経済全体の生産性を引き上げ、社会全体を豊かにする傾向をもつことを強調しておきたい。

第一に、貯蓄のリサイクリングによる公的雇用はインフラの再活性化のような公共事業に向けられる可能性をもつ。そのことは民間セクターの生産性増大の促進につながる。第二に、失業は人的資本の価値低下と結びついているが、貯蓄のリサイクリングによる公的雇用従事者はスキルと知識の向上を経験することを通じて、経済全体の生産性を高めるだろう。第三に、失業の社会的、経済的コストの削減以外にも、貯蓄のリサイクリングによる公的雇用従事者は環境保護や清掃などのその他の社会コストの削減に役立つ活動にも従事する。第四に、貯蓄のリサイクリングによる公的雇用に対する財政支出の増加は、少なくとも失業者に対するその他のかたちでの支出の減少によって一部相殺されることになる。かくして、失業保険と他の形態の一般的扶助への支出は低下しうると期待できる。第五に、公共事業は供給と需要をともに増加させるがゆえに需要のみを増加させる「贈り物（dole）」よりもインフレ的でない傾向をもつ。以上の叙述は、Mathew Forstater, "Saving-Recycling Public Employment: Vickrey's Asset-Based Approach to Full Employment and Price Stability." Aaron W. Warner, Mathew Forstater, Sumner M. Rosen eds., *Commitment to Full Employment: The Economics and Social Policy of William S. Vickerey*, M.E. Sharpe, 2000, p. 12. に拠る。

(45) これについては、拙稿「日本の「失われた二〇年」における財政政策の評価」『東京経大学学術センター年報特別号　中国と日本　新たな時代を見据えて』二〇一八年三月を参照せよ。

(46) Abba Lerner, *Economics of Employment*, McGraw-Hill Book, 1951, p. 43.

あとがき

本書は、故金澤史男先生が、横浜国立大学在任中に、先生が主宰されていた研究会に参加しているメンバーを執筆者として企画された。通称金澤研究会では、これまで、共同研究の成果として、金澤史男編著『現代の公共事業―国際経験と日本―』日本経済評論社、二〇〇二年、および金澤史男編『公私分担と公共政策』日本経済評論社、二〇〇八年を世に問うてきた。いずれも五年程度の歳月を費やして得た成果であるが、今回は研究成果を取りまとめるまでに十年もの歳月を費やすこととなった。

二〇〇九年一月に、金澤先生による研究報告でスタートを切った共同研究であったが、同年六月、金澤先生が、講義後に学生の質問に答えている時に倒れられ、そのまま帰らぬ人となってしまわれたことから、共同研究の継続が不可能になったと思われた。しかしながら、金澤先生を恩師と慕う者たちによって、同年十一月にナショナル・ミニマム研究会として再スタートし、細々とではあるが共同研究を継続することになった。学部・大学院での指導を通じて金澤先生に恩義を感じている者、地方財政史や福祉国家財政論などの領域で金澤先生が世に問うてきた研究成果を高く評価する者、研究成果を基に積極的に社会貢献に取り組んでいた姿勢に共感する者など、研究会に参加した理由はさまざまながら、金澤先生を研究者として尊敬する気持ちは共有していた。

研究成果の取りまとめにこれまでの二倍の時間を要したのは、ひとえに、金澤先生亡き後に取りまとめ役を担うことになった編者の非力が原因である。とはいえ、「健康で文化的な生活を営む権利」が、どのような理念やしくみによって保障されているのかについて、その全体像を見通し良く明らかにすることができたのではないかと自負している。また、「日本型ナショナル・ミニマム」の具体的な姿を浮かび上がらせる作業を通じて、日本の財政秩序の一端――その評価は別途必要だが――を再確認することもできているのではないかと考えている。

しかしながら、序章にも記したように、本書では「日本型ナショナル・ミニマム」（公助）が自助や共助とどのように絡み合いながら生活を支えているのかについては不明なままである。さらにいえば、自助や共助とのバランスの下で機能している「日本型ナショナル・ミニマム」を維持するための、財政を通じた地域間再分配システムの望ましいあり方はどのような姿であるのかについても、今後の重要な研究課題として残されている。その他も含めて未解明未検討の論点が数多く残されているとの自覚はあるが、本書が金澤先生の学恩に少しでも報いることができていることを願ってやまない。

なお、今回、諸般の事情で執筆者に加わっていないものの、鹿児島県立短期大学の船津潤氏には発展途上国における国際的ミニマムについて、久留米大学の岩本洋一氏には図書館政策について、沖縄国際大学の平敷卓氏には沖縄の離島における社会資本整備のあり方について、北海学園大学の西村宣彦氏には財政再生途上の北海道夕張市における各種の取り組みについてそれぞれご報告いただき、ナショナル・ミニマム研究の進展にご協力いただくことができた。

最後になるが、金澤研究会の最大の理解者である日本経済評論社編集部の清達二氏に心から感謝の意を捧げたい。清氏は、金澤先生が亡くなってからも変わらずわれわれの共同研究を叱咤と激励を巧みに使い分けながらサポートしてくださったばかりでなく、共同研究の成果を広く世に問う機会を与えてくださった。清氏の一方ならぬご厚情にこの場を借りて改めて御礼申し上げる。

二〇一九年一月

門野圭司

[な行]

[は行]

[ま行]

[ら行]

［た行］

索引

[あ行]

[か行]

[さ行]

執筆者紹介（章順）

門《かど》野《の》圭《けい》司《じ》（序章）

山梨大学生命環境学部地域社会システム学科准教授．1970 年生まれ．横浜国立大学大学院国際開発研究科修了．博士（学術）．

村《むら》上《かみ》英《えい》吾《ご》（第 1 章）

日本大学経済学部教授．1967 年生まれ．横浜国立大学大学院国際開発研究科修了．博士（学術）．

松《まつ》本《もと》一《いち》郎《ろう》（第 2 章）

大正大学人間学部准教授．東京都立大学大学院社会科学研究科博士課程修了．博士（社会福祉学）．

関《せき》　耕《こう》平《へい》（第 3 章）

島根大学法文学部准教授．1978 年生まれ．一橋大学大学院経済学研究科博士後期課程修了．博士（経済学）．

金《かな》目《め》哲《てつ》郎《ろう》（第 4 章）

弘前大学人文社会科学部准教授．1971 年生まれ．横浜国立大学大学院国際社会科学研究科博士課程後期修了．博士（経済学）．

清《し》水《みず》雅《まさ》貴《たか》（第 5 章）

和光大学経済経営学部准教授．1978 年生まれ．横浜国立大学大学院国際社会科学研究科博士課程後期単位取得退学．

其《その》田《だ》茂《しげ》樹《き》（第 6 章）

公益財団法人地方自治総合研究所研究員．1973 年生まれ．横浜国立大学大学院国際社会科学研究科博士課程後期単位取得退学．

石《いし》崎《ざき》涼《りょう》子《こ》（第 7 章）

（国研）森林研究・整備機構森林総合研究所企画室長．1974 年生まれ．筑波大学大学院生命環境科学研究科修了．博士（学術）．

李《イ》　玟《ミン》静《ジョン》（補章）

韓国忠南研究院責任研究員．1977 年生まれ．横浜国立大学大学院国際社会科学研究科博士課程後期修了．博士（経済学）．

岡《おか》本《もと》英《ひで》男《お》（終章）

東京経済大学学長．1951 年生まれ．東北大学大学院経済学研究科博士課程単位取得退学．東京大学博士（経済学）．

生活を支える社会のしくみを考える
現代日本のナショナル・ミニマム保障

2019年2月25日　第1刷発行
定価（本体3800円＋税）
編著者　門　野　圭　司
発行者　柿　﨑　均
発行所　株式会社 日本経済評論社
〒101-0062　東京都千代田区神田駿河台1-7-7
電話 03-5577-7286　FAX 03-5577-2803
E-mail: info8188@nikkeihyo.co.jp
振替 00130-3-157198
装丁・徳宮峻　　太平印刷社・誠製本

落丁本・乱丁本はお取替えいたします　Printed in Japan

ISBN 978-4-8188-2517-8　C3033